《农业软科学研究丛书（2010—2012）》之三

农业经营体制改革与制度创新

农业部软科学委员会办公室

中国财政经济出版社

图书在版编目（CIP）数据

农业经营体制改革与制度创新/农业部软科学委员会办公室．—北京：中国财政经济出版社，2013.10

（农业软科学研究丛书．2010～2012；3）

ISBN 978-7-5095-4839-4

Ⅰ.①农…　Ⅱ.①农…　Ⅲ.①农业经营-体制改革-研究-中国

Ⅳ.①F320.2

中国版本图书馆CIP数据核字（2013）第229741号

责任编辑：杨　波　　　　责任校对：张　凡

封面设计：郁　佳　　　　版式设计：董生平

中国财政经济出版社 出版

URL：http：//www.cfeph.cn

E-mail：cfeph@cfeph.cn

社址：北京市海淀区阜成路甲28号　邮政编码：100142

营销中心电话：88190406　北京财经书店电话：64033436　84041336

北京富生印刷厂印刷　各地新华书店经销

787×960毫米　16开　21印张　311 000字

2013年11月第1版　2013年11月北京第1次印刷

定价：42.00元

ISBN 978-7-5095-4839-4/F·3918

（图书出现印装问题，本社负责调换）

质量投诉电话：010-88190744

反盗版举报热线：88190492　88190446

《农业软科学研究丛书（2010—2012）》

编辑委员会

序

多年来，农业部软科学委员会围绕党中央、国务院和部党组的重大决策部署，面向农业农村改革发展实践，组织专家学者和社会各方面力量开展跨学科、跨领域的综合研究，努力成为服务“三农”重大问题决策的思想库，发挥了重要作用。

党的十六大以来，我国实现粮食生产“九连增”、农民增收“九连快”，农业农村经济发展站到了新的历史起点上。随着工业化、城镇化快速推进，农业与国民经济的联系更加紧密；随着市场化进程加快和经济全球化深入发展，我国农业与全球农业的相互影响不断加深，这些趋势性变化对农业宏观调控的理念、方式和手段都提出了新的更高要求。适应新的形势，农业部软科学委员会不断加强全局性、战略性、前瞻性问题的研究，取得了一大批重要研究成果，为“三农”决策提供了重要的政策和理论支撑。比如，围绕现代农业发展、增加农民收入和农业宏观调控等重大问题组织开展相关问题研究，为谋划“十二五”农业农村经济发展思路提供重要参考；围绕粮食等重要农产品有效供给问题，组织开展粮食综合生产能力建设、主要农产品总量和结构平衡、农产品贸易与农业竞争力等对策研究，为推动出台相关政策提供政策和理论储备；围绕新时期农业农村发展阶段性特征，组织开展同步推进农业现代化、农村劳动力转移、农村社会结构变迁等重大问题研究，为推动农业农村经济转型升级提出战略思路等，这些重大问题研究在为领导决策提供咨询参谋意见，丰富“三农”理论研究成果，培养锻炼“三农”理论研究力量等方面都发挥了积极作用。

党的十八大指出，坚持科学决策、民主决策、依法决策，健全决策机制和程序，发挥智库作用，对科学民主决策提出了新的要求。当前，我国农村改革已步入深水区，农业发展步入传统农业向现代农业转型的关键时期，面临许多理论和实践问题亟待研究解决，为农业软科学研究提出了新的任务。农业部软科学委员会要紧紧围绕当前农村改革发展的重大理论和实践问题，始终坚持服务决策这个宗旨，组织搞好选题设计，开展深入调查研究，加强合作交流，鼓励理论创新，更好地发挥农业软科学研究队伍的聪明才智，为繁荣新时期“三农”政策理论研究、推动农村改革发展作出新的更大贡献。

二〇一三年八月

编者的话

呈现在读者面前的这套《农业软科学研究丛书》，是2010—2012年农业部软科学研究成果的汇编。

自1994年以来，农业部软科学委员会持续支持开展“三农”政策和理论研究，陆续编辑出版了《农业软科学研究丛书（1994—2000）》、《农业软科学研究新丛（2001—2003）》和《农业软科学研究丛书（2004—2009）》。这一系列丛书忠实地记录了我国“三农”理论和实践的发展历程，展现了认识与实践推进的时代脉络，许多成果在今天看来仍具有较高的学术价值，是研究“三农”政策理论的重要资料，获得了各界的广泛好评。

当前，农业发展正处于传统农业向现代农业转型升级的关键时期，农村经济社会正在经历一系列深刻变化，对“三农”宏观指导提出了新的要求。为此，农业部软科学委员会组织有关部门、科研机构和高等院校等研究力量，在2010—2012年间组织开展了100多项课题研究，选题涉及统筹城乡发展、现代农业建设、农产品有效供给、农业经营体制创新等诸多方面，形成了一批有较高理论水平和实践指导价值的研究成果，其中许多成果通过编刊《决策参考》等形式提供中央和有关部门领导参阅，对决策起到了重要参考作用，有力地推动了“三农”工作。为进一步强化农业软科学成果的转化利用，扩大农业软科学研究的社会影响，现将其中的优秀成果汇编成《农业软科学研究丛书（2010—2012）》继续公开出版，供读者研究“三农”问题时参考。

丛书按照全面系统、去芜存菁的原则编排成辑，每辑按主题分类论述，总的体例大致划一，共分5辑。分别是：《粮食安全与重要农产品供给》、《农民收入与权益保护》、《农业经营体制改革与制度创新》、《农业支持保护与可持续发展》、《城乡发展一体化与农村公共服务》。受农业部软科学委员会办公室委托，中共中央政策研究室、中央农村工作领导小组办公室、国家发展和改革委员会、中国社会科学院、农业部等一批年富力强、造诣较高的专家学者承担了丛书的编写和审核工作，他们对研究成果进行了认真遴选和编排，对体例和文字做了必要订正，并在提炼观点、整理材料的基础上编写了内容综述。

限于编者水平，书中不妥之处在所难免，敬请读者批评指正。

农业部软科学委员会办公室

二〇一三年八月

目 录

综 述

农村实行家庭承包经营，极大地调动了农户的生产积极性，有力地推动了农业农村发展。但我国人多地少的基本国情决定了农户经营规模过小，户均不足半公顷并且细碎分散，一家一户经营组织化程度较低，既不利于标准化生产、机械化作业，又增加了生产成本和进入市场的难度，与发展现代农业的要求不相适应。同时，随着我国工业化、城镇化的快速推进，大量农村劳动力持续向外转移，农民老龄化、农业副业化的现象越来越突出，农业持续稳定发展面临巨大挑战。在这种背景下，迫切需要加快农业发展方式的转变，而农业经营体制改革将在节约劳动力、进行规模化生产、提高生产效率等方面发挥重要作用。

国家对加快农业经营体制改革与制度创新给予了高度重视，并在相关会议及重要文件中做出了重要指示。2012 年 12 月 15 日召开的中央经济工作会议明确指出，要在坚持和完善农村基本经营制度基础上，创新农业经营体制，加快发展现代农业。党的十八大报告也明确提出，要坚持和完善农村基本经营制度，依法维护农民土地承包经营权、宅基地使用权、集体收益分配权，壮大集体经济实力，发展农民专业合作和股份合作，培育新型经营主体，发展多种形式规模经营，构建集约化、专业化、组织化、社会化相结合的新型农业经营体系。2013 年中央 1 号文件再次聚焦“三农”，重点就在于农业经营体制改革创新。

本书共分6章，分别从转变农业发展方式、培育新型农业经营主体、发展多种形式农业规模经营、推进农业科技体制机制创新、加快建立新型农业社会化服务体系、深化农村经营管理体制改革等方面对如何加快农业经营体制改革和制度创新问题进行了深入的研究。在编纂思路上，充分利用了2010—2012年农业部软科学课题的研究成果，根据各课题研究内容的彼此联系，取其精华，重新组合分类。在选取课题时，较为注重时代性、实用性和指导性，故较多地收录了具有新观点、新思路、新视角的相关内容。

一、转变农业发展方式

当前，我国正处在社会主义现代化建设的重要时期。工业化、信息化、城镇化深入发展，城乡之间、农业与非农产业之间的联系日趋紧密，对农业支撑作用的要求越来越高，但同时人增地减水缺、环境脆弱对农业的约束日益增强，巩固农业基础地位、缩小城乡差距、应对国际挑战、突破资源环境约束和化解农业生产面临的气候风险，迫切需要加快农业发展方式转变。

转变农业发展方式是一个综合、动态的概念，单纯用某一指标或部分指标难以反映其全貌。本书从全面性、合理性、可行性等原则出发，设计出了发展和谐性、发展结构、要素供给等3个一级指标、13个二级指标作为农业发展方式转变的评价指标体系。从该体系出发，得出了目前我国正处在转变农业发展方式的关键时期、总体上我国农业发展还处在粗放型发展阶段、与农业发展质量全面提高的目标还有一定差距等结论，并提出我国加快转变农业发展方式的基本思路是：以科学发展观统领农业发展方式转变的各项工作，以建设资源节约型和环境友好型农业为战略目标，以加快发展新型农业社会化服务体系和农业循环经济为切入点，以农业产业结构调整和转型升级为主要途径，以科技进步和自主创新为主要驱动力，以完善社会主义市场经济体制作为根本前提和制度保障，建立政府、农民专业合作社①、农业企业和农户“三位一体”的动力结构。

---

① 2013年中央1号文件第一次表述为“农民合作社”，对农民专业合作社的内涵进行了扩展。去掉了“专业”两个字，内涵有了更多的拓展，已经超过了农民专业合作社的范围，还包括了超过专业合作的地域合作等内容。

加快农业生产经营方式转变是推进农业经营体制机制创新的重要途径。随着我国农业农村经济的发展，我国正逐步实现从传统农业向现代农业的转变，传统小农的生产经营方式正日益走向解体。农民组织化程度、农业产业化经营、农业专业化和规模化、农业机械化水平与农业社会化服务水平的提高，市场化农业基本形成，现代农业生产经营方式已现雏形。本书总结了我国农业生产经营方式转变特征，分析了农业农村经济制度和农业管理体制存在的主要问题，并从加快农业管理体制改革、推进农业管理目标与重点的改革、转变政府职能和提升公共服务水平、完善农村公共政策的决策过程和决策体系、稳定和完善农村土地承包关系、深化农村集体产权制度改革、加快发展农民专业合作社、大力推进农业产业化经营、大力发展农业社会化服务等方面提出了推进我国农业经营方式转变的主要路径选择。

转变农业发展方式，加快发展现代农业，是党中央、国务院在新形势下做出的立足当前、着眼长远解决“三农”问题的重大战略部署。引导社会资金投入现代农业是推动农业可持续发展，实现农业增产、农民增收、农村繁荣的重要途径。本书参照我国各地农业产业化的不同做法、成功经验和学界以往的研究总结，对社会资本进入农业的途径进行了梳理，总结出社会资本直接进入现代农业的主要途径是通过“要素契约”形式进入农业生产，收购、兼并原有农业企业重新组建经营；社会资本间接进入农业生产环节的主要途径是与农户之间建立紧密型的产销关系，利用中介组织与农户联系在一起，建立农产品交易场所作为信息技术交易平台。社会资本进入现代农业的模式主要有“龙头企业＋农户”模式、村企一体化模式、股份制经营模式。分析出社会资本进入现代农业的难点主要有：现有制度框架下社会资本投入现代农业的土地障碍，现有城乡就业格局下社会资本投入现代农业的人力资本障碍，现有商业化金融主导背景下的贷款筹资问题构成了社会资本进入现代农业的融资困难，经营主体分散化后社会资本进入现代农业的农业基础设施障碍，宏观政策倡导下社会资本进入现代农业的地方政府政策配套障碍，基本农情制约社会资本进入，技术进步不能满足发展需要，以亲缘信任为主的社会网络将长期存在，法律法规不健全、利益保障机制缺失。

二、培育新型农业经营主体

本书主要研究了现代农业企业、职业农民、种粮大户等三类新型农业经营主体。

现代农业企业是在传统农业企业及农业产业化龙头企业的基础上发展起来的，具有更高的管理要求和科技含量，是与现代农业及现代企业发展相对应的。目前一般是指应用现代农业科学技术和科学管理方法，直接或间接为农业生产服务，实行农业规模化、专业化、产业化经营的新型企业，包括与农业产前、产中、产后有关的所有企业。本书研究分析了现代农业企业发展的瓶颈与问题：现代农业企业分布不均衡；规模小，抗御自然风险与市场风险的能力差；盈利能力差，制约了可持续发展能力的提升；名牌少，制约了市场拓展能力的提升；基础环境薄弱，缺乏稳定的发展空间。最后提出新形势下现代农业企业发展的总体思路是：以农业和农村经济建设为中心，以增加农民收入和扩大农民就业为前提，以提高农业整体竞争力为着力点，坚持市场为导向、因地制宜、合理布局，以农业产业化龙头企业为基础，以现代企业管理方式和现代科学技术为保障，不断提高现代农业企业技术水平和产品质量，全面增强现代农业企业的综合竞争能力，形成现代农业产业体系。

培养职业农民，是解决我国未来“谁来种田”难题的必由之路。职业农民的概念可以定义为：自愿选择从事农业领域，在占有的一定规模的土地上，将农业作为产业来经营，充分利用科技手段和市场规则，以获取商业利润最大化为目的的社会劳动者。职业农民的基本特征是：一年中大部分时间都用来进行农业生产；收入主要来源于农业生产；与土地形成长期的占有、使用关系；所占有、使用的土地具有一定的规模；一年内多数时间居住在农村；接受过农民职业教育或培训。本书总结了我国职业农民的培养现状，分析了我国职业农民培养工作中存在的问题，即：农民教育培训缺乏专门立法，农民科技文化素质偏低、培养难度较大，经费投入不足，职业资格准入制度有待建立，队伍建设制度体系有待完善等。我国职业农民的培养路径是：针对可能成为职业农民的潜在群体，要建立城乡人才双向流动机制，通过加强创业培训，实施农业生产创业计划扶持体制，使他们能够顺利地进入职业农民队伍。对于现有职业农民群体，要实施职业农民注册认定制度，通过加强教育培训，提高职业农民素质和能力，实现土地连片种养，以及破解职业农民融资难题，支持和帮助他们继续发展壮大，成为观念新颖、素质较高、能力较强的理想的新型职业农民。

培育扶持种粮大户，推进粮食生产规模化、专业化和集约化，对推进现代农业建设、保障国家粮食安全具有十分重要的意义。本书重点收录了湖南省农业厅牵头完成的软科学成果。近几年来，湖南各级纷纷出台了政策措施，积极扶持发展种粮专业大户，强化指导和服务，并将大户发展作为粮食生产考核评比的重要内容。从2010年开始，省财政安排了500万元资金，奖励全省100个种粮成效明显、技术推广影响大的种粮大户。由于措施得力，该省种粮大户保持着较好的发展势头。然而，种粮大户与普通农户一样，在粮食生产中存在着粮价偏低、成本上升、比较效益不高等问题。除此之外，种粮大户还面临一些特有的困难和问题，归纳起来主要是四个方面：土地流转障碍凸显、农业社会化服务相对滞后、科学的评价管理制度尚未形成、政策激励机制仍然缺乏。下一步，在培育扶持种粮大户方面，应该要科学引导种粮大户发展、建立有利于种粮大户发展的土地流转机制、完善促进种粮大户发展的社会化服务体系、尽快出台种粮大户专门扶持政策、制订颁布培育扶持种粮大户的法律制度。

三、发展多种形式农业规模经营

规模经营是探索有中国特色现代农业发展道路的必然要求，也是农业现代化的重要途径。纵观西方发达国家可以发现，它们在推进工业化、城镇化和农业现代化进程中，都选择了向规模化现代农业发展方式的转变，积极探索了适合本国国情的农业规模经营和现代化发展的路子。深入推进农业适度规模经营最终将为形成有中国特色的现代农业发展方式奠定坚实的物质和实践基础。

农村土地承包经营权流转，是我国农村经济社会发展的必然要求，也是传统农业向现代农业转型的必由之路。我国农村土地承包经营权流转特点有：土地流转规模扩大、趋势加快；转包和出租是主要流转形式，股份合作开始兴起；土地流转租金差别较大，一些地区租金较高；土地承包经营权流转市场初步建立，促进了土地有序流转；各地纷纷出台鼓励流转的政策，推动了土地流转。土地的承包经营权流转形成了土地股份合作社模式、家庭适度规模经营模式、“土地银行”经营模式、业主租赁经营模式、“大园区+小业主”经营模式等多种模式。但目前还存在着一系列问题：政府流转服务能力薄弱，市场流转信息沟通不畅；流转不规范，矛盾纠纷多；部分农民流转意愿不强，主体地位难保障；土地承包权难以抵押，培育规模经营主体难；企业到农村流转土地隐忧较多，不利于农民利益保护；流转土地“非粮化”倾向明显，部分流转土地“非农化”；集体流转“工作经费”违规，使用不透明等。

中国的城市化进程，已经为增大劳均耕地规模和调整人均分地制度提供了机遇。土地承包经营权作为农民最基本的权益，正面临着工业化、城市化带来的巨大挑战。如何有效建立农地承包经营权的流转退出机制，将成为未来发展适度规模经营不可回避的重要问题。改革开放以来，稳定农村土地承包关系始终是中国农地制度的主线。从长期趋势看，随着农民工就业稳定性的增强以及新生代农民工逐步成为农民工的主体，外出打工农民有偿退出承包地的愿望和需求将会越来越强烈。随着经济大发展和社会大开放，流动就业农民工的稳定性特征正逐步显现并不断强化，并出现了就业形式日趋稳定、流动“家庭化”和居住的稳定性趋势明显、在流入地居住趋于长期化等三个新的趋势。从国际经验和中国当前实际看，建立农村承包地的有偿退出机制必须至少要具备做好农地确权登记颁证工作、合理界定农民集体经济组织成员权、完善农户土地承包权与承包土地的经营权可分离的制度安排等条件。

根据农业规模经营相关理论并结合我国各地区实践，本书中提出的农业适度规模经营的概念是：在一定的社会经济和历史条件下，实现农业生产要素的最优组合和有效运行，以达到与耕地资源条件、社会经济条件、物质技术装备条件及管理水平相适应的合理数量的土地规模，实现农业生产布局区域化、生产专业化和服务规模化、社会化，从而获得良好的经济和社会效益。我国农业适度规模经营主要有以双层经营为基础的种植专业户，以家庭经营为主体的家庭农场，股份经济合作体，自愿结合为基础的联合体，以集体经营为主的农业专业队，以合作经营为基础的集体农场、合作农场等多种形式。在发展农业适度规模经营的过程中还面临着一系列问题：农业生产的规模经济效益低；农业生产经营者的整体素质不高；农业经营生产剩余少，农业投资不足；土地适度规模经营问题多且难度大；农业基础设施薄弱，农业规模经营抵御自然风险能力弱；农业正规金融服务缺失，制约了规模经营的融资需求；一些地区涉农服务力度较弱，农业规模经营无法得到有效支持；农业生产经营产业化、组织化、社会化水平低下等。未来我国农业适度规模经营的主要实现路径有龙头企业带动、政府推动、种养大户或农场经营、农业社会化服务组织带动、龙头企业与农户合作、农民专业合作社、农业园区（小区）等方式。

随着我国农村劳动力的大量转移，农业后继乏人的现象越来越严重。培育新型职业农民、发展以新型职业农民为生产主体的适度规模经营，将为农业所面临的危机提供有效的化解途径。新型职业农民除了要符合占有（或长期使用）一定数量的生产性耕地、大部分时间从事农业劳动、经济收入主要来源于农业生产和农业经营、长期居住在农村等基本条件外，还要是市场主体、具有较高的稳定性、具有高度的社会责任感和现代责任观念。新型职业农民背景下农业适度规模经营应以家庭农场的形式存在和以不雇佣劳动力为特征。

四、推进农业科技体制机制创新

我国已经进入由传统农业向现代农业转变的关键时期，农业发展正面临着资源与市场的双重约束、经济增长与生态保护的双重压力、农民增收与粮食安全的双重挑战。面对新形势新变化，我国现有农业科研体制难以适应现代农业发展的需要。发展现代农业，必须对现有农业科技体制机制进行创新。

目前，我国的农业科技发展存在着一些问题，主要是：总体发展水平不高，支撑力不足；宏观管理滞后，调控力不足；资金增长缓慢，投入力度不足；科研单位陷入“市场怪圈”，创新力不足；推广体制不完善，转化率不足；科技人才总量不足，整体素质不高等。我国现代农业科技支撑体系的基本构想就是：通过农业科技创新体系、成果转化体系、应用服务体系、管理体系和保障体系五大体系之间科学、协调运作，实现供给充足、应用广泛、转化快捷、管理科学、保障有力的农业科技新局面。未来发展要从提高自主创新能力、拓宽转化推广渠道、强化服务体系、理顺管理机制、落实有力保障等方面加大政策支持力度。

我国正处于传统农业向现代农业转型的关键时期，完善的农业技术推广体系是推动农业科技进步、提高农业竞争力的关键所在。我国目前并不缺乏农业科技成果，然而在农业科技成果转化方面与发达国家相比却相差甚远。进入新世纪以来，在农业技术推广过程中形成了农业科技示范户、农业科技示范基地、农业信息平台服务、产学研结合等典型模式。然而，目前我国农技推广方法创新政策体系还面临着科研、教育、推广脱节，投资机制不健全、资源供给渠道单一，管理体系不顺、职能发挥不平衡，资源配置结构性失衡等主要问题。该部分的研究以北京农民田间学校为例，探讨在实践中的政策支持路径，并且从多中心治理理论和权利结构出发，研究“外来”的参与式培训方法是如何在政策支持下实现本土化。

农业科技创新是国家科技创新体系建设的重要组成部分，是农业经济可持续增长的重要动力。对于西部地区来说，农业发展面临着土地、水等自然资源条件的刚性约束和国际市场竞争、生态安全、农产品安全等问题的制约，加快现代农业和农村经济发展，必须高度重视发挥科技创新的作用，不断提高农业科技创新能力。课题研究在参阅大量文献的基础上，考虑统计数据和统计资料的可获得性，构建出一套反映区域农业科技创新能力的综合指标体系。根据农业科技创新能力的内涵与构成，共选择4个一级指标、21个二级指标来衡量区域农业科技创新能力，建立了西部地区农业科技创新能力评价指标体系。课题还提出了提高西部地区农业科技创新能力的基本思路：按照国家深化科技体制改革的要求，遵循市场经济规律与农业科技发展特点，以发展“高产、优质、高效、生态、安全”的现代农业为目标，以调整优化农业科技体系的结构、合理配置人才队伍、深化体制机制改革和增加投入为重点，强化农业科技基础和平台建设，建设现代农业科研创新体系、农业科技成果转化体系、农业科技推广服务体系；进一步增加对西部地区农业科技的投入，农业科研开发投入占农业GDP的比重提高到0.8%以上；构建起与我国西部农业资源禀赋条件和农业现代化水平相匹配的农业科技创新模式，以促进我国西部现代农业快速发展。

五、加快建立新型农业社会化服务体系

党的十八大明确提出要“坚持和完善农村基本经营制度……构建集约化、专业化、组织化、社会化相结合的新型农业经营体系”。这不仅需要培育新型的农业经营主体以拓展经营形式，更需要建立一套新型的农业社会化服务体系作为支撑。因此，加快建立新型的农业社会化服务体系不仅是构建新型农业经营体系的重要内容，也是完善农村基本经营制度的应有之义。

从我国农业社会化服务的供给来看，涉及到多个部门和领域，包括农业、林业、水利、气象等农业行政部门；涉及农业的部门有科技、教育、发改、财政、金融、商务、工商、税务、人力资源与社会保障、卫生和计划生育、民政、工业与信息化、交通、电力、环境保护、动植物检疫、食品与药品监督等相关部门；党组织系统的组织、妇联、共青团、科协等相关部门也参与了农业社会化服务工作。各种社会力量有：科研、教育、技术推广、农业综合开发等事业单位；涉农企业、商业性金融机构、合作经济组织等企业性质的单位；各类协会、学会、基金会等社会团体。新型农业社会化服务主要包括农业科技服务、农业生产性服务、农业基础设施服务、农村商品流通服务、农村金融服务、农村信息服务、农产品质量安全服务等七个方面。从农户对新型农业社会化服务的需求来看，农户最需要的技术服务包括 4 类 20 项。总的来看，各类主体提供的农业社会化服务还不能充分满足广大农民的需求，公共服务能力还不够强，农业公益性服务能力特别是农业技术推广、动植物防疫、农产品质量监管等还很有待于进一步提高，农民专业合作组织的凝聚力、吸引力和服务能力也有待于进一步提升，农业产业化龙头企业与农户的利益联结机制还不完善、带动能力不强，市场体系中经营性服务组织商业化过于严重、服务也不够规范，各服务主体之间缺乏有效的协调。

近年来，我国农业生产性服务业迅速发展，成为发展现代农业、转变农业发展方式的战略引擎，也是现代农业产业体系建设中最引人注目的现象之一。我国农业生产性服务业包括公共农业生产性服务体系、合作社、

专业协会或行业协会、农业产业化龙头企业、涉农市场和民营服务企业、传统的农业生产性服务组织、不同类型的农业生产性服务机构的联合和协作等多种典型模式。当前，我国发展农业生产性服务业面临的主要问题有：农业公共服务机构职能定位过宽，容易出现经费少、人员缺、机构不健全、服务供求错位和供不应求等问题；基层农业公共服务体系运行机制改革滞后，队伍不稳、专业结构不合理、人员知识老化的问题比较突出；农业社会化服务机构规模小、层次低、功能弱、融资难，农业生产性服务业市场化、产业化、社会化发展滞后；农业生产性服务业支持政策亟待健全，强化政策支持已成当务之急。未来进一步发展农业生产性服务业需要科学确定农业公共服务机构的职能定位，优化其服务供给方式；加快公共农业服务机构改革，大力加强其队伍和运行机制建设；结合实施区域层面、产业链层面的农业重大项目或专项行动，突出加强相关农业生产性服务能力建设；优先支持农业生产性服务业市场化、产业化和社会化，鼓励其组织创新和经营方式创新；健全发展农业生产性服务业的其他支持政策，加大支持力度并优化支持重点。

新世纪新阶段以来，党中央、国务院高度重视农业机械化发展，不断强化支持政策，持续加大投入力度，农业机械化取得了显著成就，农机总动力增长速度不断上升。未来加快推进农业机械化发展的政策建议主要有：加快基层农机化公共服务体系建设，不断提高公共服务能力；积极制定有利于农机专业合作社发展的扶持政策和措施；积极制定推动农机农艺融合发展的扶持政策和措施。

六、深化农村经营管理体制改革

本部分内容主要从农村土地制度改革与创新、发展壮大农村集体经济、深化农场管理体制改革、创新农业经营体制机制研究四个方面进行论述。

党的十七届三中全会提出，要进一步健全严格规范的农村土地管理制度，规范推进农村土地管理制度改革。“十二五”期间，科学、合理配置土地资源，是协调推进工业化、城镇化和农业现代化同步发展的基础。认真分析我国农村集体土地管理制度现状，理清思路，积极推进改革，进而形成符合国情的土地管理制度，对于落实最严格的耕地保护制度和最严格的节约用地制度，在快速推进的城镇化进程中维护好农民合法的土地权益，具有重要意义。“国家地权”与农民地权的冲突、集体地权与农民地权的冲突以及农民个体间地权的冲突是当前农村土地上地权冲突的主要形态，也是我国农村土地物权制度继续向前发展过程中必须解决的重要问题。该章中分析了成都、重庆、嘉兴、新乡、苏南地区农村土地制度改革的地方探索的五个案例，并从规划问题、征地制度改革问题、集体建设用地流转问题、宅基地流转和抵押问题、“土地财政”问题、“耕地红线”问题等方面提出了政策建议。

在我国进入着力破除城乡二元结构、形成城乡经济社会发展一体化新格局的重要时期，农村集体经济组织作为上世纪50年代顺应我国社会主义公有制创建发展和农业经营体制改革创新的宝贵遗产，如何按照新时期改革与发展需求，重新定位，激发活力，完善“造血”机能，增强服务功能，继续为发展农业农村经济、促进社会和谐稳定发挥难以替代的作用，势在必行、刻不容缓。新时期发展壮大农村集体经济，需要健全村级民主自治机制，为各司其职理顺关系；恢复健全集体经济组织，为维权发展提供保障；界定集体经济组织成员资格，为明晰权属奠定基础；推进集体产权制度改革，为机制创新激发活力；完善集体资产制度建设，为保值增值创造条件；推动各项扶持政策出台，为持续发展创造环境；强化农经监管服务机构，为指导调控提供支撑。

国有农场是集农、林、牧、副、渔、工、商、运、建、服于一体，多门类、多行业、多元化、多层次综合经营的国有农业企业，是以国有土地为基本生产资料，以农产品生产、加工、销售为主营业务，具有区域性、社会性特征的农业经济组织。当前，我国农场管理体制改革取得的主要成就有：农垦经济快速增长、产业结构优化、企业效益明显提高；现代农业建设取得明显成效、产业优势和辐射能力明显增强；人均收入大幅增加、民生明显改善；重点领域改革有新的进展；对外开放步伐明显加快；农场地位作用明显提升。虽然农场管理体制改革已经取得了很大进展，但是由于影响农垦发展的体制性障碍尚未根本消除，历史遗留问题一时还难以彻底解决，主要问题有：改革目标方向仍不清晰，农场定位模糊；农场干部职工思想解放程度、观念创新意识仍有待于进一步加强；农场国有土地的使用和管理缺乏系统的规划和统一的管理；历史欠账太多，影响改革的进一步深入；外部环境复杂多变，挑战与机遇并存；人才短缺和劳动力素质低下；农垦系统内部发展极不均衡等。下一步深化农场管理体制改革应需要：统一思想，明确农场管理体制改革的目标和方向；通过制定实施改善农场经营环境的政策和措施，推动农场经济发展；支持农垦系统的体制改革与制度创新，巩固农场税费改革等多项改革的成果，全面提升农场经营的质量与效益；继续加大支农惠农和解决民生问题的力度；出台管理国有农场资产特别是土地的政策；改善国有农场的投资环境。

农村基本经营制度是我们党在农村政策的基石，它影响的不仅是农业经济的发展，还牵涉到农村社会的稳定。近些年来，随着工业化、城镇化深入发展，我国农村人口大量向城市转移、尤其是大量农村青壮年劳动力向城市转移，农村经济社会结构也发生着巨大的变革，农业生产也遭受严重的外来冲击。农村劳动力尤其是农业劳动力老龄化、女性化趋势日益明显，农业劳动力兼业现象普遍，农村空心化与农业劳动力缺失的问题越来越严重。谁来经营农业、怎样经营农业，已经成为了迫在眉睫、必须解决的问题。在未来的农业经营体制中，包括专业大户、农民合作社、企业等新型经营主体。研究者认为，农户家庭是农业的基本经营组织，农民合作社发展需要发展成为农业经营组织，企业是好的农业服务主体但非经营主体。创新农业经营体制机制要做好三大基础工作：一是推动土地赋权工作，实现承包经营权的用益物权化；二是推动土地确权工作，确保农民拥有土地承包经营权；三是推动土地维权工作，保障农民各项土地权益。建立完善创新农业经营体制机制还需要三项配套制度：一是完善土地流转交易制度，推动流转规范有序发展；二是建立认定农业者制度，防止流转过程中的经营“非农化”；三是建立土地用途分类和管制制度，防止流转中的土地“非农化”。

第一章

转变农业发展方式

转变农业发展方式是贯彻落实科学发展观的根本要求，是实现农业现代化的必然选择。本章从转变农业发展方式评价体系研究、加快农业生产经营方式转变、社会资本进入与现代农业问题研究三个方面对如何加快转变我国的农业发展方式进行了详细阐释。

第一节
转变农业发展方式评价体系研究

当前，我国正处在社会主义现代化建设的重要时期。工业化、信息化、城镇化深入发展，城乡之间、农业与非农产业之间的联系日趋紧密，对农业支撑作用的要求越来越高，但同时人增地减水缺、环境脆弱对农业的约束日益增强，巩固农业基础地位、缩小城乡差距、应对国际挑战、突破资源环境约束和化解农业生产面临的气候风险，迫切需要加快农业发展方式转变。

一、转变农业发展方式的理论框架与评价体系

（一）转变农业发展方式的理论框架

农业是国民经济的基础。我国是农村人口占大多数的发展中国家，“三农”问题始终关系国家稳定与发展的全局。要统筹城乡经济社会发展，建设社会主义新农村，关键要加快转变农业发展方式。党的十七大报告提出，要加快转变经济发展方式，推动产业结构优化升级。由“转变经济增长方式”到“转变经济发展方式”，虽然只是一词之变，内涵却有明显差异，标志着我国国民经济发展理念的全面创新和经济发展路径的战略转变，意味着科学发展观实现路径的全面调整。相应地，与转变农业增长方式相比，转变农业发展方式也有新的更高要求。

对于转变农业发展方式的基本内涵，国内社会各界已有许多论述。比较有代表性的观点包括：①潘盛洲[①]指出，转变农业发展方式，核心应是发展现代农业，实现农业发展由主要靠天吃饭向提高基础设施水平转变、由主要依靠手工劳动向提高物质装备程度转变、由主要依靠传统要素向依靠科技进步和提高劳动者素质转变。②顾益康[②]认为，加快农业发展方式转变，其实质是促进农业从小而全粗放经营向规模化集约经营转变；促进农业资源从粗放经营向节约、集约、循环和永续利用转变；促进传统农业产业结构向以规模化种养业为基础，农产品精深加工和现代农产品物流业为支撑的现代农业产业结构转变，实现农业产业结构优化升级。③吴向伟[③]认为，转变农业发展方式，除了由粗放型增长向集约型增长转变或从外延型增长向内涵型增长转变外，还应包括：向农业发展目标的多元化转变、向农业经济增长的质量和效益并举转变、向农业产业结构优化转变、向可持续发展的绿色产业转变。④韩长赋[④]、危朝安[⑤]等认为，转变农业

---

① 潘盛洲：“转变农业发展方式要三管齐下”，《农村工作通讯》，2010 年第 15 期。

② 顾益康：“转变农业发展方式重在创新”，《农村工作通讯》，2010 年第 10 期。

③ 吴向伟：“转变农业发展方式的内涵与途径”，《经济纵横》，2008 年第 2 期。

④ 韩长赋：“毫不动摇地加快转变农业发展方式”，《农村工作通讯》，2010 年第 11 期。

⑤ 危朝安：“明确目标把握重点切实推进农业发展方式转变”，《农村工作通讯》，2010 年第 15 期。

发展方式要促进五个方面的根本性转变，即促进农产品供给由注重数量增长向总量平衡、结构优化和质量安全并重转变；促进农业生产条件由主要“靠天吃饭”向提高物质技术装备水平转变；促进农业发展由主要依靠资源消耗向资源节约型、环境友好型转变；促进农业劳动者由传统农民向新型农民转变；促进农业经营方式由一家一户分散经营向提高组织化程度转变。

农业发展不仅仅是农业经济总量的增加，还包括农业结构优化、农业增长质量提高、农业技术持续进步和农村社会全面发展；不仅仅是农业经济领域的改善，还包括农村政治制度的进步和农村社会结构的优化。农业发展方式既是动态的，又是综合的，是一个有着丰富内涵的方法、手段和模式体系。影响农业发展方式的主要因素除了涉及农业经济增长的要素供给因素、结构因素、制度文化与政策因素外，还包括了人与自然、社会、环境的和谐发展因素。（见图 1.1）

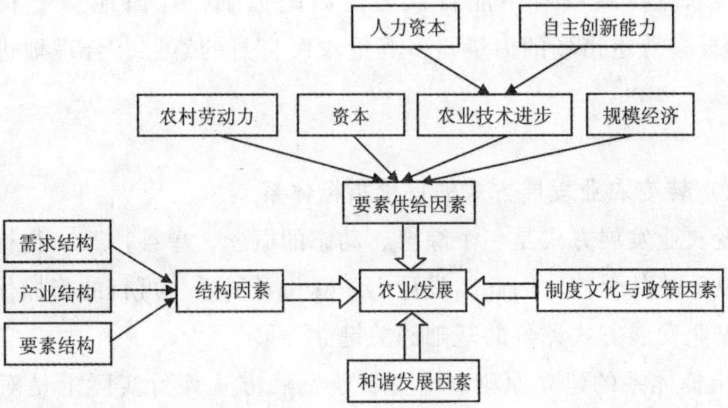

图 1.1　转变农业发展方式的理论分析框架

转变农业发展方式的目标是要建设和谐农业。和谐农业，是注重资源节约与环境保护，促进人与自然和谐相处，发展速度、结构、质量、效益相统一的农业，是构建“社会主义和谐社会”的基础。和谐农业具有一些显著的特点：一是注重资源节约与环境保护，农业发展与环境相互协调；二是强调人与自然和谐相处，实现农业经济、社会和环境的相互和谐；三是采取和谐发展方式，即农业实现长期发展所依赖的动力、增长源、机制和途径都是合乎科学的、可持续的。转变农业发展方式，最为重要的是要转变农业发展理念，建设社会主义和谐农业。也就是要立足于以人为本，以提高农村居民生活水平作为根本出发点和落脚点，统筹城乡发展、区域发展、经济社会发展、人与自然和谐发展、国内发展和对外开放，促使农业发展由偏重于增加物质财富向更加注重人的全面发展和农村经济社会的协调发展转变。

转变农业发展方式的关键是要转变农业发展机制。转变农业发展方式往往容易被简单化地理解为农业产业结构的转型或升级，而且是“政府所主导、所决定的产业转型”。2011 年 11 月中旬，甘肃省庆阳市宁县米桥乡部分农民在基本农田内种植的小麦被当地政府用旋耕机强行推倒，要求改种苹果树。诸如此类事件，近年来层出不穷。地方政府“横插一杠子”强制农民按政府意愿种植，出现风险又让农民自己承担，这种越俎代庖非但不能让农民按官方意愿摆脱贫困，相反却可能越折腾越穷。因此，发展农业各级政府不能自认为是高瞻远瞩，片面地搞“农业产业化”，而要多尊重市场的力量，多尊重农民自身的意愿，合理地进行引导和指导。

（二）转变农业发展方式的评价指标体系

转变农业发展方式是一个综合、动态的概念，单纯用某一指标或部分指标难以反映其全貌。因此，设计出一套相对科学、可行的指标体系是进行转变农业发展方式评价的基础和关键。

1. 指标体系的建立原则。转变农业发展方式评价实际上是对一个地区农业发展的一种综合测评和分析，其指标体系应由反映一个复杂系统的多个指标所组成的相互联系、相互依存的统计指标群，以此来全面、准确地反映该地区农业发展方式转变诸多方面的现实情况。因此，建立转变农业发展方式的评价指标体系，应遵循以下基本原则。

（1）全面性。衡量农业发展方式必须考虑各方面的影响因素，农业发展方式转变是该地区多种因素和各个子系统综合作用的结果。反映农业发展方式转变的指标体系应包含区域农业经济、科技、人才、资源及环境等各个方面的指标，这就要求评价指标体系要尽可能体现全面性。

（2）合理性。由于转变农业发展方式评价指标体系涉及面较宽，在具体操作过程中必定有个对指标取舍的问题，为此要尽可能选取能反映一个地区农业发展方式特征的指标。同时，做到总量指标与个性指标相结合，尽可能做到客观、真实地反映一个地区农业发展方式转变的特点，揭示出农业发展方式转变的内在规律。

（3）可行性。可行性是从评价指标体系的可操作性、可比性上加以考虑的。一方面要找齐全面反映农业发展方式转变的指标，在目前的统计指标体系中的确存在不少困难。因此，在指标的设计中，要尽可能与现有的统计范畴、统计口径和推算方法相一致，以减少主观臆断的误差。另一方面，指标要便于纵向和横向比较，既能反映一个地区农业发展方式转变进程，又能揭示出不同地区间发展不平衡的特点。

2. 评价指标体系的设置。根据转变农业发展方式的基本内涵和理论框架，结合上述原则，转变农业发展方式可从以下几方面进行分析评价。

（1）发展和谐性评价。和谐发展是转变农业发展方式的重要内涵之一。农业发展和谐性体现在三个方面：一是提高农村居民对经济社会生活的满意度；二是缩小城乡居民差距、地区差距和农村居民内部差距；三是实现人与自然的和谐发展。随着统筹城乡发展战略的实施和农业发展方式的转变，我国农业发展的协调性进一步增强。衡量发展和谐性的主要指标包括：城乡差距、农村居民内部差距、地区差距等发展差异指标；万元农业GDP综合能耗、万元农业GDP用水量等节能降耗指标。

（2）发展结构评价。转变农业发展方式的核心内容是“五个转变”，即促进农产品供给由注重数量增长向总量平衡、结构优化和质量安全并重转变；促进农业生产条件由主要“靠天吃饭”向提高物质技术装备水平转变；促进农业发展由主要依靠资源消耗向资源节约型、环境友好型转变；促进农业劳动者由传统农民向新型农民转变；促进农业经营方式由一家一户分散经营向提高组织化程度转变。衡量发展结构的主要指标有三次产业结构、第一产业内部行业结构、全要素生产率等指标。

（3）要素供给评价。要素供给评价主要是对农业劳动力、资本等农业生产要素效率进行评价。要素供给评价的主要指标包括：反映农业劳动力效率的农业劳动生产率指标；反映资本投资规模及其效率的农村固定资产投资、农业GDP资本存量弹性、农业增量固定资产投资产出率和农业固定资产投资率对农业增长率比值等指标。

由此形成的转变农业发展方式评价指标体系如下（见表1.1）。

表1.1　　转变农业发展方式的评价指标体系

发展和谐性评价	（1）城乡差距 （2）农村居民内部差距 （3）地区差距 （4）万元农业GDP综合能耗 （5）万元农业GDP用水量
发展结构评价	（1）三次产业结构 （2）第一产业内部行业结构 （3）全要素生产率
要素供给评价	（1）农业劳动生产率 （2）农村固定资产投资 （3）农业GDP资本存量弹性 （4）农业增量固定资产投资产出率 （5）农业固定资产投资率对农业增长率比值

二、我国农业发展方式转变的分析评价

根据前面提出的评价指标体系，本研究从发展和谐性评价、发展结构评价、要素供给评价等方面，对我国农业发展方式转变状况进行系统的分析。

（一）发展和谐性评价

和谐发展是转变农业发展方式的重要内涵之一。农业发展和谐性体现在三个方面：一是提高农村居民对经济社会生活的满意度；二是缩小城乡居民差距、地区差距和农村居民内部差距；三是实现人与自然的和谐发展。随着统筹城乡发展战略的实施和农业发展方式的转变，我国农业发展的协调性进一步增强。衡量发展和谐性的主要指标包括：城乡差距、农村

居民内部差距、地区差距等发展差异指标；万元农业 GDP 综合能耗、万元农业 GDP 用水量等节能降耗指标。

1. 城乡差距。城乡差距是反映区域发展差异的重要指标。如表 1.2 所示：一是城镇居民人均可支配收入从 2000 年的 6280.0 元增加到了 2010 年的 19109.4 元，十年来增长了 2.04 倍，而农村居民人均纯收入从 2000 年的 2253.4 元增加到了 5919.0 元，同期只增长了 1.63 倍。二是城乡居民人均收入比有所扩大，从 2000 年的 2.79 倍扩大到了 2009 年的 3.33 倍。上述结果表明，全国城乡差距总体上还在进一步扩大。如果考虑到城镇居民在社会养老、保险等其他方面的因素，城乡差距可能还要更大一些。

表 1.2　　我国城乡居民人均收入比

年份	城镇居民人均可支配收入（元）	农村居民人均纯收入（元）	城乡居民人均收入比
2000	6280.0	2253.4	2.79
2001	6859.6	2366.4	2.90
2002	7702.8	2475.6	3.11
2003	8472.2	2622.2	3.23
2004	9421.6	2936.4	3.21
2005	10493.0	3254.9	3.22
2006	11759.5	3587.0	3.28
2007	13785.8	4140.4	3.33
2008	15780.8	4760.6	3.31
2009	17174.7	5153.2	3.33
2010	19109.4	5919.0	3.23

数据来源：据《中国统计年鉴 2011》相关数据整理计算。

2. 农村居民内部差距。在不影响市场机制资源配置作用的前提下，有效防止农村居民内部收入差距过于扩大是转变农业发展方式的内在要求，也是政府的职能之一。近年来，在城乡居民收入不断提高的同时，农村居民内部存在着巨大的收入差距。表 1.3 表示的是按收入等级划分的我国农村居民人均纯收入情况，从中可以得知，我国农村居民内部收入差距有所扩大，高收入户与低收入户人均纯收入比从2003年的7.33倍扩大到了2009年的7.95倍。

表1.3　　农村居民内部分组人均纯收入情况及其差距　　单位：元

年份	低收入户	中低收入户	中等收入户	中高收入户	高收入户	高低收入比
2003	865.90	1606.53	2273.13	3206.79	6346.86	7.33
2004	1006.87	1841.99	2578.49	3607.67	6930.65	6.88
2005	1067.22	2018.31	2850.95	4003.33	7747.35	7.26
2006	1182.46	2222.03	3148.50	4446.59	8474.79	7.17
2007	1346.89	2581.75	3658.83	5129.78	9790.68	7.27
2008	1499.81	2934.99	4203.12	5928.60	11290.20	7.53
2009	1549.30	3110.10	4502.08	6467.56	12319.05	7.95
2010	1869.80	3621.23	5221.66	7440.56	14049.69	7.51

数据来源：据历年《中国统计年鉴》数据计算。

3. 地区差距。2010年我国农村居民人均纯收入最高的三个省份分别为上海、北京和浙江。比较来看，人均纯收入最高的上海，2010年人均纯收入为13977.96元，是2000年时的2.50倍，而2010年人均纯收入最低的甘肃是2000年人均纯收入最低的西藏的2.58倍；另一方面，2000年人均纯收入最高的上海是最低的西藏的4.21倍，而2010年人均纯收入最高的上海是最低的甘肃的4.08倍。这表明，十年来我国农村居民人均收入的地区差距已有一定程度的缩小。

4. 万元农业GDP综合能耗。长期以来，我国对农业发展节能降耗工作高度重视，制定和完善了一批节能降耗政策文件，推广重大节能降耗新技术、新工艺、新产品，全国农业能源利用效率有很大的提高，万元农业GDP综合能耗由1990年的0.9585吨标煤大幅下降到了2009年的0.1775吨标煤（见表1.4），即2009年我国万元农业GDP综合能耗还不到1990年的1/5，表明全国在控制农业能源消费方面已经取得了很大成效。

表 1.4　　万元农业 GDP 综合能耗

年　份	农业 GDP（亿元）	能源消费总量（万吨标煤）	万元农业 GDP 综合能耗（吨标煤）
1990	5062	4852	0.9585
1995	12136	5505	0.4536
2000	14945	3914	0.2619
2005	22420	6071	0.2708
2009	35226	6251	0.1775

数据来源：《中国统计年鉴 2011》相关数据计算。

5. 万元农业 GDP 用水量。我国是世界 13 个严重缺水国家之一。为此，长期以来，我国高度重视提高农业用水效率。表 1.5 数据表明，我国农业用水效率已有很大程度的提高。2000 年我国万元农业 GDP 用水量为 2531.66 立方米，而 2010 年则只需要 910.13 立方米，十年来大幅减少了 64.05%。

表 1.5　　万元农业 GDP 用水量

年份	农业 GDP（亿元）	用水总量（亿立方米）	万元农业 GDP 用水量（立方米）
2000	14944.72	3783.5	2531.66
2001	15781.27	3825.7	2424.20
2002	16537.02	3736.2	2259.29
2003	17381.72	3432.8	1974.95
2004	21412.73	3585.7	1674.56
2005	22420.00	3580.0	1596.79
2006	24040.00	3664.4	1524.29
2007	28627.00	3599.5	1257.38
2008	33702.00	3663.5	1087.03
2009	35226.00	3723.1	1056.92
2010	40533.60	3689.1	910.13

数据来源：《中国统计年鉴 2011》相关数据计算。

（二）发展结构评价

转变农业发展方式的核心内容是“五个转变”，即促进农产品供给由注重数量增长向总量平衡、结构优化和质量安全并重转变；促进农业生产条件由主要“靠天吃饭”向提高物质技术装备水平转变；促进农业发展由主要依靠资源消耗向资源节约型、环境友好型转变；促进农业劳动者由传统农民向新型农民转变；促进农业经营方式由一家一户分散经营向提高组织化程度转变。衡量发展结构的主要指标有三次产业结构、第一产业内部行业结构、全要素生产率等指标。

1. 三次产业结构。改革开放以来，我国三次产业结构发生了巨大变化。如前所述，我国农业国内生产总值从1978年的1027.53亿元增加到了2010年的40533.60亿元，不考虑物价因素年递均增长12.17%；农业国内生产总值占全国GDP的比重从1982年最高的33.39%一路下降，2010年所占比重只有10.10%，表明农业虽然还是我国国民经济的基础，但其对国民经济发展的贡献率正在持续下降。

2. 第一产业内部行业结构。从农业总产值来看，改革开放以来我国农业产业内部结构发生了巨大的变化，具体呈现出以下几个特点：一是种植业占农业总产值的比重从1978年的79.99%大幅下降到了2008年最低的48.35%，最近两年该比重则稍有回升。二是牧业占农业总产值的比重从1978年的14.98%上升到了2008年最高的35.49%，最近两年该比重有所回落。三是渔业占农业总产值的比重从1978年的1.58%上升到2000年的10.89%后，基本维持在10%左右。四是林业占农业总产值的比重基本保持在3%—4%。

3. 全要素生产率。经济增长按其源泉可以分解为要素的投入增加和全要素生产率的提高。全要素生产率是指一定时期内各要素（如资本和劳动力等）投入之外的技术进步、组织创新、专业化和生产创新等导致的产出增加，是剔除要素投入贡献后所得到的残差，最早由索洛（Solow，1957）提出，因此也称为索洛残差。全要素生产率是分析经济增长源泉的重要工具，通常也被视为衡量科技进步的重要指标。

通过计算2000—2010年全要素增长率、资本投入和劳动力投入对我国农业 GDP 增长的贡献率可以得知：从劳动力投入对我国农业 GDP 增长的贡献率看，本世纪初劳动力投入的贡献率有所上升，并在 2002 年达到高点，其后则总体上呈现出下降趋势，从 2002 年的 116.51% 下降到了 2010 年的 55.63%，但还是处于相当高的水平。这表明近些年来我国农业经济增长的源泉主要还是来自于劳动力的增长，虽然这种作用已在逐步减弱。从资本对农业 GDP 增长的贡献率看，从 2002 年以来总体上则呈现出上升趋势，从 2002 年的 -20.68% 上升到了 2010 年的 33.43%。从全要素生产率对农业 GDP 增长的贡献率看，总体上在稳步提高，但贡献率还处于较低水平。综合来看，近些年来，劳动力投入对我国农业经济增长的贡献率在逐步下降，资本投入对我国农业经济增长的贡献率稳步提高，而全要素生产率的贡献率虽然还处于较低水平，但也在稳步提高，表明我国农业发展目前正处于由主要依靠增加物质资源消耗向主要依靠科技进步、劳动者素质提高、管理创新转变阶段，但这一进程还有待加快。

（三）要素供给评价

要素供给评价主要是对农业劳动力、资本等农业生产要素效率进行评价。要素供给评价的主要指标包括：反映农业劳动力效率的农业劳动生产率指标；反映资本投资规模及其效率的农业固定资产投资、农业 GDP 资本存量弹性、农业增量固定资产投资产出率和农业固定资产投资率对农业增长率比值等指标。

1. 农业劳动生产率。农业劳动生产率是指平均每个农业劳动者在单位时间内生产的农产品量或产值，或生产单位农产品消耗的劳动时间，是衡量农业劳动者生产效率的重要指标。决定农业劳动生产率高低的主要因素有：农业劳动者生产技术水平、劳动熟练程度、劳动态度和精神状况，农业生产的技术装备状况和农业生产过程的机械化水平，农业科学研究成果在农业生产中的应用情况，农业劳动组织形式和农业生产经营单位的管理水平，土壤的肥沃程度，农业气候状况，以及影响农业生产的其他自然条件等。以根据价格指数进行调整后的第一产业 GDP 为农业产出，以全社会从业人员中的第一产业从业人员为农业就业人数，进行计算可以得出可比价格的农业劳动生产率。图 1.2 显示的是按可比价和当年价分别计算的我国农业劳动生产率情况。从中可以看出，1990—2003 年间我国可比价农业劳动生产率增加较为缓慢，而 2003 年以来则增加得较为迅速，2003—2010 年间大幅增长了 147.33%。

图 1.2　农业劳动生产率

2. 农村固定资产投资。农村固定资产投资是农业经济发展、农村社会进步和农民收入增长的重要物质基础。如前分析，我国农村固定资产投资总量稳步增长，但在全社会固定资产投资中的比重偏低，且呈现出明显的下降趋势。总量上看，我国农村固定资产投资从 1996 年的 5346.3 亿元增加到了 2010 年的 36691.0 亿元，增长了 5.86 倍，年递均增长 14.75%。然而，另一方面，我国农村固定资产投资占全社会固定资产投资的比重明显偏低，1996 年最高时也只占全社会固定资产投资的 23.33%，还不到 1/4，而且还呈现出明显的逐年递减的趋势，从 1996 年的 23.33% 下降到了 2010 年的 13.19%，14 年间下降了 10.14 个百分点，平均每年下降 0.72 个百分点。这一情况表明我国全社会对农村固定资产投资增速明显落后于对城镇投资增速，对农村固定资产投资相对不足势必造成我国农业发展后继乏力。从农村固定资产投资的主体来看，农户投资所占比重从 1996 年的 47.58% 持续下降到了 2010 年的 21.49%，而非农户投资则从 1996 年的 52.41% 上升到了 2010 年的 78.51%。

3. 农业 GDP 资本存量弹性。农业 GDP 资本存量弹性指一个地区在一定时间周期内的农业 GDP 增长率与农业资本存量增长率的比值，可以较好地反映该地区的农业经济发展是粗放型还是集约型的。如果该比值大于 1，即农业 GDP 的增长率大于农业资本存量增长率，表明农业产出增长率大于农业资本投入增长率，农业发展是集约型的；反之，如果该比值小于 1，农业发展是粗放型的。

表 1.6 显示的是改革开放以来三个不同阶段我国农业 GDP 资本存量弹性值，从中可以得到两个结论：一是总的来看，三个不同阶段的农业 GDP 资本存量弹性都小于 1，表明改革开放以来我国农业发展总体上是粗放型的，是投资驱动的，主要是依靠劳动力、资本和自然资源等要素投入的不断增加实现的。二是分阶段看，三个不同阶段的农业 GDP 资本存量弹性表现为逐步增大，表明改革开放以来我国农业发展的粗放度在降低，农业发展正向集约型方向转变。

表 1.6　　　　我国不同阶段的农业 GDP 资本存量弹性

	1979—1991 年	1992—2003 年	2004—2010 年
农业 GDP 资本存量弹性	0.1956	0.5327	0.6651

说明：（1）1978 年末资本存量按 1978 年以前农业固定资产总投资额汇总，未考虑按固定资产投资价格指数进行调整。（2）1979—2010 年的农业固定资产投资和农业 GDP 分别按固定资产投资价格指数和居民消费价格指数进行调整。（3）设定固定资产折旧率为 10%。

4. 农业增量固定资产投资产出率。农业增量固定资产投资产出率是指一个地区在一定时间周期内的农业 GDP 增量与农业固定资产投资增量的比值，可以较好地反映该地区的农业固定资产投资效果。

通过计算发现，1997 年以来我国农业增量固定资产投资产出率都在 2.5 以下，表明我国农业固定资产投资回报情况很不容乐观，急需加快转变农业发展方式。

5. 农业固定资产投资率对农业增长率比值。农业固定资产投资率对农业增长率比值可以用来衡量农业固定资产投资效率的高低，可以反映出为维持一定的农业 GDP 增长率所需要的农业固定资产投资增长率，其数值越小，表明投资效率越高。从数值上看，该比值正好是农业增量固定资产投资产出率的倒数。

图1.3显示的是我国农业固定资产投资率对农业增长率比值情况。从中可以看出该数值总体上维持平稳并略有上升。1997年该比值为0.94，而2010年为1.13，意味着每提高1%的农业GDP实际增长率，1997年仅需相当于农业GDP约0.94%的新增农业固定资产投资，而2010年则需相当于农业GDP约1.13%的新增农业固定资产投资，表明期间我国农业固定资产投资的边际效益有所递减。

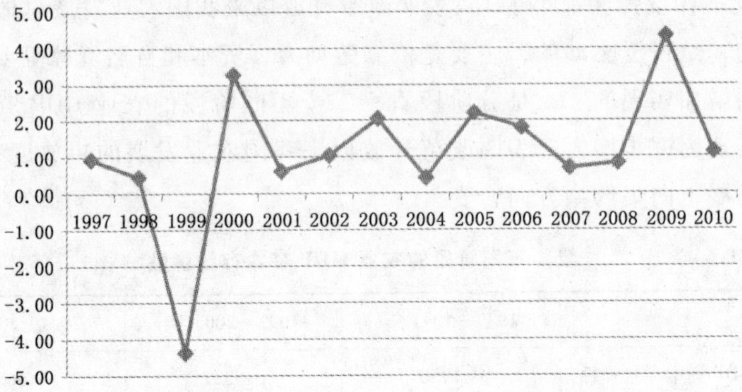

图1.3　我国农业固定资产投资率对农业增长率比值

（四）基本结论

通过上面的分析可以判断，目前我国正处在转变农业发展方式的关键时期。从各项指标的动态或者横向比较来看，总体上我国农业发展还处在粗放型发展阶段，与农业发展质量全面提高的目标还有一定差距；然而，也有一些指标表明我国农业发展方式已呈现出良好的转变态势。因此，下一步的关键是要克服我国转变农业发展方式过程中面临的各种难题，加快这一转变进程，以推动全国农业更好更快地发展。

三、加快转变我国农业发展方式的基本思路

当前我国正处于一个加快转变农业发展方式的关键时期。本研究提出我国加快转变农业发展方式的基本思路如下：以科学发展观统领农业发展

方式转变的各项工作，以建设资源节约型和环境友好型农业为战略目标，以加快发展新型农业社会化服务体系和农业循环经济为切入点，以农业产业结构调整和转型升级为主要途径，以科技进步和自主创新为主要驱动力，以完善社会主义市场经济体制作为根本前提和制度保障，建立政府、农民专业合作社、农业企业和农户“三位一体”的动力结构，推动我国农业发展方式的加快转变。(见图 1.4)

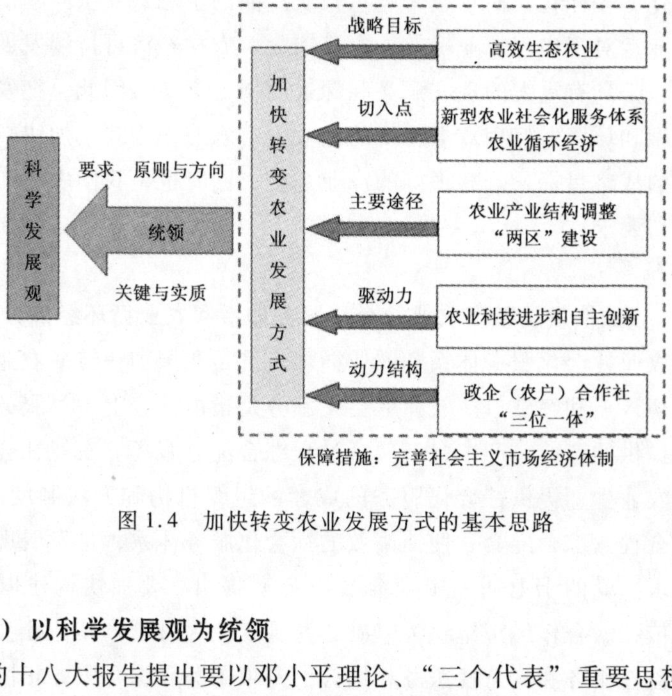

图 1.4 加快转变农业发展方式的基本思路

(一) 以科学发展观为统领

党的十八大报告提出要以邓小平理论、“三个代表”重要思想、科学发展观为指导，要求我们必须把深入贯彻落实科学发展观作为一切工作的出发点和落脚点。转变农业发展方式是转变经济发展方式的重要组成部分，而且是核心与关键环节。经过多年努力，目前我国已经具备支撑农业又好又快发展的诸多有利条件，关键是要以科学发展观为统领，在加快转变农业发展方式上下功夫，努力开创科学发展的新局面。

(二) 以“高效生态农业”为战略目标

进行富有前瞻性的发展战略定位，提出能振奋人心的战略口号，是我国加快转变农业发展方式的必然要求，也是引领我国农业产业转型升级的迫切需要。党的十七届三中全会明确指出："按照建设生态文明的要求，发展节约型农业、循环农业、生态农业，加强生态环境保护。"国务院有关领导也多次指出："二十一世纪是实现我国农业现代化的关键历史阶段，现代化的农业应该是高效的生态农业。"这就为转变农业发展方式指明了方向。随着全面建设小康社会快速推进，人们对农产品和食品的要求不仅优质化、多样化，而且越来越重视农产品的生态、安全问题。发展高效生态农业，对于实现农业增效、农民增收、农村经济可持续发展，发展现代农业，都具有重大的现实意义和深远的历史意义。因此，把发展具有资源节约型和环境友好型双重特征的高效生态农业作为我国加快转变农业发展方式的战略目标，既有很好的产业基础，同时也是我国农业产业转型升级的迫切要求。

（三）以加快发展新型农业社会化服务体系和农业循环经济为切入点

新型农业社会化服务体系和农业循环经济是我国加快转变农业发展方式的两个切入点和突破口。农业社会化服务是指由社会上各类服务机构为农业生产提供的产前、产中、产后全过程综合配套服务。农业社会化服务体系是为农业生产提供社会化服务的成套的组织机构和方法制度的总称。建设覆盖全程、综合配套、便捷高效的社会化服务体系，是发展现代农业的必然要求。党的十七届三中全会《决定》提出，要加快构建以公共服务机构为依托、合作经济组织为基础、龙头企业为骨干、其他社会力量为补充，公益性服务和经营性服务相结合、专项服务和综合服务相协调的新型农业社会化服务体系。农户在生产经营中面临着许多一家一户办不了、办不好、办起来不合算的事，特别是随着农村青壮年劳动力大量转移就业，这方面的问题更加突出。通过建立新型农业社会化服务体系，强化双层经营中"统"的功能，把千家万户的分散生产经营变为千家万户相互联结、共同行动的合作生产、联合经营，实现小规模经营与大市场的有效对接。目前我国农业社会化服务体系尚不健全，总体服务水平较低，服务内容比较单一，服务管理不够规范，特别是农业技术、信息、金融和保险服务缺乏，不适应农业生产发展的需要。加快构建新型农业社会化服务体系，抓住了当前影响农业发展的薄弱环节和关键问题，必将有力地促进农业发展方式的转变。

农业循环经济是新的发展理念和农业发展方式变革。长期以来，我国农业发展基本上沿用的是粗放经营的增长方式，对农业采取掠夺性经营。农业的发展伴随着资源的高消耗、污染物的高排放、物质和能量的低利用，最终导致农业资源的枯竭和生态环境的严重破坏，这严重违背农业可持续发展的科学路径。因此，为了农业的全方位、可持续的快速发展，必须把农业循环经济的发展放在重要的地位，通过探索发展农业循环经济的途径及对策，基本形成资源节约型、环境友好型的农业产业结构、增长方式、消费模式，实现农业发展方式的根本转变。

（四）以农业产业结构调整和“两区”建设为主要途径

从目前我国农业的实际情况看，持续发展基础并不稳固，推进转型升级的任务非常艰巨。长期制约我国农业发展的结构性、素质性、体制性矛盾尚未根本解决，在工业化、城镇化进程中又直面新的矛盾和挑战。转变农业发展方式，需要继续对农业产业结构进行战略性调整，实现农业产业的转型升级。抓住农业产业结构调整和转型升级问题，就抓住了农业发展的主线。另一方面，要从根本上解决上述矛盾和问题，需要深入谋划转变农业发展方式，推进农业转型升级的主抓手、主平台和主阵地，用现代工业发展的理念经营农业，着力建设“现代农业园区”和“粮食生产功能区”。

（五）以体制改革和农业科技创新与推广为主要驱动力

我国转变农业发展方式，驱动力主要来自于两个方面：一个是改革，另一个是科技创新。从历史情况看，我国农业发展与改革呈现强烈的正相关。不管是建国初期的土地改革，还是改革开放初期推行的家庭联产承包责任制，以及后来的免除农业税改革，都对推动农业发展起到了巨大的促进作用。另一方面，从发达国家农业现代化的经验来看，推动农业发展的一个重要手段是科技进步与自主创新。在资源环境约束强化和劳动力资源优势弱化的情况下，只有把农业发展建立在科技进步与自主创新的基础上，加快农业科技创新体系和现代农业技术推广体系建设，发展才是有后劲的、可持续的。因此，一手抓改革，一手抓科技创新，只有抓住这两个驱动力，我国农业发展方式才能真正实现更好更快地转变。

（六）以完善社会主义市场经济体制作为根本前提和制度保障

切实转变农业发展方式必须遵循市场经济规律，客观上要求建立健全现代市场体系，这反过来又有助于实现稀缺农业资源的合理配置和高效利用，从而促进农业发展方式的转变。从促进农业发展方式转变的角度看，我国完善社会主义市场经济体制应注重以下几个方面：首先要切实转变政府职能，重点是要完善政绩考核评价体系。实践证明，农业发展方式转变的许多矛盾和问题，多与政府自身管理方面的缺位、越位或错位有关；其次，应加快完善充分发挥市场配置资源作用的机制，增强市场机制对农业技术进步和节能降耗的激励和“倒逼”效应。第三，充分发挥市场“无形的手”对农业生产的指导功能，弱化农产品生产与供给的“蛛网效应”。

（七）建立“三位一体”的动力结构

转变农业发展方式必须充分发挥政府、农民专业合作社（农产品行业协会)、农业企业和农户的各自作用，形成“三位一体”的动力结构(见图1.5)，改变“政府热、企业和农户冷”的局面。政府在转变农业发展方式中，要摆正自己的位置，重点应放在政策制定和环境创造上，充分发挥农业企业和广大农户的“主体”作用，引导和服务农业微观主体加快转变发展方式，同时对农民专业合作社进行管理和业务指导。各类农民专业合作社要充分发挥政府和农业企业与农户间的桥梁与纽带作用，积极开展各项活动，规范自我管理行为，拓宽服务领域。

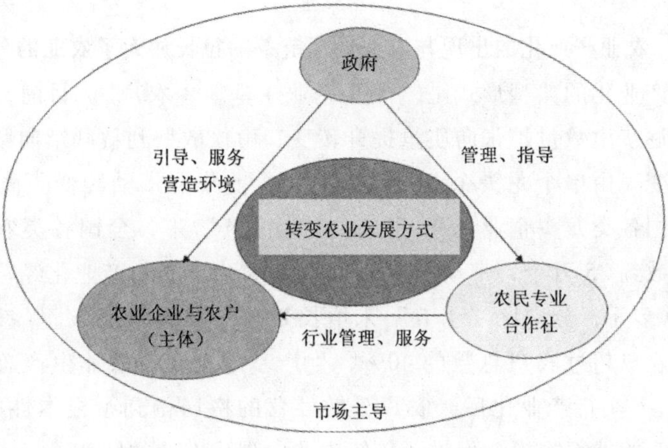

图 1.5　转变农业发展方式的“三位一体”动力结构

第二节

加快农业生产经营方式转变

党的十七大提出了走中国特色农业现代化道路的战略决策，党的十七届三中全会提出了“推进农业经营体制机制创新，加快农业经营方式转变”的重大任务。走中国特色农业现代化道路，必须适应当前改革发展形势的需要，加快农业生产经营方式的转变。

一、我国农业生产经营方式转变特征

随着我国农业农村经济的发展，我国正逐步实现从传统农业向现代农业的转变，传统小农的生产经营方式正日益走向解体。农民组织化程度、农业产业化经营、农业专业化和规模化、农业机械化水平与农业社会化服务水平的提高，市场化农业基本形成，现代农业生产经营方式已现雏形。

（一）农业产业化的出现与农业经营链条的拉长放大了农业的外部规模

农业产业化的典型形式是“龙头企业 + 基地 + 农户”。目前，农业产业化发展逐步由数量扩张向质量提升转变，由松散型利益联结向紧密型利益联结转变，由单个龙头企业带动向龙头企业集群带动转变。截至2009年底，全国各类龙头企业8.97万家。“十一五”末，全国各类农业产业化组织总数约25万个，带动农户1.07亿户，农户参与产业化经营年户均增收2100多元，分别比“十五”末增长84%、23%和59%。① 参与产业化经营的农户超过农户总数的40%，生产基地规模占农业生产总规模的60%以上。② 实行产业化后，农户分散经营的格局得到了根本性的改变，放大了农业的外部规模，促进了传统农业向现代农业的转变。

（二）农民组织化程度的提高扩大了农业生产经营的内部规模

农民专业合作社快速发展，数量快速增长、覆盖面不断扩大。截至2011年3月底，我国依法登记的农民专业合作社已达40多万家，实有入社农户3000万左右，约占全国农户总数的12%。③ 农民专业合作社广泛分布在种植、畜牧、农机、渔业、林业、民间传统手工编织等各个产业，主要分布在种植业、畜牧业，种植业占45.2%、畜牧业占30.2%。服务内容逐步向共同从事农业生产资料购买、农产品销售、储藏、加工等方面拓展。据统计，从事产加销综合服务的占56.0%，以运输、仓储服务为主的占8.6%，以加工服务为主的占5.5%，以技术信息服务为主的占11.6%，开展其他服务的占18.3%。2009年农民专业合作社共为成员代购或者合作购买农业生产资料价值1100.8亿元，代销或者合作销售农产品价值2312.3亿元。④ 农民成员更多地参与到农业生产经营多环节利润的分享，入社农户的收入普遍比非成员同业农户收入高出20%以上。在产业合作的基础上，一些农民专业合作社积极开展信用、保险等方面的互

① 《农民日报》，2011年1月14日。

② 《农民日报》，2010年12月20日。

③ 《农民日报》，2011年7月4日。

④ 农业部：《2010中国农业发展报告》，中国农业出版社2010年版。

助合作。同时，农民专业合作社正在成为率先推进农业标准化生产、品牌化经营的重要力量。据统计，目前全国已有2.4万家农民专业合作社通过了农产品“三品一标”质量认证，2.56万家合作社拥有注册商标。据统计，通过“农超对接”将为合作社增加10%—15%的收入。由农业部直接引导支持开展“农超对接”的合作社超过2000家。[①] 广大农户通过农民专业合作社，极大地推进了农业生产标准化和农产品品牌化。农民专业合作经济组织兴起，提高了农民的组织化程度，改变了农户分散经营的传统格局，扩大了农业的生产经营内部规模，有效地促进了我国农业发展方式的转变，极大地推进了现代化农业发展。

（三）农业专业化、规模化水平提高，改变了传统农业的生产经营模式

各地出现了一批农产品生产特色县、特色乡镇和特色村，在一定区域内形成了由众多农产品加工企业组成的特色产业聚集区。分工和专业化水平的提高，提高了农业劳动生产率，促进了农村商品经济的发展，为传统农业向现代农业转型开辟了道路。

（四）农业机械化水平提高，现代农业生产经营方式初步展现

全国农业机械化保持快速发展态势，农机装备水平、作业水平、服务水平、科技水平、安全水平不断提升。2009年全国机耕、机播、机收水平分别为66.0%、41.0%和34.7%，机耕种综合机械化水平达到49.1%。耕种收综合机械化水平连续4年增幅超过3个百分点。主要粮食作物生产机械化快速发展，小麦耕种收综合机械化水平达89.4%，基本实现了全程机械化；水稻、大豆、玉米耕种收综合机械化水平分别达到55.3%、60.2%和60.2%；经济作物生产机械化取得新进展，其中马铃薯、油菜、花生、棉花的耕种收综合机械化水平分别达到23.8%、23.2%、36.3%和47.8%。截至2009年末，全国农机总动力达到8.75亿千瓦，每百亩耕地拥有农机动力47.92千瓦，农户平均拥有农机原值2267元。大中型拖拉机及其配套机具增幅较大，小型拖拉机增幅放缓。粮食生产机械保持高

① 农业部新闻办公室：“五大体系推动农业合作社快速发展”，2010年12月20日。

速增长，水稻插秧机、联合收割机分别为26.09万台、85.84万台。全国农机户达3940.34万户，占农户总数的15.4%。[①] 农业机械化水平的提高使农业对劳动力的需求减少，农民逐步从繁重的农业劳动中解脱出来，有更多的剩余时间从事其他劳动或休闲。现代农业生产工具的应用从根本上改变了传统农业的生产经营方式，为现代农业构建了新的平台。

（五）农业社会化服务水平提高，市场化农业基本形成

近十多年来，全国各类农业技术服务、农产品产销、农机服务等日益完善。目前全国有38%的乡镇农业技术推广机构已实行“三权”归县，有27%的乡镇农业技术推广机构实行县乡共同管理；有70%的农业技术推广机构初步建立了人员聘用和工作考评制度，60%的农业技术推广机构初步建立了推广责任制度，50%的农业技术推广机构初步建立了人员培训制度，30%的农业技术推广机构初步建立了多元推广制度。截止到2010年9月底，全国共有1826个县（市、区）基本完成改革任务，在基层农技推广机构中，已有90%的县级农技推广机构、81%的乡镇农技推广机构已列为全额拨款事业单位。2009年示范县主导品种和主推技术入户率达到95%以上，示范区平均产量增长10%以上。[②] 全国农机化作业服务组织达17.53万个，从业人员达86.93万人，经工商注册登记的农机专业合作社达到14902个，农机化服务收入达到3897亿元。[③] 农业生产经营的社会化服务体系逐步建立，使农户由独立的生产经营者演变为农业社会化生产经营中的一个环节，成为社会化的小农、市场化的小农。

二、我国转变农业经营方式所面临的矛盾和问题

（一）现有农业农村经济制度存在的主要问题

制度因素同其他因素一样，是农业经营方式转变不可或缺的内在动力源，是农业经营方式转变的重要变量。改革开放以来，土地、劳动力、金

---

① 农业部：《2010中国农业发展报告》，中国农业出版社2010年版。

② “农业部：全面加快推进基层农技推广体系改革与建设”，农业部网站，2010年11月12日。

③ 农业部：《2010中国农业发展报告》，中国农业出版社2010年版。

融、科技、资源环境等制度的变革对我国农业经营方式的转变起到了积极的促进作用。随着我国农业进入了一个新的发展阶段，这些制度在某种程度上又制约了农业生产经营方式的进一步转变。主要表现在：

1. 土地产权问题。我国目前农业生产土地的所有权与承包经营权是分离的，分别属于集体和农户个体所有。就目前的情况来看，当前土地所有权主体——集体往往不能很好地履行其主体地位，不能为农户提供有效服务，甚至于在许多地方则是过分运用其所有权主体地位，随意征地和改变土地用途，这就往往导致处于弱势地位的单个农户无法充分拥有土地的承包经营权。

2. 小农户高度分散和大市场矛盾。我国目前的农业生产处于一家一户土地承包的经营方式，难以进行规模经营和机械化操作，劳动生产率仍然低下。我国农户家庭经营多数还游离于农业产业化经营体系之外，正是因为如此，农户家庭发展面临种种桎梏：一是农民不能分享产前和产后部门丰厚的利润，不仅影响农民生产积极性，也很难从根本上解决“剪刀差”问题；二是农户家庭易陷于“自给自足”小农经济生产，农业生产链条短，农产品批量小，生产成本高，销售手段落后，市场信息不灵，进入市场的能力薄弱，难以形成稳定的销售市场和渠道，这样个体农户就很难和国内外的大农业进行竞争，难以适应市场经济的发展要求。

3. 农户与农产品生产商之间超小规模和规模经营的问题。市场竞争日趋激烈，农产品生产商之间不再是进行简单的价格战，而是在农产品的深加工、生产的标准化和规模化以及营销方面进行深层次的、专业化水平的竞争。目前我国农户是分散的个体生产经营，农业机械化、自动化作业还不高，规模化和标准化还有待提升，这就使得个体农户在面对专业化水平很高的农产品生产商竞争时处于绝对弱势地位。

4. 农民组织建设问题。近年来虽然各种农民合作经济组织不断涌现，但这些合作经济组织还处于发育初期，覆盖面不广，大多种粮农民也没有发展合作经济组织的积极性。已经成立的专业合作组织多数还不够规范，发挥作用有限，缺少内在的凝聚力和协调机制。农民专业合作社发展中存在的问题也不容忽视，主要表现为：我国的农民专业合作社大多建立在生产环节，缺乏成熟的市场渠道；合作社平均入社农户 69 户，平均投入不足100万元,[①] 规模偏小难以与大市场对接；合作社在办公场地、管理人员、加工设备等方面还不能满足服务社员的要求；合作社与农户之间还是简单的买卖关系，没有建立起规范的利益连接机制，操作不够透明。

5. 农户专业化水平低与市场竞争问题。主要表现为家庭（农户）经营决策上的盲目性、产品的单一化和市场行为的趋同化。选择生产经营项目，往往是“跟风”、“随大流”，不能正确地运用价格、成本、利润等经济杠杆和指标进行投入与产出、成本与利润的比较，造成经营的低效率，增产不增收。同时，分散的小农生产经营方式吸纳先进科学技术水平的能力十分有限，对现代农业科学技术的实施有很大的排斥性，农业科技成果转化率较低，以致农产品产量较低、品质不高，在国际市场上缺乏竞争力。

（二）农业管理体制存在的主要问题

中国的农业发展在经历了上世纪80年代以追求温饱、增加产量为中心的阶段后，90年代转为以追求农业效益、提高农产品质量为中心。中国农业生产经营方式的变化实际上是适应这一变化的产物。它必然对我国农业的管理方式、政府的管理体制、农村公共政策的制定以及农村基层组织的改革建设提出新的要求。但长期以来，我国在农业管理体制等方面已不能适应这种变化，主要表现在：

1. 农业管辖范围的不适应。各级政府和农业管理部门主要集中在产中的生产过程的指导，而农业生产的产前农用生产资料的生产与供应，产后的加工、储藏、运输、销售等却不在农业部门的管辖范围，对农业产前产后，缺少管理和监督。农业部门管理的是小农业，不是大农业。

2. 农业管理方式的不适应。虽然在名义上我国农村实行的是“统分结合”的双层经营体制，但在90%以上的农村地区，农村集体经济组织已不复存在，“统一经营”已名存实亡（秦庆武，2010）。政府对农业经济的管理是直接面对千万个分散独立的小农。政府与这些分散经营的农户打交道不但交易费用高，政策难以落实，行政管理成本大大增加，而且易

① 《农民日报》，2011年7月4日。

造成信息传递失真，管理者常无法获得真实可靠的信息，难以对农村基层情况作出正确的判断和科学决策。

3. 农业管理手段的不适应。随着我国农业生产经营的日益社会化和市场化，政府管理农业和农村经济的手段仍然较多地沿用了过去那种行政上直接干预的办法，而运用符合市场自身发展规律的经济手段、法律手段、支持政策手段等则很不够。政府究竟应该用什么样的手段和方法来管理和指导农业和农村经济，至今仍然缺乏研究。

4. 农业管理部门的不适应。由传统的农业管理体制所决定。目前我国涉农管理部门比较分散，相互之间缺乏联系和沟通，涉农部门不少，但各管一行，各部门都有自己独立的利益，但职能却交叉重叠，工作上相互推诿、扯皮的现象层出不穷，管理效率低下且成本高昂。

5. 农业公共政策的不适应。目前，我国农业和农村公共政策的制定还缺少科学化、民主化、公开化和系统化，缺少科学、规范的决策程序。我国农民的真实诉求还缺少表达的渠道，基层信息经过层层传递往往失真严重。即使正确的公共政策在贯彻落实过程中也难免走样。

三、推进我国农业生产经营方式转变的路径选择

随着工业化、信息化、城镇化、市场化和国际化的推进，经济社会发展也在不断对农业和农村发展提出新要求，进一步产生了创新与完善这种农业经营体制机制的压力与动力。党的十七大提出了走中国特色农业现代化道路的战略决策，这是党中央准确分析世界农业发展形势与我国农业发展的基础条件，全面把握国民经济与社会发展对农业的要求，作出的重大战略决策。从一定意义上讲，走中国特色农业现代化道路，本质上是要寻找一种适合中国“农情”、“域情”的农业生产经营方式。

（一）加快农业管理体制改革

1. 加快农业管理体制改革，适应大农业发展需要。我国现有的农业管理部门要借鉴美国、日本等发达国家的农业管理经验和管理体制，把目前分散在工业、流通、粮食、科技、外贸、质检、水利、林业等部门的相关职能，集中到农业部门，由农业部门统一管理。把农业产前的生产资料

的生产、销售，产中的先进生产技术的应用、推广，产后的农产品加工、检验、包装、运输、储藏、销售、出口等环节，集中进行管理，从而确保我国的农产品供应和食品安全。

2. 推进农业管理目标与重点的改革，适合现代农业发展要求。在我国农业生产经营方式已发生了重大变化的今天，政府不仅要把农业增产和粮食安全放在重要位置，而且要把确保农业基础地位、提高农业劳动生产率、促进农民增收、降低自然灾害和经济危机对农业的影响、保持农业生态环境、实现农业可持续发展等作为管理目标。政府的管理内容和重点，不能再放在具体指导农户如何进行生产上，而要放在保持农产品供给基本平衡、保证农产品质量安全、提高农业生产要素质量（包括土地、科技、劳动力等）、改善农业基础设施，推广农业先进适用技术，提高农民组织化水平、畅通农产品流通、保护农业资源与农村生态等方面。农业生产资料价格和质量的监管、农产品的标准化生产、农业效益的提高和农民收入的增加等，也应成为农业管理部门关注的重点。

3. 转变政府职能，提升公共服务水平。经过 30 多年的改革，市场经济体制在我国农村已基本确立，农民已成为自主经营、独立进行生产决策的主体。因此，政府要彻底改变过去那种代替农户进行生产经营决策的管理职能和管理方式，尽量少运用直接行政干预等手段，更多地运用符合市场运行规律的经济手段、法律手段等来指导和管理农业、农村经济。与此同时，政府特别是农业管理部门，要转换职能，适应农业市场化和社会化的需要，把工作重点由生产管理转到公共服务上来，特别突出的是向农业生产经营和农村发展提供公共服务。通过对农业生产经营的产前、产中和产后全过程的服务，建立新型农业社会化服务体系，使农户的独立经营，获得社会化服务体系的支撑。

4. 完善农村公共政策的决策过程和决策体系。农业管理部门的一项重要职责就是制定一个科学的、系统的政策体系，对农业支持保护。首先要有一个科学的决策体系和决策过程，实现公共政策的科学化、民主化、公开化。农民需求的表达、正确信息的获得是制定切合实际的公共政策的前提，要了解农民对公共政策的真实需求，应该由非政府的组织来承担建立一个覆盖面广、信息传递直接的信息采集和传递系统。其次，公共政策的贯彻执行过程要规范化、法制化。要保证好的政策在贯彻执行过程中不变形、不走样，要实现公共政策贯彻落实过程中的规范化，特别是要以法律的形式规范其操作过程，防止利益被中间截留。最后，要建立决策监督和反馈机制。

（二）促进农业经营方式转变

1. 稳定和完善农村土地承包关系，促进适度规模经营发展。核心是落实和维护农民对承包土地的各项权利，重点是保持农村土地流转平稳健康发展，关键是健全土地承包经营纠纷调处机制。在稳定农村土地承包关系的基础上，加快建立健全土地流转市场。认真贯彻落实农村土地承包法律政策，遵循依法自愿有偿原则，以稳定土地承包关系为基础，以加强流转管理服务为手段，以健全流转市场为重点，积极培育规模经营主体，促进多种形式的适度规模经营健康发展。

2. 深化农村集体产权制度改革，增强农村集体经济组织服务功能。农村集体经济是统一经营层次的重要组成部分，是推进农业经营体制机制创新的重要领域。要按照探索农村集体经济有效实现形式的要求，坚持因地制宜、分类指导，由注重集体资金管理向资金、资产、资源管理并重转变，由集体直接经营资产向以股份合作为主的现代企业经营制度转变，进一步发展壮大集体经济，增强集体服务功能。

3. 加快发展农民专业合作社，提升农民组织化程度。加快农民专业合作社发展，数量是基础、规范是保障、人才是关键。在坚持家庭承包经营的基础上，在抓好现有扶持政策贯彻落实的同时，进一步推动出台促进农民专业合作社发展的财政、税收、金融、土地等政策，为农民专业合作社发展创造更加良好的政策支持环境。加大扶持力度，加强规范引导，强化指导服务，深入推进“农超对接”，推动农民专业合作社又好又快发展。

4. 大力推进农业产业化经营，推进结构调整和产业升级。大力提升农业产业化经营水平，完善利益联结机制，推动龙头企业集群集聚，增强辐射带动能力。推进农业产业化经营。按照加快转变农业发展方式的要求，坚持创新、提升、优化和拓展，着力推进制度建设，丰富组织带动模式，创新体制机制；推进科技进步，发展精深加工，提升核心竞争力；推进农业产业化示范区建设，促进企业集群发展，优化产业布局；推进标准化生产，提高产品质量，拓展市场空间和发展领域，提升农业产业化发展的质量和效益。

5. 大力发展农业社会化服务，提高农业社会化服务水平。发展农业生产经营，重点是强化农业公共服务，核心是建立面向市场的服务机制，关键是发展多元化、多层次、多形式的农业社会化服务。按照现代农业的要求，强化农业公共服务能力建设，大力培育农业社会化服务组织，创新农业社会化服务机制，加快建立覆盖全程、综合配套、便捷高效的新型农业社会化服务体系。

第三节

社会资本进入与现代农业问题研究

转变农业发展方式，加快发展现代农业，是党中央、国务院在新形势下做出的立足当前、着眼长远解决“三农”问题的重大战略部署。引导社会资金投入现代农业可以实现农业发展方式的跨越式转变，是推动农业可持续发展，实现农业增产、农民增收、农村繁荣的重要途径。但仍然有许多重要问题值得重点关注。

一、社会资本进入现代农业的领域选择

（一）当前已开发的领域

多年来，随着生物技术、化学技术、机械技术、加工技术和信息技术在农业领域的应用，工商企业通过新技术、新品种、新模式、新理念，不断加强对农业领域的渗透，推动了农业现代化的发展。一些工商企业和社会资本进入农业产业链，开发的项目已经覆盖农业产业的许多领域。

可以归纳为：第一种是从生产领域的种植、养殖开始，逐步覆盖生

产、加工、运输、销售全程产业链；第二种则是选择产前、产后环节的关键农业服务领域和延伸领域。具体又可细分为三项：产前包括良种、农资、农机领域；产后包括农产品收购、加工、仓储、销售领域；延伸领域包括休闲农业、农业信息服务等。

农业的第一功能——生产农产品决定了社会资本的投资领域多倾向于农林牧渔业直接投资与农产品加工和流通投资，随着国家政策的不断调整，在农业基础设施、生态建设、信息化、金融等生产服务等领域的社会化投资刚刚开始。

（二）尚待开拓的领域

从现代农业的内涵和价值链的角度出发，社会资本还应着力开拓以下领域：

1. 积极涉足农业科研和农业科技推广领域。农业研发工作并不仅是政府的事情，在市场经济背景下，社会资本可从事农业科研开发及推广服务工作。现有体制下的农业科研院所以政府财政拨款为主，服务于农业生产，支撑着农业科研成果转化，解决生产中的技术难题。2009 年农业科技贡献率 51%，2010 年农业科技贡献率 52%，与发达国家的同期农业科技贡献率相差 20%，也即我们的提升空间还有 20% 左右。社会资本进入则以新体制机制运作，面向现实需求，快速整合资源，通过农业技术服务的方式逐步向农业直接生产过程渗透，解决农户在耕种、收获、技术特别是病虫害防治方面存在的困难。所以，社会资本可以通过多种措施进行技术推广实现农业科研成果转化，帮助农户科学种田，为农户提供新品种、新技术、新农药、新服务，用科技提高农副产品的质量、产量。

2. 积极介入生物育种领域。社会资本可以加强以种业安全、粮食安全为主要内容的生物产业开发，应对日益严峻的种业安全、粮食安全问题。探索科研体制和机制创新的新模式，探索完善生物育种产业政策法规，营造科技创新环境和产业发展环境，形成产业集聚，实现生物育种市场化、资本化、产业化、国际化，抢占生物育种产业的制高点，打破外国对种业的垄断，引领我国现代种业发展。充分利用公益性研究成果，按照市场化、产业化育种模式，开展品种研发，建立商业化育种新机制，转变种业发展的技术路线，积极推进构建一批种子产业技术创新战略联盟。

3. 增加农用工业领域的投资。以工哺农发展现代农业。农用工业是以农机、肥料、农药及农膜等农业投入品为主的，服务于现代农业的物质技术装备产业，是现代农业实现优质高产、环保低耗、安全高效的重要依托。积极引进社会资本，整合资源，健全企业技术创新体系，强化机械技术、加工技术、化学技术，进行新型化肥、农药和地膜等农业生产资料类的生产，提升农产品加工机械水平和替代人力的机械生产，加快农用工业的发展。

4. 增加现代农业服务业领域的投资。现代农业服务业包括农产品加工业、保鲜储藏业、运输业、商业、服务业、信息业等，是农业的产前产中和产后紧密结合、农工贸一体化有机连接的农业综合体系，是农产品变为商品走向市场的纽带，是带动形成农产品商品基地的源动力。鼓励和引导大型龙头企业，发展现代农产品加工物流业，以现代贸易流通机制和理念来培育农产品市场流通体系。着眼于特色农产品产业链整体竞争力的提升和优势产业带的打造，走集约化运作、规模化的发展道路，以加工带动高效种植、养殖等原料基地的建设，加强营销体系、目标市场、产后销售网络和产品销售渠道的打造，将加工后的农产品通过销售网络销售，实现加工环节的增值。

5. 增加农业基础设施建设的投资。现代农业的基建投资是农业生产的重要组成部分。农业基础设施的改善，才能在改善农业生产条件的前提下增强农业抗风险能力，提高农业生产效益。应加大对基础设施建设、公共产品供给的投资。按照受益范围和排他成本的大小，农业基础设施可划分为竞争性项目和非竞争性项目两大类。对非竞争性项目，原则上应由政府供给，社会资本也可以介入；对竞争性农业基础设施项目，政府应采取优惠政策，调动各方资金加大农业基建投资力度。引导社会资本对农业基础设施领域的投资主要包括小型水利灌溉设施、高效生产设施建设等。

6. 增加对农业生态环境保护的投资。为实现农业的可持续发展，应增加农业生态环境保护方面的投资。在产业发展中以生态经济化、经济生态化的理念，走节约型循环发展道路，积极推广节约型技术在农业的应用，建立适合生态补偿机制，设立生态补偿基金。生态补偿基金的筹集除国家、地方财政投资和国际组织援助外，应通过多种形式，建立由社会资本、受益各方参与的多元化、多层次、多渠道的生态环境补偿基金投融资体系，从而进一步增强农业可持续发展的后劲，实现农业的可持续发展。

7. 创意农业与旅游、文化产业融合的投资。使现代农业产业与休闲旅游产业融合升级，融农耕文明与乡土感受、休闲养生与健康文化、建设开发与生态环境都在自然的生物链结构中循环运转和持续发展。休闲养生度假的客人不仅能体验吃“有机土家菜”、住“健康农家院”、过休闲阳光生活的情趣，以科技、文化的视角创意生态农业与旅游产业的综合体，打造一个新的“健康养生文化创意产业”，形成生态农业、科技、文化与资本的完美结合。

把农业生产的每一个环节、农业生产工具、农产品的收获加工、农业工人的生产技能等，通过文化创意渠道转化为休闲观光旅游产业向消费者展现，使无形的文化创意附加到有形的农业和旅游的产品上，提高产品的附加值和文化内涵，改变消费者简单的物质产品的需求为消费文化的需求；同时把宗亲文化、乡间文化、养生文化与现代文明结合，深挖传统、创意新意，打造更富内涵的新文化。

二、社会资本进入现代农业的途径和模式

（一）社会资本进入现代农业的途径

项目组在对四川、甘肃、浙江、江苏、广东、山东、江西等诸多东、中、西部省份进行现代农业专题调查的基础上，参照我国各地农业产业化的不同做法、成功经验和学界以往的研究总结对社会资本进入农业的途径进行了梳理。社会资本进入农业的途径可以借鉴产业化的做法划分为不同的类型。就社会资本进入现代农业的投资方式或介入生产环节的程度来看，可以分为直接进入和间接进入两种途径。

1. 社会资本直接进入农业生产环节。

（1）通过“要素契约”形式进入农业生产。社会资本直接从农户手中或采取反租倒包的形式从村集体经济组织手中转入土地，直接投资进行规模化种植或养殖活动，在此基础上发展成为一个完整的产业链条，成为产、加、销一体化的农业企业。这是社会资本通过“要素契约”形式进

入农业的一种路径。具体到现代农业，当然也是社会资本直接进入现代农业的一种路径选择。

（2）收购、兼并原有农业企业重新组建经营。充分利用原有农业生产资源，不仅可以控制成本，而且还可以有选择地接收原有农业企业可用的社会经济资源和既有平台，这样可以在一定程度上缩短企业的生产规划和市场适应期。因此，通过社会资本对在农业生产环节从事生产活动的、已经破产或退出的农业企业进行收购、兼并，在此基础上进行改造升级，从而直接组建农业上市企业、经营现代农业生产项目是社会资本进入现代农业的又一可选路径。

2. 社会资本间接进入农业生产环节。与直接进入途径相比，间接进入途径更具灵活性，在成本控制方面显得更有优势。社会资本间接进入现代农业的途径主要表现为：

（1）社会资本与农户之间建立紧密型的产销关系。具体来讲，指社会资本通过以企业为“龙头”，以农户为“龙尾”，以合同或商品契约的形式构建农业生产和产品流通、销售之间的联系渠道。通过这种方式，社会资本不直接进入现代农业生产环节，而是以资金、技术、产品等的供需合同为纽带，将农户、农业生产与市场、社会资本联系在一起。

（2）社会资本利用中介组织与农户联系在一起。规范而成熟的市场经济离不开各类专业性的中介组织，农业经济领域更是如此。对于现代农业来讲，这类中介组织包括各种农产品行业协会、农业专业技术性服务组织、各种专业合作组织等，社会资本可以通过采取与上述各种不同组织签订农产品供销合同、资金或技术供给协议等，将资本与农户、现代农业生产较松散地联系在一起的方式推动现代农业发展。

（3）建立农产品交易场所作为信息技术交易平台。社会资本通过搭建农产品交易场所，建立农产品生产和市场信息、技术等的交易平台，提供农产品加工、储运等服务，从而直接进入农业产业链中的各环节，也是社会资本进入现代农业的一种可选途径。

可见，无论是社会资本与农户之间直接建立联系，还是先与中介组织建立联系，然后通过中介组织与农户联系的形式，或者是通过强大的社会资本实力控制与农产品流通和销售相关的服务环节的形式，社会资本间接进入农业的途径通常都是通过技术推广、资金融通、销售保障等方式，将农业生产引导到区域化生产或协作的过程中，并且依靠农业生产基地的辐射，带动更多的农户加入到社会资本控制的产业链条中。

（二）社会资本进入现代农业的模式

社会资本进入现代农业的模式与农业产业化的模式密不可分，二者都讲求经营上的集约化、规模化。我们可以结合各地发展现代农业以及农业产业化的实践对社会资本进入现代农业的模式做出划分。

从目前已经出现的投资途径与模式来看主要有：投资开发型，即企业通过投资参与到某农业领域的综合开发中；租赁经营型，成立与现代农业某领域相关的子企业进行开发与生产；联合开发型，两个及两个以上企业联合组建新的企业从事到现代农业发展中；基地契约型，企业与农户签订订单或协议建立农产品生产基地等。应该说，这些模式各具特点，互有优缺。根据理论界已有研究成果以及近年来实践经验，以下几种具体模式值得推广和借鉴：

1. “龙头企业 + 农户”模式。“龙头企业 + 农户”模式也就是所谓的“公司 + 农户”模式，该模式以农业产业化企业为重点，大力开展招商引资。鼓励、支持城市资本和工商业资本投资农业产业化龙头企业，引导、扶持工商企业进入现代农业生产经营领域。通过培育壮大一批竞争力、带动力强的龙头企业和企业集群示范基地，让农户从产业化、从现代农业的生产经营中得到更多的实惠，在实现社会资本盈利、惠农富农的同时自然带动现代农业的发展。

（1）模式的适用条件。“公司 + 农户”模式的实行和推广需要有龙头企业强有力的支持。因此，该模式适用于那些龙头企业发展基础强、势头好、具有一定竞争力的地区。这样，才能以企业为“龙头”，用经济手段联结农户和企业，联结产前、产中、产后，开展农产品的加工、销售和服务，组织新的生产经营方式。

（2）模式的优势。

一是规避价格风险和销售风险。从农户角度讲，有合约在手，种植品种和数量被确定，销售也有了保障，大大降低了农户的各种交易费用和风险；对于投资企业来讲，农产品合约降低了交易费用，也减少了价格变动风险。

二是不但能够生成和激发社会资本投资现代农业的动力与热情，而且有利于带动农业产业结构的调整和优化，实现企业行为引导下的农业经济调整和转型。由于分别在供销两个环节减少了价格风险，又在生产环节实行了统一的技术或标准，因此模式带来的不仅是两个群体的成本压缩和风险控制，同时还有规模经营带来的盈利和示范效应。因此在实践中，如果能将可预见的各种不利因素加以考虑和解决的话，社会资本进入现代农业的这种模式势必对现代农业的发展和新农村建设发挥积极作用。

（3）模式的劣势。

该模式下两个环节的价格风险控制主要侧重于“模式系统内”的风险，或者说是基本锁定了体系内的销售和采购风险，但是系统外的风险依然存在。农业生产过程受自然力等不可抗拒因素影响，缔约双方难以预见未来价格变化和可能发生的一切事件，在这种情况下，农产品经销商和农产品利益联结机制不健全、缺乏风险分担机制、人格化交易特性等弊端就可能会呈现出来；另外，信息不完全和不对称造成不可缔约性，或者说很难详尽或精确地确定契约条款，结果大多数交易没有正式契约约束，在很大程度上依赖于关系治理。即使有契约也常常是单方面的不完全契约，留下了很大的“公共领域”，不能对当事人构成有效约束，违约率高。“龙头企业+农户”模式由于契约的不完全性、资产专用性、信息不对称以及风险分担机制缺乏等导致契约履约率低。

此外，双方难以结成稳定的利益共同体。这种模式使承包农户居于产业链上的被支配地位，强专用性投资、市场势力不对等、农产品易损性等因素降低了承包农户的议价谈判能力。

还有，承包户市场信息不灵，不能及时、全面、准确地把握市场状况，更不会科学预测未来市场趋势，生产决策上盲目跟从，导致产品趋同，供求结构失衡。由于承包户存在资本、市场流通、信息与技术、深加工等方面的不足，不能有效联结市场和实现产业链延伸。尽管订单契约解决了承包户与市场接轨的问题，但契约内生风险和信誉机制失效等造成合约的约束力不足，交易主体不能结成稳定的联盟，违约现象频繁。承包户利益缺乏保障，几年后生产投资常急剧下降，小庄园经济遭受挫折。

2. 村企一体化模式。村企一体化，有的地方也称作“村社合一”，是指村级党支部、村委会和村办企业采取一套人马、不同机构的组织形式而构成的村域经济发展模式。这一模式以村办企业为主体把村镇建设、农业生产经营、农民增收乃至基层民主建设有效地结合起来，是农村内部在专业分工基础上土地关系的自我调整，是改造传统农业和传统农户的可选形式之一。

（1）模式适用条件。该模式适用于乡村集体经济发展基础好、规模较大的地区。这里的农村企业主要由乡村集体企业演化而来，有的发展成为规模较大的企业集团。虽然在社区行政管理上还有“村”的名字存在，但实际上已形成村企一体化，并实现农村工业化和城市化。

（2）模式的优势。

一是有利于建立农工商一体化的产业关系。实行村企一体化，这种方式可以有效解决农户小生产与大市场、小规模经营与农业现代化、农民收益低与农业社会效益高等诸多矛盾；有利于引导农户走专业化生产和规模经营的路子，同时实现农产品的多次增值，使农户享受到农业产业链延长过程中各个环节的平均利润；有利于使村集体企业以工补农，以工带农，与农户经济互为依托，共同发展，共同繁荣，实现村企双赢。

二是提供了实现农业产业化发展的基层组织保障形式。实现农业产业化，才能使农业走上自我积累、自我发展、自我调节的良性发展轨道，推进农业现代化进程。利用农业产业化，优化组合全部的生产要素，把全部生产活动纳入公司的统一规划之中，并以此为基础建立健全全村经济的专业化生产、系列化加工、企业化管理、一体化经营、社会化服务的完善体系。

（3）模式的劣势。

一是承包户仍没有能力解决小规模与大市场衔接的矛盾，出现价格欺压现象。承包户农业积累、投资能力和风险承担能力有限，造成承包规模较小，经营品种分散，专业设备投资激励不足。农村流通体系差，市场信息成本高。承包户缺乏大市场流通能力，交易费用过高成为其走向市场的最大难题。

二是模式的好坏容易受村领导人的更替以及不同领导人能力、风格、偏好等方面的影响，从而会给模式运行的连续性和稳定性产生冲击。

3. 股份制经营模式。在该模式下社会资本出资本和技术，农户以土地经营权入股，组建土地股份合作社。在不改变土地用途和土地承包关系的前提下，通过组建农业开发股份企业来发展现代农业。合作社是农业产业化龙头企业与农户在市场激励和约束下的平等自愿联合，是农业产业化龙头企业和农户之间基于追求市场条件下各自目标最大化的直接联合。土地股份合作社以农户土地承包经营权入股，引导分散的小农户自愿形成组织。

（1）模式的适用条件。股份制经营模式一般适用于两种情况：一是通过项目集成，发展特色农业；二是发展城市现代农业。农户入股土地的股份作价要合理，尤其要根据制度的安排，进行正常的股份分红和保护股东权益。如今最常见的形式是土地股份合作社。

（2）模式的优点。

一是土地作为基本生产要素，通过联合增强了组织在市场上的竞争力和讨价还价能力，同时能够利用组织积累的社会资本约束农户个体行为，节约交易成本，从而实现土地、劳动、资本和技术的优化配置。作为农民最重要的生产资料，农地具有天然的专用性，而农民人力资本和农业技术、农具等投资也都有很强的专用性，只能在农业生产领域发挥作用。

二是使农户收入来源多元化。股份制经营模式使农户不仅有传统意义上的劳动收入，还依靠土地入股而获取了要素收入，有了多重利益保障。

（3）模式的缺点。

一是社会资本承租农地后出现导致土地流转率低、农地撂荒率高的情况。以牺牲规模效率为代价，导致农户间土地流转所带来的收入流增加很小，甚至增产不增收，不能补偿交易和执行交易的费用。规模经营的受阻使农业产业组织提升受到了很大局限，农户收入增长缓慢。

二是工商业资本对农地使用权的集聚，实际上是大资本对小规模经营条件下劳动力要素的一种替代或排斥，从而将劳动力不断驱逐出农业，此种情形容易造成资本垄断农业的状况。在丧失10—20年的土地使用权期限内，农户沦为“农业工人”或者“非农工人”，依靠农业生产维持自给自足生活的局面消失。

三、社会资本进入现代农业的难点分析

吸引社会资本进入现代农业或长期动态持续注入现代农业并非易事。当前，尽管中央政府在战略决策和政策导向上倡导和鼓励发展现代农业，但在经济实际运转和具体操作过程中，社会资本进入现代农业依然存在诸多障碍：

（一）现有制度框架下社会资本投入现代农业的土地障碍

1. 土地供应的主观障碍。拥有土地使用权的农民对于出让土地的畏难或抵触。形成这种障碍的主要原因是部分农民存在对投资企业土地收益后分红赢利模式的不可预见性存在顾虑。这是一种典型的基于不确定性的恐惧或怀疑。由于这种不可预见性或虽可预见但执行上的不确定性的存在，必然让农民在态度上和行动上对出让土地产生不同程度的抵制；另一种原因是在当前农村社会保障上没有全面有效满足农民现实所需的情况下，那么在农民可预期的未来生命周期内合法拥有数十年土地承包经营权几乎被潜意识地当成了一种准所有权，这使得农民将土地作为其生活生存的最终保障手段而倍加珍惜和谨慎，不管其现在从事的是什么职业。

2. 土地供应的客观障碍。即使前面土地供应的主观障碍被清除或缓解了，还存在来自于自然条件、行政划分、交通状况所阻隔而带来的集中连片和规模开发障碍，这种障碍将使得规模化、集约化经营的成本大幅度上升从而使经营收益大打折扣。社会资本在面对这样的障碍时难免会产生畏难情绪。

3. 土地供应的机制障碍。这主要体现为利益分配环节。农户作为发展现代农业所需的规模化土地的主要出让者当然希望这种土地使用权利的让渡能给其带来不低于让渡前状态所产生的收益，只有这样，土地使用权的让渡才会在思想上形成动机，在行为上付诸实施。而一旦让渡所产生的

收益低于其原始预期，那么在正常情况下便无法形成土地让渡的动力或者虽已让渡但产生中途违约乃至纠纷甚或暴力等不稳定情况。因此，利益保障机制的核心至少需要满足两个最基本的条件，即农户土地使用权的让渡所产生的收益必须具备静态或横向的可接受性以及动态或纵向的稳定性。这里，前者是指土地使用权的让渡收益对农户而言比起其他现有或可预期的选择要更具有吸引力，农民是非常现实的微观理性主体，做出这样的对比是非常自然的事情；后者则是说这种可接受的收益从长期来讲必须得是连续的、可靠的和不可逆的，只有这样，土地供给才会有可靠的心理基础和行动表现。

（二）现有城乡就业格局下社会资本投入现代农业的人力资本障碍

发展现代农业需要资本投入，但不仅仅是一般的货币资本和物化资本的投入，还必须有优质的人力资本，社会资本的进入通常更多的是解决前两种资本问题而缺少人力资本的支撑。如果说把发展现代农业比为做顿饭的话，那么米就是土地和其他各种生产要素，光有米而没有做饭的人更不行，“人是生产力中最活跃的因素”，现代农业领域中具体的生产经营、管理者就是这顿饭的巧妇。巧妇就是我们所说的人力资本。

发展现代农业需要的是有知识、懂技术、会经营、善管理的现代新型农民。课题组调查发现，现在很多从事农业生产的劳动者，不仅素质不高，而且数量不足，年轻农民不种地。目前，在家从事粮油生产的都是五六十岁的老年人，还有部分家庭甚至是七十多岁的老年人在打主力，对现代农业高标准生产要求难以适应。

从现有的情况来看，对农业和农村中的现有群体进行人力资本的提升改良不仅潜力有限，而且成本过高。根本的解决办法是立足需要，外源引入。通过将涉农的高级工程技术人员、大学生群体、熟练农业技能个体和成功外出创业和务工人员以合理的方式引入现代农业，不仅在时间上有助于缩短传统农业发展模式运行的惯性，而且有利于将非农产业的先进技术、经验和理念高效地植入现代农业，推动现代农业高点起步、快速发展。

（三）现有商业化金融主导背景下的贷款筹资问题构成了社会资本进入现代农业的融资困难

我国金融体制改革的目标之一是建立一个商业性金融和政策性金融并存的、统一开放、竞争有序的金融组织体系。从目前的情况来看，商业性金融的发展无论在广度还是深度上都可圈可点，而政策性金融特别是面向农业领域的政策性金融在服务基层和微观主体上尚存在巨大缺口。相对于农户经营，投资于现代农业的农业企业投资规模大、周期长、风险高、效益低，在一定程度上影响了商业金融介入现代农业的积极性，而政策性金融服务的层次导向以及各类合作金融的客观实力及商业化倾向也使得对社会资本投资现代农业的金融扶持明显乏力。据课题组调查发现，政府金融职能部门对支持农业企业发展的政策法规不够完善，对农业企业生产经营情况了解不够，支持农业企业发展的信心不足，热情不高。除了个别规模和实力特别巨大、雄厚的企业外，大部分进入现代农业的社会资本都不同程度地面临着启动资本不足、周转资金困难、扩大再生产无法进行的困难，资金掣肘影响着社会资本介入现代农业的进程、规模和效率。

（四）经营主体分散化后社会资本进入现代农业的农业基础设施障碍

数十年分散化的小农户经营使得个体经营的效率几乎发挥到了极致。在这种模式下，内部化的成本投入被极度地压缩，带有正外部性的投入被尽可能地最小化，在农业生产领域中促成了“个体理性导致集体非理性”现象的再现。许多灌溉、防洪、防沙、防风、抗旱、治理水土流失的设施还是承包责任制之前的成果，护理欠佳，年久失修，功能渐失，现代农业发展的基础条件较为严峻。

根据经典经济学理论，类似于这种具有非排他性、非竞争性的农业基础设施、基础条件的供给主要应由政府解决，但我国许多地方政府财政对农业基础设施建设投入明显不够，历史欠账太多，导致现存基础设施达不到现代农业发展的要求。这一方面很难吸引增量的社会资本进入本地区从事现代农业的开发经营；另一方面又给现有的社会资本从事经营活动构成了巨大的不利条件，靠天生产持续存在，企业在融资困难的情况下其宝贵的资金更多是投入到现代农业的具体项目中去的，根本无力并且在学理上也不应该顾及这种必要性极强的公益性基础设施建设。在此条件下，如果地方政府继续无所作为的话，那么不难相信，不仅发展本地现代农业的增量社会资本无从谈起，连现有的存量社会资本的继续存在都可能是个问题了。因此，当务之急是，要下大决心、花大力气改变地方财政中吃饭财政、政绩财政以及不求有功但求无过的消极行政理念，为现代农业和当地经济社会的长期稳健发展构筑并夯实平台基础。

（五）宏观政策倡导下社会资本进入现代农业的地方政府政策配套障碍

引导和鼓励社会资本发展现代农业是党和国家的战略决策和政策导向。中央政府的任何决策包括发展现代农业问题要得到贯彻落实一定需要地方政府的政策跟进、配套和分解细化的，否则，无异于一句口号借由政府之口或各类媒体从中央传到地方而已。通过社会资本发展现代农业，至少在以下方面存在着政府政策配套不够甚至没有配套的问题：

1. 科技支农政策力度和效度不够。现代农业在一定程度上可以说是知识、技术和管理密集型农业，地方政府现有的自然科学技术和管理方法推广、普及、培训远未达到现代农业对它的需要。许多科技方法的获取靠农民分散而艰难地去搜寻。当中央政策明确支持和鼓励新生事物的发展时，那么在具体的发展过程中涉及理应由公共财政出面解决的事情却出现了由农户自下而上的倒逼解决现象时，这就表明了地方政府的不作为或政策配套迟滞乏力。科技兴农在现代农业中的适用性比在以往任何时候都更加紧迫。

2. 现代农业发展的信息化建设不够。信息化建设不能片面地表现为网络、通讯的硬件资源架设，它更重要的是要充分利用各种信息手段和资源，制定形成各种发布、传播、甄别、分析、遴选和使用信息的政策制度并将其落实为具体的行为。投资现代农业的社会资本以及从事现代农业活动的农户或农业产业工人都有着各自获取信息的渠道和手段，但是，作为个体，其所获取的信息难免具有偏好性，信息来源的可靠性、信息质量的准确性完整性、信息的时效性以及信息的有用性都存在问题。如果缺乏科学的信息获取、遴选、加工和分析过程，很有可能使得信息获取主体的经营决策行为成为劣质信息的牺牲品。因此，在信息化建设问题上，作为一种组织行为，地方政府的政策配套尚需加强。

3. 诚信体系建设政策亟待加强。

在社会资本从事现代农业的过程中，诚信经营至少主要涉及两个方面：一是契约层面的诚信；二是信息层面的诚信。前者是现代农业发展过程中各功能或利益主体（如出资者和农户等）对相关合同条款指向的权利义务的忠诚度和履行度；后者是作为现代农业发展的终端产品其向消费者所承诺的过程和结果信息真实度。前者主要表现为各种违约、怠工等现象；后者表现为农产品或农产品加工品生长生产环境、农药使用、工艺流程、种质种类、成分构成等方面的虚假隐瞒等行为。上述任何一种诚信缺失现象都将是对现代农业发展的沉重打击。

地方政府层面的诚信体系政策建设迟滞主要表现为与市场经济发展相需要的诚信教育和诚信奖惩体系不够健全，其直接结果是各功能和利益主体间缺乏互信、信息不对称，从而有效的交流沟通缺失，解决问题的合力难以形成，现代农业发展的行为主体呈现出实质性的割裂分散状态。

4. 现代农业相关产业扶持政策匮乏。政府政策的一个重要功能就是引导、扶持。当某些产业处于成长或发展的初期阶段或需要大力倡导的时候，尤其需要这种引导或扶持，现代农业的发展同样如此。对于社会资本来讲，我们需要的不仅是其进得来，还需要的是留得住、转得好。但在社会资本发展现代农业的实践中，却存在诸多的产业扶持政策缺失的现象。比如项目组对四川广安现代农业发展所进行的调查中发现，广安市的现代畜牧业发展实践中，对于涉及环保的废污处理问题，固然存在着部分养殖者环保意识薄弱，设施设备和技术力量缺乏，粪污处理设施建设投入成本大、业主资金实力不雄厚等原因而导致的不愿投入和无力投入问题，但政府层面至今没有畜禽规模养殖污染处理的扶持政策、至今未出台生物质能源开发利用、有机肥生产和动物骨皮毛加工等产业扶持政策导致畜禽养殖废弃物资源化综合利用程度不高却是不争的事实。

（六）基本农情制约社会资本进入

我国的基本农情是人口多、耕地资源少、淡水资源紧缺、农业资源供给严重不足，这是我国农业农村经济发展的最大制约因素。现代农业是中国农业发展的基本方向，人多地少、农户经营规模小以及生产经营方式比较粗放的状况也是中国现代农业的严重制约因素。而且这种现状在短期内无法改变，因此必然会阻碍社会资本向现代农业的渗透。

目前，中国农业仍属于高耗、低效型农业，粗放经营和传统的精耕细作无法使产量有较大提高，加之土地流转的停滞和小规模经营格局的凝固化，不能改变土地零散分割的局面，反而使专业化水平降低。此外，由于人地关系高度紧张，农村剩余劳动力转移困难，农地规模过小造成农业粗放经营甚至大片土地抛荒，致使社会资本对农业产出的期望值降低，不愿意对农业生产进行投入。这种国情影响了现代农业生命力的延续，使得现代农业的发展举步维艰，不利于农业现代化和经济的发展。

（七）技术进步不能满足发展需要

在我国农村，农民对生产的投入大部分仍然集中在土地与劳动的投入之上，农业生产技术水平落后，经营方式粗放，农业科技创新和转化能力不足。目前，我国农业科研力量比较薄弱、重点支持不够突出，基础性研究相对滞后，导致科研联合攻关和创新能力不足，科技成果转化的过程较长；其次，农业科技推广体系不健全，推广和服务能力弱化，农民专业技术协会等新的农业科技服务组织和方式还处于起步阶段，科研、教育、推广、生产严重脱节，农业科技进步的速度与农业发展的需要相比明显不足。而且农业技术推广人员的数量、素质、结构也不适应现代农业发展的新要求，从事农业技术推广的人员较多，但专职农技推广人员数量不足，而且人员素质也不高。这种现状显然不能为社会资本主体实现高收益提供有力的技术支撑，因此无法对社会资本形成吸引力，从而抑制了社会资本进入现代农业。

（八）以亲缘信任为主的社会网络将长期存在

我国进行市场化改革以来，社会生活领域出现了一些比较严重的社会失信现象，如在社会领域中，社会治安变坏、腐败现象严重、民众越来越不遵守公共秩序等；在经济领域，乱收费、假货劣货充斥市场、恶性竞争、专业人员缺乏操守、违约以致诉讼事件与日俱增。这些现象的存在深刻地反映了中国社会已出现严重的社会信任危机。低信任度的社会中，人们就往往倾向于只信任与自己有血缘关系的人，而不信任家庭和亲属以外的人。因此，在这种状态下，社会资本就不能使农民产生强烈的信任，两者不能很好地融合，也就必然会阻碍社会中优质的资本进入现代农业，从而制约现代农业的长足发展。

（九）法律法规不健全，利益保障机制缺失

近年来，我国农村契约意识不足依旧比较突出，村民之间、村民与经济组织之间、经济组织之间等爽约问题频现，尤其以订单农业违约为甚。农户种养的农产品若在到期履约时价格波动大于预期，农户或者企业为了追求各自利益的最大化，就会出现违约或毁约的现象，从而导致社会诚信的缺失。而优质的社会资本为了避免违约风险，往往会拒绝进入现代农业。

当前，在农民的传统关系网络中，缺乏强力性制度规范的约制，信息获得与经济支持具有较大的不确定性与风险性。产权越不明晰，人们越是追逐短期利益，规则的约束力越小，互相欺诈的行为盛行，社会关系网络就越不易建立，社会资本就越少。法律法规的不健全和利益保障机制的缺失就会使这种态势愈演愈烈，最终导致优质的社会资本不再进入现代农业。而建立健全的法律法规和利益保障机制，需要各方的共同努力，这个过程任重而道远，因此，缺乏健全的法律法规和相关利益保障机制必将是社会资本与现代农业进行高度融合的一个重要限制性因素。

四、社会资本进入现代农业需认真对待的几个问题

我国各地在响应中央政策号召、顺应世界农业发展趋势，在利用社会

资本发展现代农业中，还必须认真思考和对待以下几个问题：

（一）认真思考和正确对待利用社会资本发展现代农业过程中政府的作用

课题组在调查中发现，一些地方在看待社会资本发展现代农业过程中政府作用问题上存在偏差甚至错误观点。这里边既包括对政府财政的错误理解，也包括对政府行为和责任、权益的不当认识。众所周知，传统投资渠道下，现代农业发展所需资金无法达到应有的满足，也正是因为这样，才产生了社会资本投资现代农业的必要性。但是调查中一些地方甚至政府部门负责同志依然不顾这一客观实际，继续一味片面地强调财政投入的薄弱，力主继续加大政府财政投入，似乎财政投入是唯一的责任担当者和救火者。课题组认为，在农业和农村经济发展的诸多领域，包括现代农业领域，财政投入都不可或缺，但是需要指出的是，不可或缺决不等于孤身全责，财政资金是有限的，这是必须正视的事实；另外，财政资金的投入领域主要是农业领域中具有非排他性、非竞争性或部分具有该特征的领域，而不是所有资金稀缺的领域；同时，财政资金即使需要投入一些需要发展的领域，其功能也主要应该是导向性、杠杆性的，它主要发挥的应该是示范、带动和放大效应，而不是承包角色。因此，各类现代农业发展的利益或功能主体包括政府职能部门，应该理性、正确看待政府财政的特点，并将更多的注意力放到巩固和创造条件，吸引和留住可靠的社会资本加入到本地区现代农业的发展洪流中来，而不是一味地呼唤财政。

此外，调查中还发现，一些地方而且是政府职能部门存在对自身角色和功能定位的错误认识。随着我国市场经济体制的不断深化和健全，政府的功能早已不是许多人所想象的那种管理指挥主导型功能了，而是融管理、服务等诸多要素为一体综合型功能，而且在现代社会，其服务功能越来越为人们所认识和提倡。现代农业发展过程中，固然离不开政府的整体决策、规划、协调、监控等管理功能，也离不开政府的公共产品、公共服务提供职能，从本质上来讲，提供这些服务是其职责所在，义不容辞，完全是份内的事情，而且应该尽可能地做足、做好、做细，遗憾的是，调查中我们发现一些地区的政府部门似乎将为现代农业发展所提供的应用的服务看作是一种额外的、甚至是商业性的交易行为。例如，有的县市在被调查到社会资本进入现代农业后政府、企业、农民之间利益分配的矛盾问题时，竟然直言企业收购农产品时政府作为组织者、管理者和服务者，是否得到了相应的回报？这说明地方政府职能部门尚没有完全理解政府行为的内涵，更没有全局性地理解着力发展现代农业对于地方农业和农村经济、增加农民收入、缓解人地矛盾和资源紧张格局、国家和社会可持续健康发展的重大意义。

（二）认真思考和正确对待利用社会资本发展现代农业过程中所出现的农地隐患问题

土地是发展农业包括现代农业的主要物质载体，至少在现代科学技术和物质条件下以及可以预见的将来，这都是事实。如前所言，土地问题是社会资本发展现代农业过程中的一个难点问题，但是这个难点又呈现出区别于其他问题的复杂性。前面我们分析了现有制度框架下社会资本投入现代农业的土地障碍，这个障碍主要是社会资本发展现代农业所需的土地供应障碍，包括土地出让主体主观上的、客观上的以及出让过程中的障碍等，但这只是问题的一个方面。如果说土地出让问题能够得到合理解决可以算是解决了“有”的问题的话，那么接下来却还需要考虑“用”的问题了，而且这个问题不见得比前一个问题轻松。矛盾的主要方面集中在社会资本通过各种手段和渠道得来的用于发展现代农业的土地怎么用的问题上。

一些地方的现实是，许多社会资本借着发展现代农业旗号集中得来的土地却存在着数量不少的非粮化、非农化，甚至撂荒的现象。与农户自身原来的土地相比，社会资本集中得到的土地往往具有面积大（许多地方是成村连片）、租期长等特点，当这些宝贵的可耕地资源被集中连片以后如果长时间没有被作为现代农业发展物质载体的功能而被使用时，其结果至少有如下几种：（1）浪费了现代农业发展的大好时机；（2）本已稀缺而宝贵的资源被人为并严重浪费了，有的甚至损毁、难以恢复原貌了；（3）农民收入增长、国家粮食安全受到严重威胁；（4）农业、农村的稳定受到影响。

所以，在吸引社会资本进入现代农业时，要有选择地多考虑那些非土地密集型农业产业项目、特别是那些附加值较高的技术、流通、服务和精深加工领域，避免单纯的土地密集型项目；另外，即使那些以种养业为主导的现代农业项目，也应对其设置必要的准入门槛和相应的过程监控措施，避免“唯资本论”现象的发生，确保社会资本真正指向农业、服务农业、发展农业。坚决杜绝并从严处理那些打着现代农业旗号套取农地资源却另有它图的社会资本投资主体，确保土地资源的合理利用、维护农业基础地位和国家粮食安全。

第二章

培育新型农业经营主体

大力培育新型农业经营主体，是构建新型农业经营体系的重要内容。本章从现代农业企业、职业农民、种粮大户三类新型农业经营主体的培育及其发展角度出发，对新时期如何培育新型农业经营主体进行了深入的思考和详细的阐释。

第一节 现代农业企业的功能及发展战略

现代农业企业是在传统农业企业及农业产业化龙头企业的基础上发展起来的，具有更高的管理要求和科技含量，与现代农业及现代企业发展相对应的经营组织业态。目前一般是指应用现代农业科学技术和科学管理方法，直接或间接为农业生产服务，实行农业规模化、专业化、产业化经营的新型企业，包括与农业产前、产中、产后有关的所有企业。

一、现代农业企业的内涵及功能界定

（一）现代农业企业的内涵

传统意义上的农业企业是指以动植物和微生物为劳动对象，以土地为基本生产资料，通过人工培育和饲养动植物，以获得人类必需消费品的生产经营企业。目前一般指从事农、林、牧、副、渔业等生产经营活动，具有较高的商品率，实行自主经营、独立经济核算，具有法人资格的盈利性经济组织。

现代农业企业则是在传统农业企业及农业产业化龙头企业的基础上发展起来的，具有更高的管理要求和科技含量，是与现代农业及现代企业发展相对应的。现代农业企业的发展，极大地提高了农业劳动生产率、土地生产率和农产品商品率，提升了农产品附加值和市场竞争力。

（二）现代农业企业的功能

现代农业企业是在传统农业企业的基础上发展起来的，适应了现代农业发展和现代市场需要，具有许多新的功能与作用。

1. 现代农业企业引领和拓展了市场需求。现代农业企业处于市场竞争的最前端，处于产业体系的最前沿。为了在竞争中立于不败之地，企业要不断创新技术，提高生产效率，改进经营管理，降低生产成本和交易费用，提高品牌的市场知名度，不断推出受国内外市场青睐的新产品和服务，集合农业要素，合理配置资源，获得最佳经济效益，引领和满足变化中的市场需求。

2. 现代农业企业引领和构建了产业链条。目前农产品市场竞争非常激烈，呈现国内市场国际化、国际市场国内化的特点，已由单一产品、单一企业的竞争转向跨地区、跨产业的竞争。要增强农产品的国际竞争力，必须在构建和强化产业链条上下工夫，现代农业企业将发挥重要的带动作用。

3. 现代农业企业引领和组织了农业产业化。农业产业化经营是小农户连接大市场的必由之路，是实现农业市场化、规模化、专业化、现代化的重要途径。现代农业企业以其先进的经营管理、技术实力、品牌营销等优势，必然成为农业产业化经营的组织带动者、市场开拓者、技术创新主体、营运中心、信息中心和服务中心，起着关键的中枢作用。

4. 现代农业企业引领和示范了标准化生产。生产标准化、专业化、品牌化是农业企业化经营的基本要求，也是现代市场的普遍要求，更是现代农业发展的基本方向。现代农业企业通过专业化的生产方式，规范化的操作流程，科学化的经营管理，实现了农业标准化生产，形成了稳定的标准化模式。

5. 现代农业企业引领和推动了农业现代化。现代农业企业是先进生产要素的集合体和使用者，是现代生产力的创造者，也是现代文明的传播者。现代农业企业将现代化流水式生产线、标准化先进工艺和现代化企业制度引入农业产业经营系统，进行规模化、标准化生产，集中化销售，带动农户步入农业现代化进程，逐步引领、扩展、带动农业现代化。

6. 现代农业企业引领和增加了农民收入。现代农业企业既可以实现农业外延规模扩大，为农民创造二三产业就业岗位，转移劳动生产力；也可以通过促进农业产业化经营等实现规模化生产，提高农业规模效益，增加农民收入。

二、现代农业企业发展的瓶颈与问题

在传统农业向现代农业转变的过程中，现代农业企业得到了快速发展，企业数量和规模不断扩大，行业和地域覆盖面也越来越广，市场竞争力不断增强，但与现代农业发展要求和适应国际化竞争还有很大差距，在发展过程中暴露出许多问题，制约了现代农业企业的快速健康发展。

（一）现代农业企业分布不均衡

我国由于各地区经济发展水平及农业资源差异较大，农业企业行业间分布不均衡，食品加工、制造类企业偏多，服务类企业偏少，地区间分布和农产品品牌分布不均衡，东部企业较为密集、农产品品牌较多，中西部较少，与资源、市场、生产要素配置不相适应，影响了现代农业企业发展和区域经济协调发展。

1. 行业分布不均衡。目前我国现代农业企业在农林牧渔业、农林牧渔服务业、农业机械、农药化肥、食品加工、食品制造和饮料制造行业均有分布，但总体是农药化肥类和饮料制造企业所占比重较大，高科技农业企业发展缓慢，如农业机械企业、农林牧渔服务业数量较少，与我国农业大国的称谓不相适应，不利于现代农业发展。以证监会行业板块上市公司为例（如图 2.1 所示），我国 151 家农业上市公司中，食品加工、制造上市公司数量最多，为 42 家，占 27.8%；农林牧渔业上市公司共有 35 家，占 23.2%；农药化肥上市公司和饮料制造上市公司数量相等，各为 30 家，分别占 19.9%；农业机械上市公司数量相对较少，有 10 家，占 6.6%；数量最少的为农林牧渔服务业上市公司，仅有 4 家，占 2.6%。

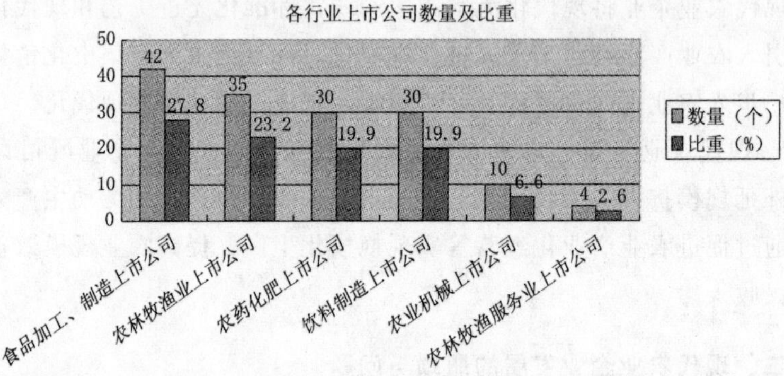

图 2.1　农业上市公司行业分布

2. 地区分布不均衡。

目前现代农业企业初步形成了一批产业密集区和优势产业带，呈现出集群式发展的特色。但由于受自然环境、资金、技术等多重因素的影响，我国现代农业企业各地区分布不平衡，区域间差异较大：东南沿海地区无论从企业数量、规模以及竞争力等方面均占有绝对优势，发展较快；中西部地区企业数量相对较少，发展相对缓慢。由于企业地区分布不均衡，给环境带来一些不良影响，企业分布密集带来的直接后果就是环境污染日益严重，导致分布密集区各种能源消耗量过大，给企业发展带来一定的障碍。

如图 2.2 所示，在 151 家农业企业上市公司中，东部地区 79 家，占 52.3%；中部地区 33 家，占 21.9%；西部地区为 39 家，占 25.8%。东部地区上市公司数量所占比重分别是西部地区和中部地区的 2 倍和 2.4 倍。

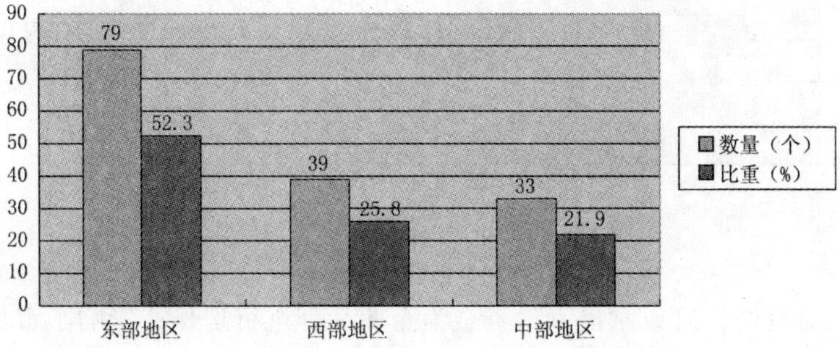

图 2.2　中国农业上市公司地区分布

3. 品牌分布不均衡。

我国农产品品牌的行业分布呈现出不均衡性，主要体现为种植业品牌数量较多，畜牧业、渔业品牌数量较少。从 2008 年农业部中国名牌农产品推进委员会全体委员会议审议确定 100 个中国名牌农产品的行业分布来看，种植业名牌占总数的 62%；畜牧业名牌占总数的 27%；渔业名牌占总数的 11%。

从我国 100 个中国名牌农产品的地区分布情况看，东部地区 12 省（直辖市）共有农产品名牌 50 个，占全国的 50%；中部 6 省共有农产品名牌 30 个，占全国的 30%；西部 12 个省（直辖市、自治区）只有 8 个有农产品名牌，数量仅 20 个，占全国的 20%，如图 2.3 所示。特别是我国西部地区由于产业集中度不高，大多数企业加工的产品还是初级产品，还没有摆脱原料生产的地位，缺少产业链条长、技术含量高、市场竞争力强的产品，企业技术装备整体水平还比较低，很难创造出具有市场竞争力的品牌产品。

（二）现代农业企业规模小，抗御自然风险与市场风险的能力差

我国现代农业企业规模偏小。一般来说，企业的规模越大，市场占领份额越大，竞争力越强，抗御风险能力也越强。但从总体上看，我国现代农业企业的规模偏小，实力不强，稳定性相对较差，抵御各种不可抗力的

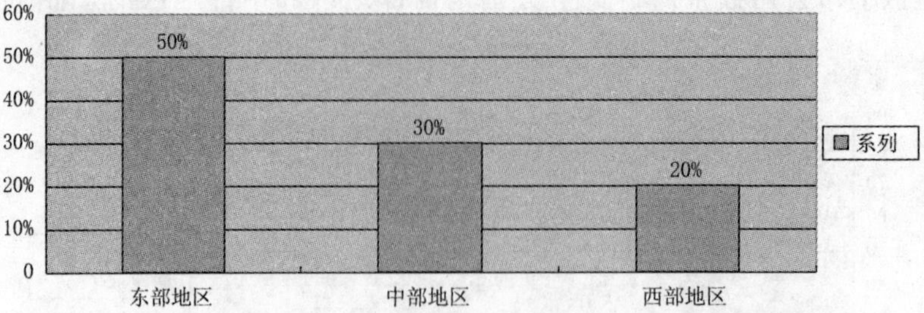

图 2.3　中国农产品名牌地区分布

能力相对较弱，难以拿出大量资金为企业品牌进行运作，影响了市场竞争力。一方面从农业上市公司的资产情况看，我国现代农业企业发展呈现中间大、两头小的现状，中型上市公司所占比例超过一半，小型上市公司和大型上市公司所占比例较小，均为 1/5 左右。资产总额超过 50 亿元的共有 26 家，所占比例还不到 18%，其中农药化肥上市公司数量最多，共有 9 家；其次为饮料制造上市公司、食品加工制造上市公司、农业机械上市公司和农业上市公司，分别为 8 家、5 家、2 家和 2 家；林业、渔业、畜牧业、农林牧渔服务业均没有大型的资产总额超过 50 亿元的。资产总额最高的是潍柴动力股份有限公司，以 480.63 亿元位居第一；其次是辽宁华锦通达化工股份有限公司、宜宾五粮液股份有限公司和贵州茅台酒股份有限公司，分别为 274.39 亿元、232.45 亿元和 213.34 亿元。有接近 1/4 的资产总额低于 10 亿元，如表 2.1 所示：

表 2.1　　2010 年上半年农业上市公司资产总额情况

	大型上市公司	中型上市公司	小型上市公司
资产总额（亿元）	>50	10—50	<10
上市公司个数	26	90	34
所占比例（%）	17.3	60	22.7

从农业上市公司的主营业务收入看，主营业务收入低于 1 亿元的占 7.3%，62.3% 的仅在 1 亿—10 亿元之间，30.4% 的超过 10 亿元，有 10 家主营业务收入超过 50 亿元，仅占 6.6%。主要集中在饮料制造、农药

化肥、农机和食品加工领域，农林牧渔业及其服务业均没有大型的主营业务收入超过50亿元的，潍柴动力股份有限公司以330多亿元的主营业务收入位居第一，其次是河南双汇投资发展股份有限公司、内蒙古伊利实业集团股份有限公司、辽宁华锦通达化工股份有限公司，分别为165.78亿元、147.51亿元和103.09亿元。但相对国际大型农业企业仍有一定差距，2010年同期美国规模最大的现代农业企业AMD公司营业收入达到692.07亿美元，折合人民币4695.9亿人民币，是我国潍柴动力股份有限公司的14倍；位居第二的邦吉公司营业收入达到419.26亿美元，折合人民币2844.8亿人民币，是潍柴动力股份有限公司的8倍多，如表2.2。

表2.2 2010年上半年现代农业上市公司主营业务收入情况

主营业务收入（亿元）	>50	10—50	1—10	<1
上市公司个数	10	36	94	11
所占比例	6.6	23.8	62.3	7.3

（三）现代农业企业盈利能力差，制约了可持续发展能力的提升

由于农业企业的生产成本相对较高，技术水平提高缓慢，标准化、规模经营复杂，制约了现代农业企业的获利能力。2010年上半年我国有67.6%的现代农业上市公司净资产收益率水平低于5%，只有15.2%的净资产收益率水平在10%以上，还有19.2%的净资产收益率为负。饮料制造上市公司盈利能力相对较强，净资产收益率超过10%为11家；其次是食品加工上市公司、农药化肥上市公司、农业机械上市公司、食品制造上市公司、农业上市公司和渔业上市公司，净资产收益率超过10%的分别为4家、3家、3家、2家、2家；林业、畜牧业、农林牧渔服务业上市公司盈利能力最弱，净资产收益率均低于10%。净资产收益率最高的为广西南方食品集团股份有限公司，以47.13%位居第一位；其次是泸州老窖股份有限公司、潍柴动力股份有限公司、青海盐湖钾肥股份有限公司，分别为24.45%、21.97%和21.90%；上海大江（集团）股份有限公司净资产收益率最低，为-20.61%。如表2.3

所示。

表 2.3　2010 年上半年现代农业上市公司净资产收益率情况表

净资产收益率	>10%	5%—10%	0—5%	<0
企业个数	23	26	73	29
所占比例（%）	15.2	17.2	48.4	19.2

（四）现代农业企业名牌少，制约了市场拓展能力的提升

虽然我国现代农业企业的品牌有了较快发展，但仍然是名牌少，能与国际跨国企业竞争的著名品牌就更少，严重制约了国内外市场的拓展。

在 2010 年第七届世界品牌大会上，中国最具价值品牌前 500 名中，农业企业品牌为 66 个，占品牌总数的 13%，其中具有国际影响力的品牌共有 3 个；最具价值品牌前 100 名中农业品牌为 17 个，品牌价值分布由 87.58 亿元到 430.27 亿元人民币不等，排名最靠前的为五粮液，排名中国品牌榜第 22 位。饮料、食品、大米和肉类制品等企业品牌实力不断增强，具备一定国际、国内竞争力，其中具有世界影响力的品牌有 3 个，分别为五粮液、青岛啤酒和茅台；其他品牌则仅在国内均具有一定的影响力，如双汇集团具有亚洲生产规模最大的有肉类加工基地，肉类食品加工行业国内市场占有率已达到 42%；北大荒米业有限公司的产品市场占有率、出口量、品牌知名度均居国内同行业前列，成为国内最大的专业稻米加工企业。但与国际知名品牌相比仍有较大差距，农产品品牌则相对更低。我国品牌所创造的价值占 GDP 的比重不足 20%，而美国达到 60%。据联合国工业计划署统计，全球共有 8.5 万个品牌，其中著名品牌所占比例虽然不到 3%，却拥有世界 40% 以上的市场份额，名牌产品的销售额占了全球销售额的 50%。目前，世界上最大的 200 家食品加工公司的产值已占到全球食品业总产值的 1/3，这些公司都是以名牌为依托保持其国际竞争力的，如美国百威啤酒公司 2010 年品牌价值达到 159 亿美元。

（五）现代农业企业基础环境薄弱，缺乏稳定的发展空间

现代农业企业发展与农业自然资源、农业生产经营制度、农业技术进

步、农业基础投入等密切相关，但总体上我国农业企业发展的基础环境还很薄弱，有待加强和改善。

1. 农业资源占有量不足。农业资源是现代农业企业发展的基础，资源丰富且集中的地域现代农业企业发展就相对较好，反之则相对较差。由于资源分布不均衡，人均资源占有量较低，尤其是耕地资源和水资源的状况尤为明显，限制了我国现代农业企业的快速发展。我国人均占有土地面积10.35亩，只及世界人均数的1/3，仅相当于加拿大的1/47，美国的1/4。我国人均耕地仅为1.8亩，在全世界26个人口在5000万以上的国家中，我国人均耕地数量仅高于日本、孟加拉国，居第24位。我国90%以上的耕地和内陆水域分布在东南部地区；一半以上的林地资源集中在东北部和西南部地区；86%以上的草地分布在西北部干旱、半干旱地区。人均水资源量远远低于世界平均线，只相当于世界人均的1/4，列第88位，分布不平衡，长江、珠江、浙、闽及西南诸河流域的水量占全国总水量的82.3%，而耕地仅占全国的36%；黄河、淮河及其他北方诸河流域水量约占全国总水量的17%，而其流域地区的耕地却占全国耕地的63.7%。我国农业资源的不足与分布不均衡对现代农业企业的布局、规模和效益产生较大的影响，导致农产品生产能力较低，无法保证现代农业企业良好的原材料供应和产品品质。

2. 农业生产经营制度不适应。现代农业企业的特殊属性决定了企业的原料来源于农业生产，与农村的生产经营制度密切相关。我国当前的家庭承包经营制度极大地调动了农民的积极性，很大程度上解放了农村生产力，但对于现代农业企业的发展需要仍有很大差距，甚至是家庭经营还是一种小农式的分散经营，农户的投资能力弱、经营规模小、经营方式落后、对市场的敏感度低、抗御市场风险能力弱，农户的诚信和法律意识淡薄，企业对不履行订单合同的农户相对较低的可控性等因素，难以形成规模优势、区域优势和品牌优势，制约了农业结构的进一步调整与优化，造成小生产与大市场的严重脱节，无法适应现代农业企业发展的需要。

3. 农业技术供给不足。现代农业企业发展不仅需要良好的加工和管理技术，而且与农业生产技术的先进性、普及性密切相关。但是我国农业技术供给存在诸多的问题，成为影响现代农业企业技术发展的重要因素。

财政对整个农业发展的投入不足，农业财政支出大部分用于农业基本建设上，用于科研与开发的比例相对较低。我国农业产值占国内生产总值的比重为11.13%—27.05%，而农业财政支出占国家财政支出的比重仅为7.17%—10.69%，远低于农业产值在国内生产总值中所占的比例；国家财政用于农业科技三项费用仅占全国科技三项费用的2.21%—4.89%，国家财政用于农业科技三项费用占农业财政支出的0.52%—1.01%，且呈现出下降的趋势。

三、现代农业企业发展的基本战略与发展模式

（一）总体思路

新形势下现代农业企业发展的总体思路是：以农业和农村经济建设为中心，以增加农民收入和扩大农民就业为前提，以提高农业整体竞争力为着力点，坚持市场为导向、因地制宜、合理布局，以农业产业化龙头企业为基础，以现代企业管理方式和现代科学技术为保障，不断提高现代农业企业技术水平和产品质量，全面增强现代农业企业的综合竞争能力，形成现代农业产业体系。

（二）主要经营战略

1. 绿色战略。实施绿色战略是适应经济发展低碳化、生态化与食品安全的需要，也是企业增强市场竞争力的重要途径。一是培育绿色原料生产基地，开发多样化、系列化绿色食品品种。二是实施绿色全流程管理，增强绿色食品的市场竞争力。三是实施绿色营销，积极拓展市场。四是加快绿色认证工作，改善企业实施绿色战略的环境。

2. 创新战略。在企业发展中，要根据外部环境的变化，积极主动地在产品、技术等方面不断进行创新，从而在激烈的市场竞争中保持独特的竞争优势。企业在进行产品及技术创新过程中可以采取以下方式：一是组建专门的研发机构，培养企业自身的科技人才队伍，使科研、生产融为一体，实现高新技术成果的优先转化。二是拓宽科技合作领域。大力推广农科教与农业企业的联合，鼓励农业科研院所与农业企业的产学研结合，加快科技成果在农产品生产、加工、贮运、保鲜等环节的应用与转化。三是

加强技术创新与技术引进相结合。积极引进国内外农业企业的新技术、新设备、新工艺，加速传统技术设备的改造。

3. 品牌战略。在市场经济条件下，实施品牌战略是提高农产品市场竞争力的重要途径，也是提高农业综合生产能力的必由之路。随着国内外农产品市场竞争的加剧，竞争在很大程度上表现为品牌竞争。按照品牌发展战略，以企业为依托，以现有名牌产品为基础，培育富有地域特色的优质农产品品牌，开发具有竞争力的名牌，打造品牌企业。通过各种资源要素的整合及技术创新，加强品牌质量管理，运用品牌营销战略，提高企业在国内外市场中的品牌竞争优势。

4. 联盟战略。为了实现企业的长远发展和应对强大的市场竞争压力，不少企业间的竞争关系已由对立竞争转向合作竞争。其合作竞争的主要形式就是建立企业间的战略联盟，即有着共同战略利益和对等经营实力的企业，为达到共同拥有市场及使用资源的战略目标，通过各种契约而结成的优势互补、风险共担、实现既合作又竞争从而避免两败俱伤的局面。我国现代农业企业要想在未来的市场竞争中立于不败之地，实现企业的可持续发展目标，在充分发挥自身优势的同时，必须在技术开发、产品设计、市场开拓等方面与其他企业广泛合作，结成各种形式的企业战略联盟，实现企业间内部资源与外部资源的优化组合，提升企业的整体竞争优势。

5. 国际战略。积极开拓国际市场，进行国际化经营，增强跨国经营能力。一是进行市场国际战略。自建研发基地，开发适合当地市场产品；二是技术国际战略。技术型企业境外建立研发机构不断引进新技术和新产品；三是资本国际战略。如大型国企海外上市融资。另外，为了能与国外大型农业企业相抗衡，我国现代农业企业还必须改变过去企业规模较小的不利格局，以国际市场为导向，走集团化经营的道路，加快形成实力强大的大型农业企业和跨国公司，增强我国现代农业企业的国际竞争力。

（四）主要发展模式

1. 品牌扩张模式。品牌扩张就是品牌延伸，将某一著名品牌或某一具有市场影响力的名牌扩张到与成名产品或原产品完全不同的产品上，以凭借现有名牌推出新产品，将某一具有市场影响力的名牌或其变种、某一全新品牌推广至某一全新市场。如要学习借鉴希望集团的经验，在研制开发并生产“希望牌”高档猪饲料、在主导产业饲料工业领域持续保持领先水平之外，还在金融、化工、房地产、零售业、教育产业、都市农业、动物药业等领域进行了积极的拓展。现全集团共拥有全资、控股、参股企业700多家，总资产超过600亿美元，员工总数超过40000名，年销售收入超过120亿美元，取得了令人鼓舞的业绩。

2. 科技经营模式。积极抓住传统农业向以现代生物技术为主要特征的高科技农业转变的机遇，加强与国内外高等农业院校、科研机构的合作，利用科研部门的研究力量与成果来寻求突破，强化企业研发力量，重视高新技术产品的研发，提升产品附加值与企业核心竞争力。如学习借鉴哈高科技大豆食品有限公司的经验，在企业建立初期就重视技术工艺的研发，拥有大豆分离蛋白萃取技术和配方、低聚糖三级膜分离技术、豆渣新型干燥技术、组织蛋白先进的纤维化和着色技术、新型DCS系统工艺自控技术等，从而造就了企业领先优势：如所生产的七个系列产品的技术均处于国内行业的领先地位，其中大豆膳食纤维和大豆乳清蛋白为国内首创，荟集了生产、技术、科研、经营管理等一批优秀人才，已成为上市公司，在社会上有很高的知名度。

3. 产业延伸模式。农产品经深加工后价值将增加数倍或几十倍，不断延伸产业链是现代农业企业的必然选择。企业要不断开发新产品，对副产品进行综合利用，延伸产品链、产业链。如学习借鉴安徽丰原集团经验，依托先进的生物发酵技术和化工分离提取技术，利用玉米、小麦、大豆、花生等粮食和油料作物，从事生化、制药、食品、油脂加工等产品的生产经营，其产品已广泛应用于食品添加剂、饲料添加剂、洗涤剂、精细化工、医药原料等领域，利用自身生物技术的优势，以各种生物质（玉米、木薯、红薯、甜高粱、作物秸秆等）为原料生产的燃料酒精、生物乙烯及其衍生物、纺织品原料纤维聚酯、聚乳酸生物可降解塑料、无毒增塑剂、油漆涂料的无毒溶剂等系列产品，已部分替代石油化工产品。

4. 产业整合模式。为了谋求长远的竞争优势，按产业发展规律，以企业为整合对象，跨空间、地域、行业和所有制重新配置生产要素，调整和构筑新的资本组织，从而形成大企业和企业集团。产业整合不仅要积极推进产业链条中某一环节上多个企业的合并重组，也要推进产业链上、中、下游各环节的合并与重组。如积极学习借鉴黑龙江省北大荒集团经验，把本系统 20 多个大米品牌整合为“北大荒米业”一个品牌，把 60 多个乳品品牌整合为“完达山”一个品牌，把所有大豆油脂品牌整合为“九三”一个品牌，把垦区内九个分局的科研所、7 个省外区域育种站、6 个省级种子检验检测中心及作物生物实验室等数十家种子生产、繁育、检测单位整合为“北大荒种业集团”。通过产业整合，提高了农业企业综合竞争能力，扩大了品牌的市场知名度和影响力。

四、加快发展现代农业企业的对策措施及政策建议

（一）规划调整现代农业企业的行业结构

从当前我国现代农业企业发展现实看，食品加工、制造企业所占比例最多，而农林牧渔服务业所占比例最少，还不足食品加工、制造企业的 1/10。根据发达国家现代农业企业发展趋势来看，加工业、制造业所占的比例达到一定程度后就逐渐降低，而服务业所占份额逐步升高，最终成为重要的主导产业。因此在我国现代农业企业发展的现阶段，要对企业行业分布做出合理规划。在促进各行业协调发展的基础上，加大对农产品精深加工业、农林牧渔服务业的支持力度，制定相关产业政策，促进产业结构协调发展。一是积极发展精深加工型企业，开发新技术、新产品，提升加工层次和水平，实施专业化与规模化生产，延伸产品与产业链条，提高产品附加值，促进农业生产区域化、专业化、规模化形成和生产效益的提高，使农民也能享受农产品加工增值，提高农民收入。二是积极发展农林牧渔服务型企业，实现农业产前、产中、产后各环节的专业化，提高生产与服务的效率与水平，促进农业产业结构调整和整体效益的提高。扶持和引导各种农业生产性服务专业公司的发展，如耕翻土地公司、播种公司、中耕公司、施肥公司、植保公司、收获公司、仓储公司等，为农户提供优质的专业化服务。三是积极发展特色农业企业，特别是把绿色企业作为重点，树立绿色科技意识，整合绿色产业链条，提升我国无公害、有机、绿色农产品的水平，适应国际化趋势。四是积极发展外向型农业企业，提升生产质量和品牌优势，开展跨国经营，积极拓展国际市场，增强本地农产

品和企业的国际竞争力。建议国家制定支持农业产前、产中、产后专业化服务组织发展的政策指导意见，鼓励支持专业服务的企业化经营，提升我国农业专业化水平。

（二）指导完善现代农业企业的区域布局

针对我国现代农业企业地域分布差异较大、发展不均衡、资源利用率不高的情况，进一步优化农产品区域布局，建立一批规模大、农业综合生产能力强的农产品生产基地，如强化具有比较优势的区域化、专业化和规模化的商品粮生产基地建设，引导现代农业企业在优势区域集中，促进优势产业带的形成。充分发挥各地区资源、经济、市场和技术优势，依托优势农产品专业化生产区域发展优势特色现代农业企业，逐步形成现代农业企业集群，实现农业企业与原料基地有机结合；发挥沿海地区技术和人力资源优势，鼓励东南沿海企业和其他发达地区的同类企业通过资产重组、联营等方式带动中西部地区企业的共同发展；通过加强农业设施建设、科技推广、产业化扶持等措施，建设一批具有示范性的大型农产品基地，形成以加工龙头企业为核心，覆盖周边地区的合理加工空间布局，促进现代农业企业发展。如粮食产业，在北方、黄淮海流域等小麦主产区发展生产面包、面条、饼干等优质小麦加工产业群，在大中城市和东部沿海等小麦主销区建立适合城市特点的主食品加工基地；在东北、华东、华中等稻谷主产区发展稻米深加工产业群与大米主食品生产基地；在东北、黄淮海流域两大玉米主产区发展高油玉米、糯玉米、淀粉玉米等优质专用玉米加工基地；在东北、黄淮海流域等大豆主产区重点发展非转基因大豆加工业和大豆蛋白、磷脂等新兴大豆制品加工业，通过兼并、重组形成大型制油企业，在渤海湾、长江三角洲和珠江三角洲等沿海地区建成大型食用油深加工基地等。建议国家在制定现代农业产业发展规划时，充分考虑现代农业企业的位置与作用，把企业发展与原料基地建设统筹考虑、一并规划。

（三）推动兼并重组做大做强现代农业企业

在经济全球化的背景下，要抵御跨国集团的竞争，增强市场竞争力，必须做大做强现代农业企业，形成大集团大企业群体，增强整个现代农业体系的竞争力。推动现代农业企业的兼并重组，形成现代农业大集团大企业，是目前重要的现实途径。要充分发挥企业的主体作用，充分调动企业积极性，通过完善相关行业规划和政策措施，清理限制跨地区兼并重组的规定，理顺地区间利益分配关系，引导和激励企业自愿、自主参与兼并重组。商业银行要积极稳妥开展并购贷款业务，扩大贷款规模，鼓励商业银行对兼并重组后的企业实行综合授信，通过并购贷款、境内外银团贷款、贷款贴息等方式支持企业跨国并购，促进产业集中度提高，支持大型现代农业企业通过兼并重组做大做强。一是积极推进同类企业的兼并重组，通过联合、兼并同类企业或投资兴建新的企业，扩大企业规模，实现“多工厂经济性”；二是积极推进企业产、供、销等各环节的纵向渗透和扩张，减少交易费用，实现规模经济；三是积极推进多样化扩张，通过一定方式控制多个产业中的若干生产经营单位，实行跨产业经营，增强综合控制力，减少经营风险。建议国家制定支持大型农业企业集团发展的政策指导意见，支持大型农业企业进行兼并重组与跨行业、跨区域经营，增强参与国际市场竞争力，防止国外跨国农业集团对国内的垄断。

（四）引导现代农业企业与农户健全利益联结机制

探索建立完善共同利益联结机制，积极整合产业各环节，引导和帮助现代农业企业发挥技术、品牌、资金、管理等优势，与区域基地和农户共同建立稳定的“风险共担、利益同享”联结机制，逐步形成“公司+基地+农户”的产业链，建立产供销、农工贸一体化的经营机制。通过技术服务、营销让利、股份分红等措施，使参与产业化经营的农民能够获得不低于产业化经营体系平均利润的收益。提高农业组织化程度，带动基地和农户共同享有规模效应和品牌效应，为现代农业企业稳定经营创造条件，增强我国现代农业企业的盈利能力。建议地方政府在产业规划、支农政策、配套服务、融资支持等方面，支持企业与农户建立产业合作联盟与利益联结机制。

（五）提升现代农业企业的市场竞争力

现代农业企业与传统农业生产组织有着重大差别，只有建立现代企业制度，完善其治理结构，才能使各方责、权、利得到均衡。企业要积极树立现代经营管理理念，以市场需求为导向，树立全员创新意识，充分发挥员工的主观能动性。积极推广应用现代信息管理技术，改造生产流程与工艺，建立和完善生产、采购、销售、库存、财务、人力资源等企业管理信息系统，建立符合现代管理的组织模式和管理模式，全面提升企业管理水平。加快新产品开发，加强人才引进，加大资金投入，加强与科研机构合作，鼓励企业建立研发中心，形成自己的研发优势，充分发挥企业的科研优势，引进、吸收、消化先进技术，不断开发有自主知识产权的新技术，加快技术更新，以先进技术提升企业竞争力，使高新技术和先进适用技术得到广泛应用和推广，形成一系列有自主知识产权的技术和产品，以新产品、新技术去引领企业的发展。引导企业进一步增强名牌意识，制定以质量为核心的名牌发展规划，加强营销网络和信息网络建设，积极借鉴国际上成功的品牌建设经验和运作方式，实施品牌经营战略，不断提升品牌贡献能力。

（六）完善现代农业企业的政策环境

现代农业企业的健康发展需要政府的积极引导，需要良好的政策环境。政府部门要为企业发展创造规范、高效的市场环境和产业环境，必须加强政策的研究制定和引导。一是制定完善现代农业企业发展的产业政策，指导现代农业企业的区域布局，确定优先支持发展及限制发展的产业政策，防止过度竞争，提高市场集中度，加快企业间的重组与联合，尽快形成一批优势企业，带动现代农业的发展。二是建立完善现代农业企业的标准体系，根据国内外现代农业企业基本标准，从产前、产中和产后全过程制订完善的符合国际惯例的现代农业企业质量标准体系和技术操作规程，建立和完善监测检查手段，健全产品质量认证监管体系，强化产品质量管理与认证，实施认证标志管理制度，提高产业管理水平。三是加快建设现代农业企业需要的基础设施，促进市场信息网络、科学研究、技术推广、仓储运输等基础设施建设，建立绿色通道，加快建立起以配送、连锁、电子交易、期货交易等现代市场流通业态为先导，以批发市场为中心，以集贸市场、零售经营门店和超市为基础，统一、开放、竞争、有序的农产品流通体系，降低生产经营成本，改善现代农业企业的经营环境。四是完善农业科技研发体系，加大政府对农业基础研究的投入力度，逐年增加资金投入，中央财政要做出适当的倾斜，充分发挥中央政府宏观调配作用，对资金薄弱的农业大省做出一定的财政转移支付，以弥补资源配置结构不合理的状况，积极开展现代农业高新技术的国际合作与交流，引进、消化、吸收国外的先进技术，为提高我国现代农业企业国际竞争力创造条件。

（七）拓宽现代农业企业的融资渠道

目前拓宽融资渠道、扩大融资规模，对处于成长阶段的现代农业企业非常重要。一是充分发挥政策性金融的导向作用，政府要鼓励金融机构、特别是政策性金融机构加大对现代农业企业的信贷支持，增加贷款额度，适当降低贷款利率，支持商业银行把发展农业产业化经营，建设现代农业企业作为贷款投放的重点，对其他金融机构积极扶持现代农业企业发展的投资行为也要给予鼓励。二是发挥证券市场融资功能，开展农业企业上市的培训辅导，支持现代农业企业上市融资。三是增强政府主权融资功能，利用政府信用扩大融资，投资兴办具有带动效益的项目，推动现代农业企业的快速发展。四是积极利用国际直接投资，促进现代农业企业发展。建议国家对现代农业企业的融资信贷给予政策倾斜，对农业贷款项目进行担保补贴、减免税等优惠，调动金融机构的积极性，促进蔬菜、水果、粮食、油料、棉花等许多农产品的加工项目的发展。

第二节 职业农民的基本特征及培育路径

培养职业农民，是解决我国未来“谁来种田”难题的必由之路。职业农民队伍的成长壮大，攸关我国粮食安全，对推动农业产业化、现代化进程具有重要意义。

一、职业农民的概念界定与基本特征

（一）职业农民的概念界定

与职业农民意思相近的称谓还有“新型职业农民”、“专业农民”、“农民的职业化”、“农民专业化”等，目前学术界并没有对职业农民形成一个明确统一的定义。在对职业农民下定义前，必须先明晰职业农民与传统农民、新型农民之间的关系。

关于传统农民与职业农民的关系。埃里克·沃尔夫（Eric Wolf）提出，“传统农民”（peasantry）是身份意义上的农民，其主要追求是维持自身的生计。而“职业农民”（farmer）则是将农业作为产业，充分自由地进入市场，并利用一切可能的条件使经济报酬最大化。① 邓聿文认为传统农民和职业农民的差异性在于：第一，传统农民是“世袭”的，具有强制性和不可选择性；而职业农民则具有自主选择性，是从事农业生产经营管理的人员自我选择的结果。第二，传统农民封闭在农村地区，很难流动，是土生土长、土里刨食；而职业农民具有开放性，可以自由流动。第三，从人员构成来看，职业农民既可以是本地农民，也可以是外地农民，还可以是市民。第四，传统农民从事农业生产劳动几乎没有什么约束，完全靠经验进行；而职业农民在经营素质、科技知识、管理经验等方面具有很强的制约性。②

职业农民和新型农民之间的关系。2005 年底，农业部《关于实施农村实用人才培养“百万中专生计划”的意见》中首次提出培养职业农民。该文件指出，农村实用人才培养“百万中专生计划”的培养对象是：农村劳动力中具有初中（或相当于初中）及以上文化程度，从事农业生产、经营、服务以及农村经济社会发展等领域的职业农民。“职业农民”和“新型农民”等概念的提出，是对农村人才工作的一个创新。两者的区别在于：第一，概念侧重点不同，新型农民强调“新型”两字，代表着与

---

① Eric Wolf. Peasants，Englewood Cliffs，Prentice - Hall，1966.

② 邓聿文：“从传统农民到职业农民”，《中国经济快讯》，2003 年第 37 期。

传统农民截然不同的新型群体；而职业农民强调农民的“职业”属性，代表着农民作为一种社会分工的存在。第二，群体范围不同，新型农民范围较宽，从事的工作内容比较丰富，既包括现代农业，也包括非农产业；而职业农民的范围较窄，主要是从事现代农业生产、管理和经营的农业劳动者。第三，培养对象不同。新型农民培养对象多种多样，有的是为了培养开展新农村建设的村干部、乡村能人，有的为了培养掌握一技之长的进城农民工，等等；而职业农民的培养对象较为单一，针对的是开展规模化生产，具有较高素质和能力的农业劳动者。总体而言，职业农民属于新型农民的一个当然范畴。

由此可见，职业农民的概念应包括以下内容：第一，作为一种独立的职业存在，能够得到社会的尊重；职业农民跟工人、教师一样，属于社会分工中的一种，是农业现代化、农业产业化过程中一种必不可少的职业类型。第二，在占有的一定规模的土地上从事农业生产和经营工作，这是成为职业农民的重要条件。第三，参与市场经济竞争，以获取商业利润为目的。第四，素质较高，能够使用科技手段来发展农业生产，以及能够在市场中实现资源优化配置，参与市场竞争，并从中获利。

因此，职业农民的概念可以定义为：自愿选择从事农业领域，在占有的一定规模的土地上，将农业作为产业来经营，充分利用科技手段和市场规则，以获取商业利润最大化为目的的社会劳动者。

由上述分析可知，农民是一个大概念，包括传统农民和新型农民。而职业农民则是新型农民中的一份子，是以农业生产为职业，具有较高科技和文化素质的群体。三者关系见图 2.4。

（二）职业农民的基本特征

1. 一年中大部分时间都用来进行农业生产。职业农民是实现了职业化的农民，他们以农业生产为主业来从事，不断地谋划着规模化种养的开展、产品的出售以及下一步的发展计划。在一定程度上，职业农民已经没有农闲的时候。一般来说，职业农民掌管着一个大型的农场，在经营管理方面类似企业主，要处理的事务更多而且繁琐，在经营管理方面要花费的心血非常多，往往要雇用管理一定数量的农场工人，留给职业农民去从事

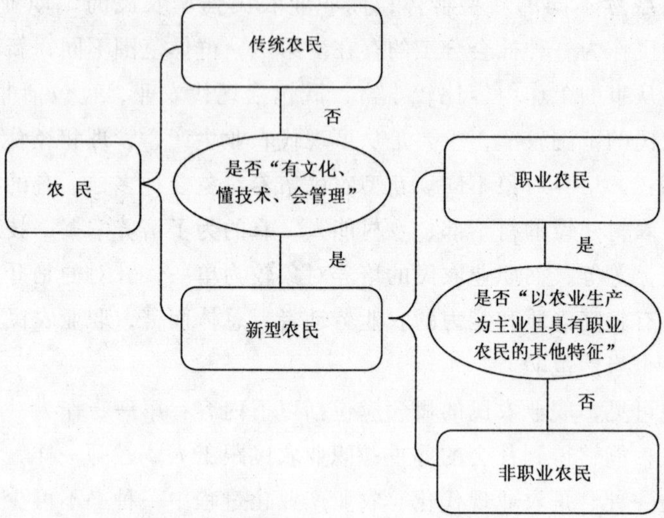

图 2.4　传统农民、新型农民和职业农民的关系

其他工作的时间已是非常的少；另一方面，为了成为职业农民，前期对土地流转和资本投入要求较高，高成本的投入使得职业农民在生产经营中不敢、也不愿意三心两意。

2. 收入主要来源于农业生产。职业农民专注于农业，将希望和精力更多地放在了农场事务上。他们对从事农业有一种创业的心理，不再像传统农民那样，只是为了养家糊口，他们在农业经营上谋求和寻找着发家致富的机会，这使得他们在农业上舍得投入时间和资金。往往愿意舍弃其他的事业，一心一意从事农业生产工作，他们的收入也更多地来自农业。

3. 与土地形成长期的占有、使用关系。自古以来，土地就是农民赖以耕作和生活的基础。对于职业农民来说，有地可用是从业的前提条件。因为职业农民必须能够拥有对土地的长期占有和使用权利，才能开展农业生产和经营。职业农民对土地的长期占有、使用关系包括两个方面的内容：第一，占有、使用关系的实现，可以是分包到户的田地，也可以是通过签订承包租赁合同方式流转过来的农田土地；第二，这种占有、使用关系必须是长期性的，农业生产周期比较长，而且对土地的要求也较高，如果不能拥有对土地的长期使用权，那么土地使用者不可避免地会对土地进行掠夺性的开发，这不仅不利于土地的长期肥力保持和科学可持续开发利用，也不利于使用者稳下心来进行农业生产和投入。

4. 所占有、使用的土地具有一定的规模。传统农民进行农业生产的比较效益低，一个重要原因在于其分得的土地面积较少，无法形成产业化经营。要形成产业化经营，必须占有使用一定规模化的土地。近年来，随着城镇化、工业化的发展，农民进城打工，不少土地都被撂荒，这样就为土地形成规模经营提供了实现的可能。不少地方也针对这个情况，出台了一些扶持政策，支持职业农民对土地进行流转，经营占地土地面积较大的大型农场。这些客观形势和政府的支持措施，让不少人看到了规模化承包进行农业产业化经营的潜力，村中一些有条件有能力的农民和有实力的返乡农民工，纷纷承包土地，开展规模化种养。

5. 一年内多数时间居住在农村社区。职业农民中的大部分人本来就源于农村，居住在农村。很多有实力的返乡农民工，一般都是选择回到自己本来的家乡，进行土地流转，成为职业农民，其中不少人本来在农村也有宅基地和房屋。在农村建房的成本并不高，没有房屋的职业农民，也容易在农村进行置业或者建造楼房。由于农业生产的长期性和为了照料打理农场的事务，他们在农村社区居住的时间会占到一年中的比较大的比例。

6. 接受过农民职业教育或培训。对职业农民开展各种各样的教育和培训，是我国政府的一项重要工作。这些教育和培训工作是提高农民素质和能力的重要方式。农村教育单位包括培养本专科、硕士、博士的农业、林业、牧业和涉农专业院校，农业高、中、初职业院校，农业成人教育或称农业继续教育的院校。[①] 农村培训的主体较多，包括政府农业部门、农广校、农民合作经济组织和科技示范基地等。职业农民通过参加这些主体开展的教育和培训工作，学到了知识和技术，提高了素质和能力。

二、我国职业农民的培养现状

（一）政策与措施

改革开放以来，我国农村情况的现实变化和农业发展趋势，引起了决

---

① 孙翔：“振兴农业教育　培育职业农民”，《农民日报》，2012 年 7 月 18 日。

策者和专家学者们对农业生产队伍建设的重视，国家和地方相应出台了一系列促进农业可持续发展以及扶持职业农民形成和发展的方针政策。

2003 年，农业部针对我国农业进入新阶段后“三农”所面临的机遇和挑战，进一步贯彻落实科教兴国战略，围绕《优势农产品区域布局规划》，大力提高农民科技文化素质，促进农业增效、农民增收和农产品国际竞争力增强，制定了《2003—2010 年全国新型农民科技培训规划》，[①]提出以实施“绿色证书工程”、“跨世纪青年农民科技培训工程”、“新型农民创业培植工程”、“农村富余劳动力转移就业培训工程”和“农业远程培训工程”五大工程，建立健全农民科技教育培训体系，全面推进新型农民科技培训工作，并要有效整合农业广播电视学校体系或农业科技教育培训机构等农业科技教育资源，建设农民科技教育培训体系。

2005 年底，农业部在《关于实施农村实用人才培养“百万中专生计划”的意见》中首次提出要培养职业农民。该文件指出，农村实用人才培养“百万中专生计划”的培养对象是：农村劳动力中具有初中（或相当于初中）及以上文化程度，从事农业生产、经营、服务以及农村经济社会发展等领域的职业农民。2006 年初，农业部进一步提出招收 10 万名具有初中以上文化程度，从事农业生产、经营、服务以及农村经济社会发展等领域的职业农民，把他们培养成有文化、懂技术、会经营的农村专业人才。

2006 年，国务院印发了《全民科学素质行动计划纲要（2006—2010—2020 年）》，提出围绕科学生产和增效增收，激发广大农民参与科学素质建设的积极性，增强科技意识，提高获取科技知识和依靠科技脱贫致富、发展生产和改善生活质量的能力，并将推广实用技术与提高农民科学素质结合起来，着力培养有文化、懂技术、会经营的新型农民。2011 年，国务院办公厅印发《全民科学素质行动计划纲要实施方案（2011—2015）》，细化了实施农民素质提高行动，培养有文化、懂技术、会经营的新型农民和农村实用人才的任务和措施，并明确了实施主体为农业部和中国科协牵头，中央组织部、中央宣传部、教育部、科技部、国家民委、

① “农业部发布《全国科技培训规划》”，《农民日报》，2003 年 7 月 2 日。

人力资源和社会保障部、环境保护部、卫生部、广电总局、安全监管总局、林科院、工程院、中科院、气象局、地震局、全国总工会、共青团中央、全国妇联参加。

2007 年 1 月，《中共中央国务院关于积极发展现代农业扎实推进社会主义新农村建设的若干意见》中首次正式提出培养“有文化、懂技术、会经营”的新型农民。2007 年 10 月，新型农民培养问题写进了党的十七大报告。2012 年，中央一号文件《关于加快推进农业科技创新持续增强农产品供给保障能力的若干意见》中强调，要加强教育科技培训，加快培养农业科技人才和大力培训农村实用人才，并明确提出了大力培育新型职业农民的要求。

除了中央和各大部委外，地方政府也不遗余力地大力推进农民培训，并且在培训对象和培训方式上更加科学和讲究实用。例如，2011 年，上海选择合作社管理人员、“三支一扶”大学生、种养专业农民等人群作为培训重点对象，针对不同的对象采用不同的内容不尽相同的培训方式。对 602 名合作社理事长、532 名合作社财会人员、804 名合作社营销人员进行培训，不断提高合作社干部生产和管理能力，规范和提升合作社经营管理水平；对以稳定从事粮食、蔬菜、水产、畜禽、农机等生产经营规模较大、有一定文化程度、年龄在 60 周岁以下农民，由区县按产业（产品）特点和当年实际需求（如扩大面积、推广新品种、普及新技术等），形成针对性课件和教案并组织实施。共培训 22204 名专业农民，使得受训学员提高了对农业生产关键技术、关键环节和新品种、新技术的运用能力。

（二）农民教育培训机构与体系

提高职业农民的素质和能力，教育和培训是一个关键环节。目前我国在开展农民教育和培训上，形成了以多样化主体为依托的农村职业教育、农业技术推广、远程教育技术、高等农林院校、农业科研院所、农民合作经济组织、科技示范园区等七大体系。

1. 农村职业教育体系。在全国多数地方形成了以县职教中心（或骨干职业中学）为龙头，以乡镇成人学校为骨干的县、乡、村三级教育培训网络，为农村小学、初中、高中毕业生和广大农民创造了更多的接受职业教育和培训的机会。

2. 农业技术推广体系。当前，我国的政府农业技术推广体系共包括农业部下属的种植业、畜牧业、水产业、农业机械服务和农业经营管理五大服务机构和林业局所属的林业科技服务机构。此外，其他的农业技术推广组织也非常活跃，包括农民协会和农民合作社、农业公司和龙头企业、科研单位和高等农业院校、地方农业职业学校和其他社会团体等，形成了多元化的农业推广体系。

3. 远程教育技术体系。经过多年的发展，远距离教育得到了进一步的完善和发展，规模越来越大，内容和传播手段越来越多样化、现代化。如广播、有线电视、多媒体技术、网络等都用于远程教学，一些地方还实现了教师和学生的互动。农广校是全国唯一一个专门从事农民培训工作的完整体系，是一所以广播、电视、卫星网络、互联网络以及文字、音像教材、计算机课件等手段和媒体开展农村远程教育和实施农民终身教育的中等职业学校。农广校利用远程教育手段，采取电化教育与面授相结合的方法，直接对农民进行科技培训，取得了良好的培训效果。

4. 高等农林院校体系。高等农林院校一直承担着培养高层次农民、传播高科技农业知识的重任。多年来，这些农林高等院校发挥强大的技术信息人才资源优势，及时将科研成果、市场信息提供给农民，引导农民组织生产，并通过校园网、农业网站、新闻媒体、成果推广、科技下乡、科技咨询等向广大农民和农业技术人员传输现代农业技术。新时期，高等农林院校继续发挥农业特色明显、学科门类齐全、师资力量雄厚、基础设施比较完善的优势，通过现场走访、技术指导、科技咨询、讲座等形式，为我国农民切实解决生产中遇到的困难和问题，并给予技术传播和科技扶贫。除了发挥自身优势，加强对农民的科技管理知识培训外，还将高等教育自学考试、成人高等学历教育推向农村，为培养高层次的农民贡献力量。

5. 农业科研院所体系。多年来，我国各级农业科研院所在组织开展农业重大科技攻关研究的同时，还利用科研示范基地，组织引导广大科技人员深入经济建设主战场，深入农业生产第一线开展技术开发和技术培训服务。在农业科技领域，各级农业科研院所通过集中力量解决提高农业质量和效益的关键技术问题，大批先进适用技术引入农村，大批优良品种在农业生产中广泛应用，通过实施“星火”计划，提高农业标准化、产业化和信息化的水平，促进了农村经济发展和农业生产质量、效益的提高。

6. 农民合作经济组织体系。农民合作经济组织主要包括农业行业协会和农民专业合作社。行业协会是社会中介组织，不具有政府行政管理职能，不以营利为目的，坚持为政府服务、为社会服务、为企业服务、为农民服务的宗旨。农民专业合作社是在农户家庭经营的基础上，按照合作制的基本原则，由从事农业生产、经营、服务的农民或团体自愿组织起来的，以市场为导向，以增加会员收入为目的，适应农业产业化经营需求，实行劳务、资金、生产、技术、加工、贮藏、销售等方面互助合作，并对会员开展技术培训活动的民办技术经济合作组织。

7. 科技示范园区体系。科技示范园区和示范基地是科研工作的载体，是科技成果转化的孵化器和展示窗口，是科技信息的源头和辐射源，也是指导农业生产的样板和培养科技人才的摇篮。农业科技示范园区作为科研成果和农科教结合的突破口，可带动科技流、信息流、资金流向农村扩散，激发广大农民学科技、用科技的热情，配合开展农民培训工作，提高了农民的生产技能。近几年，全国各地建设了一大批农业科技示范园区，已成为展示现代农业科技成果，推广农业高新技术，培训农民的重要基地。各地根据园区规划及时提供管理和技术知识，为园区培养各类人才，从而使园区得到了巩固和发展；同时，农业科技示范园区不断完善自身功能，指导农民学、做给农民看、带着农民干，凭借着园区高新技术和实用技术及名优品种对周边地区产生了较强的辐射、带动作用。园区的订单户，都不同程度接受了种养殖、贮藏保鲜、生物防治、物流配送等技术的培训，依托科技示范园区已经成为提高农民生产技能的重要途径。

（三）实践和特色

1. 农科教相结合，形成农民培训合力。

为了破解农业教育和科研推广体制不顺，农、科、教等部门在农民教育培训上自成体系，力量分散，没有形成合力的情形，1996 年 1 月《中共中央、国务院关于“九五”时期和今年农村工作的主要任务和政策措施》、1998年1月《中共中央、国务院关于做好1998年农业和农村工作的意见》、2000年1月《中共中央、国务院关于做好2000年农业和农村工作的意见》，都提出要积极推进农科教结合。

在改革实践中，各地普遍把教育、科技和农业部门分别提出的“燎原”、“星火”、“丰收”三个计划结合起来，通过培养适用人才和提高农村劳动者素质，加快了实用技术的推广，对农村经济的发展起到了重要作用。农科教统筹的任务是：大力提高农村劳动者素质，推广普及科学技术，振兴农业，加速农村“两个文明”建设。为此，要求各地要积极推进农村、林区各类教育的协调发展，做到三教（基础教育、职业教育、成人教育）统筹，广泛开展实用技术培训。

农科教结合在实践中显示了强大的生命力，使“燎原”、“星火”、“丰收”三个计划配套，科教兴农落到实处。它促进了教育思想的转变，使教育与经济建设紧密结合；提高了农民采用实用技术的积极性，加速了科技成果向现实生产力的转化；有利于农科教各部门的人、财、物力的合理配置，形成良好的整体效益。

2. 出台和推行了绿色证书制度。

在我国，“绿色证书”是对农民技术资格证书的统称，是表明农民已达到某种岗位规范的知识和技能要求的岗位技术合格证。① 20世纪90年代初期，农业部在总结全国各地农民技术教育经验的基础上，借鉴国外对农业劳动者实行绿色证书培训的做法，根据我国农村的实际状况和农民的文化素质情况，提出了适合我国国情的绿色证书培训工作。

新世纪以来，我国绿色证书培训逐步进入规范化、制度化的轨道。在对从业农民开展绿色证书教育的同时，2001年农业部和教育部联合下发了《关于在农村普通初中试行绿色证书教育的指导意见》，在农村中学增设绿色证书课程，推行双轨制，促进农村职前教育与职后教育的衔接。农村初中学生学完总教学课时数为300课时左右“农村实用科技”课程后，经考核合格者由省农业主管部门发给绿色证书，未取得绿色证书的学生，县级教育行政部门不能发给初中毕业证书。这使农村学生初中毕业时能够

① 郭琼、王泰群：“对绿色证书培训的思考”，《现代农业科技》，2012年第6期。

获得“双证”。[①] 绿色证书培训改变了之前的农民培训往往和农村教育和农民职业技术教育结合在一起进行的作法，首次单独以农民培训的形式出现的大型培训工程，是我国农民培训的重要形式。

3. 实施了一系列农民科技培训工程项目。

我国先后实施了“跨世纪青年农民科技培训工程”、“科技培训工程”、“新型农民科技培训工程”、“科技入户工程”、“百万农民培训工程”等多项农民科技培训工程，大大提高了农民科技种田、科技养殖、科技示范的水平，培养了一批用得上、留得住、觉悟高、懂科技、善经营的新型农民，推广了一批新科技、新品种、新成果。

从2006年起，农业部、财政部共同实施“科技培训工程”，该项工程是“跨世纪青年农民科技培训工程”的延续，同时国家加大了财政补助的力度。根据优势农产品区域布局规划和地方特色农业发展要求，在全国选择1万个村实施。中央财政安排1亿元专项资金，按每村1万元的标准给予培训补助。主要针对务农农民开展农业生产技能及相关知识培训，提高农民的务农技能，促进农业生产发展，增加农民收入。以村为基本单位，按照“围绕主导产业、培训专业农民、进村办班指导、发展一村一品”的要求组织实施。选择主导产业明晰的示范村，确定40名以上主要从事农业生产和经营、农业生产经营收入为家庭主要收入的专业农民，作为基本学员，结合各示范村的特色产业、资源条件、农情季节等实际情况开展系统培训。

三、我国职业农民培养工作中存在的问题

（一）农民教育培训缺乏专门立法

我国现行的教育法、职业教育法、农业法、农业技术推广法、劳动法等法律法规从不同的侧面涉及到农民培训问题，但是并没有专门针对农民培训的立法。目前这些涉及职业农民培养的法律法规存在着内容不全、针对性不强、规范性不够等问题，有着很大的缺失。由于法律的缺位，使我

① 中国民主同盟中央委员会：“农村职业教育和农民培训调研报告”，《中国职业技术教育》，2005年第32期。

国的农民培训工作无法可依，依法施教成为空谈，依法治农也凸现了法律体系的先天不足和残缺不全。虽然，我国出台了很多推动农民教育培训工作的意见、决定或条例，但还是不能弥补由于法律缺位所带来的农民培训因人而异、因地而异、因时而异，缺乏长期持续有效性等弊端。农民受教育培训的权利无法得到保障，也不利于职业农民的形成和成长。这就迫切需要加快农民教育培训专项立法，用法制来保障农民接受教育培训的权利。

（二）农民科技文化素质偏低，培养难度较大

由于我国农民受教育程度低，致使我国农民的文化素质和职业技能都较低。由于缺乏经营管理和营销经验，很难利用和驾驭市场，缺乏对市场信息的了解和预测，很难做出准确的决策和判断，生产技术落后，效益低，新技术的接受和推广速度慢，产品缺乏竞争优势。而提高农民的文化素质和职业技能是一个长期的系统工程，并非一朝一夕所能完成的，培训难度较大。

（三）经费投入不足

近几年来，我国对农民培训投入的经费增长较快，但是从全国农民培训工作的实际需要来看，资金投入不足问题仍然突出。目前，我国农民培训的经费主要来自中央财政、地方财政、用人单位及农民个人。从中央到地方经费投入呈现逐步递减的趋势，中央及地方财政是农民培训经费的主要来源，有的县拿不出配套资金或者未列入项目示范县，就享受不到中央和省级财政的支持。由于我国农村人口多，再加上许多地方政府财政投入较少，农民培训经费总体上仍然不足。多数农民职业学校（包括农广校）由于办学经费不足，基础设施落后，办学条件薄弱，教学实验设施设备不足，实习园区匮乏，必要的教学环节得不到保障，很多学校纷纷转向，去农化倾向渐强。

（四）职业资格准入制度有待建立

职业农民首先是一种职业，要打造一个高素质的职业农民群体，就必须制定相关的职业资格准入制度，明确准入门槛和标准。在很多国家已经建立了资格准入制度。法国政府规定农民必须接受职业教育，只有取得教育合格证书后，才具有经营农业的资格并且能享受国家的优惠贷款及补贴。在德国，所有的农民即使受过高等教育也必须经过不少于3年的农业职业教育。加拿大推行“绿色证书”制度，农民不获得绿色证书是不能继承或购买农场。我国虽然已经实施了绿证制度，但是绿色证书的获取并没有与职业农民资格的确认相联系。建立规范的职业农民岗位标准和准入制度，并以此建立相应的投入机制、补贴机制和激励机制等保障制度，才能有力促进职业农民队伍的建设。

（五）队伍建设制度体系有待完善

至今我国还没有关于职业农民队伍建设的国家性的制度安排，培养职业农民缺乏有力的法律和制度保障。由于土地制度的不完善，一定程度上还难以进行有效的土地流转，很难进行集约化、规模化的现代化农业生产，制约了职业农民队伍的形成；培养职业农民的教育体制还不完善，教育内容与农民的实际需求、农村经济社会发展需要脱节，还无法进行有针对性的、系统的、持续的职业农民教育，制约了职业农民培养。

四、我国职业农民的培养路径

培养职业农民，是一项事关重大的系统工程，需要通过制定和出台相应的政策措施，从环境、制度、政策等方面进行引导和扶持，构建包括认定管理、教育培养、扶持政策在内的培育制度体系，以壮大职业农民规模，提高其综合素质、科学生产技能和生产经营能力。

针对可能成为职业农民的潜在群体，要建立城乡人才双向流动机制，通过加强创业培训，实施农业生产创业计划扶持体制，使他们能够顺利地进入职业农民队伍。对于现有职业农民群体，要实施职业农民注册认定制度，通过加强教育培训，提高职业农民素质和能力，实现土地连片种养，以及破解职业农民融资难题，支持和帮助他们继续发展壮大，成为观念新颖、素质较高、能力较强的理想的新型职业农民。（见图2.5）

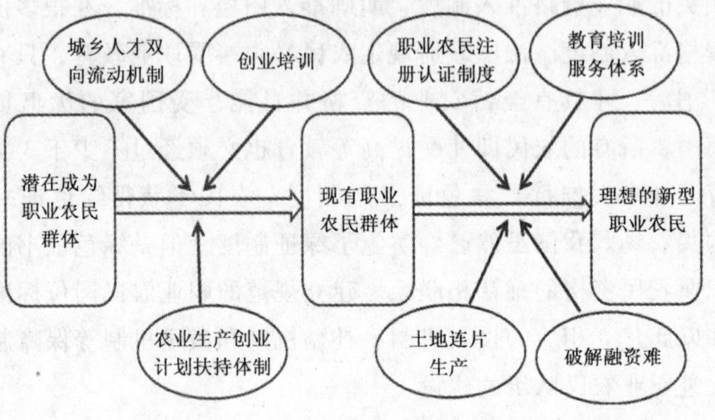

图 2.5 职业农民培养路径

（一）创造条件，壮大职业农民规模

目前，我国职业农民数量还难以满足保障我国粮食安全和“三农”事业发展的需要。为此，要针对妨碍农业后继者、农业社会化服务人员和农村带头人等潜在群体成为职业农民的体制、机制弊端，制定有效措施，让更多符合条件的人顺利进入职业农民队伍。

1. 建立城乡人才双向流动机制。

城乡之间人才流动对于职业农民队伍的形成和发展具有重要意义。一方面，土地规模化是培养职业农民的基础条件，不能实现土地的集中使用，职业农民队伍很难形成。在城镇化和工业化的今天，很多农民涌入了城市，尤其是一些青壮年劳动力，他们出于对城市生活的向往和获取更高收入的期待，纷纷走出农村，来到城市。而很多进城农民无暇耕作家里的田地，反而为职业农民通过流转的方式，整合土地资源，进行农业规模化生产提供了机遇。另一方面，一些高素质人才从城市回流到农村，为职业农民队伍建设提供了较高素质的人力资源。农业产业化和土地规模化的实现，提高了农业的比较效益，很多人看中了农业规模化生产的发展前景，返回农村，从事农业生产。他们在知识技能、眼界和资金等方面都强于传统农民，是壮大职业农民队伍和建设新农村的强大后备力量。

建立城乡人才双向流动机制，一个重要举措就是要改革现行的户籍制度。现行的户籍管理制度强化了农民的身份属性，不利于农民与居民之间的身份转化。职业农民的形成，一个重要前提就是传统农民的减少。只有农民不断非农化，相当比例的农民脱离了农业，在城镇落户成为居民，农村才会有富余耕地用以扩大种养规模，实现规模经营。此外，很多有志于从事农业的农科大学生，他们适宜成为一名职业农民。但是，很多人却担心户口一旦落到了农村，想要再调动就十分困难。所以在就业选择时，往往就放弃了到农村创业机会。因此，要改变过去那种户口定终身、只有迁徙没有转移（即离乡不离土）的户籍制度，建立起可以自由流动、城乡统一、迁徙自由、有利发展、以身份证管理为中心的新的户籍管理制度。

2. 加强创业培训。

职业农民不仅是一个进行科学种田的主体，更是一个在农业领域里的创业者。要实现农业创业，就要掌握以下的素质能力：第一，强烈的创业意识和市场意识是创业的前提；第二，顽强的意志品质、强健的体魄及良好的心理素质是创业的保证；第三，丰富的知识是创业的基础；第四，独特的创业技能是创业的条件。要通过加强创业培训的方式，帮助潜在群体顺利具备所需要的素质和能力。

对职业农民的潜在群体进行创业培训，可以分为三个部分：第一，帮助他们完成自我评价，主要目的是让他们树立创业信心，同时着重培养他们的创业信心以及风险承受能力，也就是创业精神。第二，在此基础上，针对个体的不同，分析创业者的个人能力及其经验，让他们从中找出适合自己创业的具体领域。第三，职业农民还要具有高度的社会责任感、法律意识，甚至一些基本的财务知识。这些都需要通过创业培训的方式，来补齐短板，提升各方面能力。

3. 构建农业生产创业计划扶持体制。

农业发展的良好形势，吸引了很多人回到农村进行创业。然而，进行农业生产创业难度较大，需要克服较多的问题。其中，拥有一定规模的土地和一定数额的事业启动资金，是成为职业农民的必要前提，也是妨碍很多有农业创业意向的潜在群体成员进入职业农民队伍的原因。

因此，有必要建立农业生产创业计划扶持体制，为有志于进行农业生产创业的潜在群体提供支持和帮助。在这方面，可以参考和借鉴日本方面的经验。日本于1993年制定了“认定农业者制度”，这是一项旨在促进人们尤其是青年就农的特别措施。该项制度规定，从事农业生产或想要从事农业生产的“农业经营者”，只要制定出经营农业或改善农业经营的计划，包括5年后要达到的目标，交到市或村的政府机构，被认定后，即可得到经济和技术指导等的援助。计划书的内容主要是陈述申请者的现状、准备经营或扩大经营规模的计划、使生产方式合理化的目标、经营管理合理化的目标、改善经营方式的目标，以及为达到生产目标提出的措施等。在制定计划的过程中，可得到来自地区经营改善支持中心的人员的指导，这些人员有农业普及人员、农业经营指导员、农业委员等。对于通过认定的农业者，将可以获得一系列优惠政策支持，主要包括农地的取得、农业生产设备机械等配备，及由国家、县、市补助利息的一定数额的资金贷款。这项制度还对于意图扩大规模的农业者，制定了包括在经费申请和税费上的优惠政策。认定农业者制度对日本农业就业人数的增加起到了有力的推动作用，认定农业者由2005年的191709人，到2010年发展到了249379人。

我国可以结合国情，针对希望在农村进行农业生产、综合素质和能力较高的青年人，建立“青年农民扶持制度”：指导青年人对开展农业生产进行思索，设计一些符合当地实际、切合农业发展需要的农业计划，交由当地农业部门进行评价和审定，对于通过审定的青年，由政府给予支持和帮助，使其能够获得一定规模的承包费用较低的土地、一定数额的无息贷款以及技术帮扶。为他们提供实现农业生产创业梦的平台和载体。并且在条件成熟的时候，将这些创业扶持制度推广应用到农村妇女、返乡农民工等群体中去。

（二）多措并举，支持现有职业农民队伍发展壮大

作为职业农民队伍来对待和培养的，包括种养大户、家庭农场主、科技示范户等群体。据调查，现有职业农民队伍在事业发展上还面临着很多困难和瓶颈。他们的继续发展壮大，需要政府和社会各方面的努力和支持。

1. 实施职业农民注册认证制度。

作为一种社会职业，职业农民跟老师、工程师等职业一样，都应该建立起职业准入制度和注册认证管理制度，明确职业农民的“进入”和“退出”标准和办法，实施对职业农民的动态管理。这样不仅利于促进农民职业属性的回归，还利于职业农民获得社会尊重和认同，也可以使得针对职业农民的优惠政策和教育培训措施，能够落实得更加到位和准确、更加具有可操作性。

对职业农民进行认定，是实施职业农民注册认证的首要环节。认定职业农民，要充分考虑认定的主体、程序和标准：第一，明确认定主体。注册职业农民的认证主体应该为各级农业管理部门。应由国务院制定出台《注册执业农民认定管理办法》，依法设立注册机构，明确注册认定机构隶属于各级农业部门，并且在《管理办法》中确定认定机构的各项职权和责任。注册机构可以与注册职业农民通过签订协议的方式，商定双方的权利和义务。职业农民享有政府在技术指导、农产品保底性收购和农业直补等方面提供的支持性政策，注册职业农民则负有保障农产品的数量、质量以及农业资源等方面义务。第二，明确认定标准。按照职业农民的概念内涵和特征，确定注册职业农民的认定标准。注册职业农民应该占有一定的土地资源、具有一定的资金、具有一定的农业生产技能和农业经营管理知识、收入主要来自种植、养殖、渔业捕捞等农业生产经营活动和销售。职业农民的认定，可以农户农产品交售额（量）或销售额（量）为经营规模的主要标准，相应分出不同等级；也可以结合各地现代农业的发展阶段，分产业、分区域制定职业农民资格标准。第三，明确认定程序。职业农民的认定，应该经过申请、调查、考核、公示和颁发证书等环节。而且对于已经获得职业农民资格的，要进行定期性的考核评估，进行动态管理。对职业农民的教育培训、生产经营等方面的情况，要建立信息管理系统，登记造册，有计划和有针对性地提供支持和帮助。

2. 健全职业农民教育培训服务体系。

要提高职业农民队伍的各方面能力和素质，教育和培训是关键。要通过教育和培训，提高职业农民的科学种养技能、市场经营和农场管理能力，培育职业农民的创业精神、创新意识、商品意识和市场竞争意识。要完善职业农民教育培训服务体系，提供长期、有效的职业教育培训服务。从国外一些农业发达国家的经验来看，职业农民的职业教育培训具有鲜明的公益性和基础性，对职业农民教育培训的投入主要由政府公共财政来承担。为了保障职业农民的教育培训工作正常开展，必须通过加大资金投入，优先考虑职业农民教育培训的基础设施建设，为职业农民接受教育和培训提供公共服务平台。此外，要结合实际，加快建设以农民科技教育培训中心、农业广播电视学校等农民教育培训专门机构为主体，以农业职业院校、科研院所、农业推广服务机构为依托，以农业科技园区、农业产业化龙头企业、农民专业合作社为基地的农民教育培训服务体系，更好地满足职业农民多层次、多形式、广覆盖、经常化、制度化教育培训的需求。

3. 推进土地连片生产。

家庭联产承包责任制实行以来，很多地方农村的承包地仍然维持着原来的状态，经营权没有发生大的变化。包产到户又把大块的耕地人为地划成了东一绺西一块的“条条地”和“块块田”。近年来，随着农业规模经营的发展，弃耕、撂荒的田地基本上都被职业农民们通过租赁的方式，流转了过来。但目前农村还存在很多“条条地”、“块块田”，这些土块分布零乱，有的跟职业农民的农场挨在一起，有的镶嵌在其中。这种土地布局，使得不少职业农民的土地呈现零零散散的形状，有的分布在好几个地方，且距离较远。无论是耕种还是收获，都会浪费大量的劳力和时间，大大降低了职业农民的生产积极性和劳动效率。这种零散的土地布局，还不利于形成机械化耕作和管理，阻碍了农业现代化的实现。

要改变这种土地分布格局，一方面要鼓励和促进土地流转，促进土地规模化生产经营；另一方面，可以推行土地适当调整、调换，实现土地的连片种养。进行地块适当调整必须本着群众自愿互利互惠、尊重群众意思自治的原则，切忌强迫命令。对地力、等级相当的地块可实行等级交换法；由职业农民与小规模种植的农户进行协商，自愿调换土地。对地力、远近较悬殊的地块，可实行先补偿后调整的方法；则由受益方对另一方给予一定的补偿后，进行土地调换。此外，对于不愿意进行土地流转，也不愿意调换土地的小规模种植农户，可以鼓励职业农民以入股农场后者联合经营等方式进行土地连片生产，制定统一的种植规划，在生产中做到统一倒地、统一播种、统一整地、统一收获、统一标准化作业“五统一”，发挥大型机具的作用，提高土地利用率和产出效率。

4. 破解职业农民的融资难问题。

据调查，很多职业农民都表示在资金的获取上存在困难：一方面，职业农民希望能够流转到更多的土地；另一方面，他们又面临着扩大生产面积而需要投入更多的资金，这些困难制约着职业农民的进一步发展。职业农民在进行融资时，多数是面向银行，然而银行贷款的门槛比较高，使得很多职业农民难以获得银行的贷款资金。

解决职业农民贷款难问题，一是要执行和完善相关法律对于抵押、担保方面的规定，确认职业农民以土地承包权、农作物等作为抵押物进行贷款的权利。《物权法》第一百八十条第一款中规定，以招标、拍卖、公开协商等方式取得的荒地等土地承包经营权，可以设定抵押。关于农作物能否作为抵押物进行贷款的问题，学界尚存在争议。从法理上看，林木、农作物为土地附着物，属于不动产，但是因为土地上生长的林木、农作物被采伐或收割后具有独立的交换价值。所以，尚未与土地分离的林木、农作物可以与土地使用权分离而单独设定抵押。《最高人民法院关于适用〈中华人民共和国担保法〉若干问题的解释》第五十二条规定：“当事人以农作物和与其尚未分离的土地使用权同时抵押的，土地使用权部分的抵押无效。”此条并未否定农作物抵押的效力，按照“法不禁止则允许的原则”，以集体所有的土地上的林木、树上的果实、地里的农作物等作为动产抵押的，应当认定其设定抵押的效力。但是，在实际操作中，职业农民在以农作物进行抵押的时候，往往由于难以评估价值而遭遇到银行的“闭门羹”。因此，要贯彻执行这些法律规定，完善相关配套制度，让职业农民得以行使正当的法赋权利。二是要着力改善农村金融服务，积极发展农户小额信用贷款。我国的小额信贷主要是由国有商业银行和农村信用社承担并发放的，应引导各类投资者投资设立更加贴近农民和农村需要的农村小额贷款机构。资金运用应主要限定在对农民、个体经营者和乡镇小企业发放贷款，但应给予更充分的利率浮动权，同时享受涉农贷款的税收优惠。此外，发展和推广社区基金或类似的社区性金融机构，重塑一批真正意义的互助性农村合作金融组织，以满足广大农户小额、频繁的生活和生产的基本资金需求。三是要完善公共财政向“三农”倾斜投入办法，做到财政新增教育、卫生、文化等事业经费主要用于农村，基本建设资金增量主要用于农村，政府征用土地出让收益主要用于农村。组建农村发展等投融资公司，支持发展农民互助银行，鼓励金融机构贷款向农村倾斜，引导社会资本投资“三农”，切实帮助职业农民解决资金贷款难的问题。

第三节 培育扶持种粮大户的思考与建议

在由传统农业向现代农业跨越的进程中，通过培育扶持种粮大户，推进粮食生产规模化、专业化和集约化，对推进现代农业建设、保障国家粮食安全具有十分重要的意义。湖南是全国粮食主产区、水稻生产第一大省，近几年来种粮大户迅速涌现。为研究出台针对种粮大户的培育扶持政策，湖南省农业厅课题组在深入桃江、桃源、隆回、株洲县和零陵区等5县（区）开展种粮大户情况调查的基础上，对种粮大户的发展情况和存在的问题进行了深入了解，对培育和扶持种粮大户更好地发展形成了一些思考和建议。

一、湖南种粮大户得到较快发展

种粮大户的发展决定于经济的发展与进步。实践证明，随着工业化、城镇化的发展，农村外出务工经商的劳力增多，耕地流转步伐进一步加快，种粮大户数量增加，规模适度扩大，效益进一步提升。特别是近几年来，湖南各级纷纷出台了政策措施，积极扶持发展种粮专业大户，强化指导和服务，并将大户发展作为粮食生产考核评比的重要内容。从2010年开始，省财政安排了500万元资金，奖励全省100个种粮成效明显、技术推广影响大的种粮大户。由于措施得力，该省种粮大户保持着较好的发展势头。主要表现为：

（一）大户数量逐步增加

近几年种粮大户发展步伐加快，据统计，2011 年湖南省 30 亩以上的大户突破了 10 万户，比 2008 年增加了 43000 多户，比 2010 年增加了近 10000 户。（见表 2.4）此次重点调查的 5 县（区）30 亩以上的大户 14857 户，其中桃源、桃江、零陵、隆回和株洲县分别为 6884 户、1212 户、1418 户、326 户和 5017 户，分别比 2010 年增加 209 户、329 户、157 户、56 户和 497 户。（见表 2.5）桃江县马迹塘镇 30 亩以上的种粮大户 115 户，比 2010 年增加 83 户，增长 2.6 倍。

表 2.4　　2008、2010、2011 年湖南省种粮大户数量统计　　单位：户

规模 年份	20 亩以上	30 亩以上	100 亩以上	1000 亩以上	10000 亩以上
2008	75907	61048	48716	665	2
2010		95049	49400	735	4
2011		104762	54371	767	4

表 2.5　　2010、2011 年 5 县（区）种粮大户数量统计　　单位：户

县（区）	规模	30 亩以上	100 亩以上	500 亩以上	1000 亩以上	10000 亩以上
桃源县	2010	6675	116	1	1	0
	2011	6884	118	1	1	0
桃江县	2010	883	111	15	11	0
	2011	1212	142	21	13	0
零陵区	2010	1261	13	0	0	0
	2011	1418	17	0	0	0
隆回县	2010	270	19	0	0	0
	2011	326	26	0	0	0
株洲县	2010	4520	56	9	1	0
	2011	5017	91	13	2	0

（二）大户规模逐步扩大

种粮面积在百亩以上的屡见不鲜，千亩大户不断涌现，一些地方还出现了万亩大户。2011 年，全省 100 亩以上的种粮大户比 2008 年增加 5655 户，1000 亩以上的增加 102 户，10000 亩以上的增加 2 户；全省种粮大户前十名户平种粮 4200 多亩，几乎是 2004 年户平 1143 亩的 4 倍。桃江、桃源和株洲县 1000 亩以上的大户分别为 13 户、1 户和 2 户，其中株洲县种粮最多的大户租赁稻田 6000 多亩；桃江县马迹塘镇 2011 年新发展的种粮大户李正坤租赁稻田 3185 亩。全国种粮标兵文湘桃 2008 年就是万亩大户，2011 年在益阳县牛田镇株树山村又新租稻田 1256 亩，进一步扩大生产规模。

（三）大户分布区逐步拓宽

受自然、生产等条件的影响，过去种粮大户主要分布在湘北洞庭湖区产粮大县，2008 年仅益阳获得“全国种粮大户”称号的就占全省的 1/3。2010 年以来，湘中、湘南种粮大户有了较快发展。此次调查，除隆回县发展速度相对较慢之外，湘中的株洲县、湘南的零陵区种粮大户分别为 1418 户和 5017 户，耕种土地分别占全县区耕地总面积的 27.71% 和 11.15%，特别是作为山区的零陵区种粮大户户平耕种达 36 亩。

（四）大户模式逐步多样

种粮大户的组织化、产业化程度逐步提高，市场对接机制逐步建立，抗风险能力有了增强，发展模式日趋多样化。一是种粮能人发展型。在长期的农业生产过程中产生了一批种粮能人，他们不满足于家庭承包经营土地的规模，租种其他农户不愿耕种的偏远地、低洼地及外出务工经商户弃耕抛荒土地，遂成种粮大户。据统计，全省这种类型的大户约占 15%。此次调查，5 县（区）种粮能人型大户占到 21%，株洲县田新双、隆回县刘咏泉都属于这种类型的种粮大户。二是合作组织依托型。为进一步增强抗风险、拓市场能力，农民专业合作组织发展加快。据统计，到 2010 年底，全省农民专业合作社达 8000 个，其中粮食专业合作社 2000 多个。

农民专业合作组织的发展带动了种粮大户的快速发展，据调查，依托专业组织发展起来的种粮大户约占20%。株洲县成立了粮食专业合作社17家，1453个种粮大户加入了合作社，占大户总数的30.0%；桃江县湘桃农业种植专业生产合作社于2011年初成立，入社的种粮大户已经有80多户，面积达5万亩。三是农机发展服务型。由于生产的需要和政策扶持等原因，很多种粮大户成了农机大户，全省既是种粮大户又是农机大户的占大户总数的60%以上。零陵区2010年受表彰的13户100亩以上的种粮大户均为农机大户；桃江县兴农农机服务专业合作社是拥有100台农机的大型农机合作社，其规模在全省名列前茅，62名社员中有53名是种粮大户，既种粮又提供农机服务。四是订单农业拉动型。为进一步延伸产业链条，提高粮食产品的附加值，近几年来，种粮大户与农业产业化龙头企业的合作越来越广、越来越密，一些种粮大户还直接参与加工流通。据统计，全省依托订单农业发展的种粮大户约占25%。湖南粒粒晶米业、金健米业、神农米业、餐餐米业等粮食加工企业都是当地订单农业的重点对象。永州市餐餐米业不仅与大户签订生产合同，还向银行为种粮大户提供担保，农业银行零陵区支行为种粮大户提供每亩500元贷款，2010年以来累计发放贷款1642万元。同时，全省既种粮又办粮食加工企业的种粮大户由2010年的3户增长到2011年的11户，沅江的种粮大户卢青年，既种粮又办米厂，年收入60万元以上。

二、种粮大户在推动农村经济发展中发挥的重要作用

种粮大户伴随着农村经济社会发展而发展，是农村经济发展的必然产物，又推动农村经济社会的发展与进步。调查表明，粮食主产区种粮大户的功能日益显现。

（一）种粮大户推动了粮食稳定发展

近几年来，湖南出现了好的种粮形势，种粮大户也功不可没。过去，由于农业比较效益偏低，农村劳动力大量转移，尤其是有些地方“双改单”、耕地零星抛荒，对粮食生产造成了很大冲击。湖南粮食播种面积一度从1990年的8048万亩逐渐下降到2003年的6795万亩。随

着种粮政策的完善，种粮大户应运而生，全省粮食播种面积又逐渐恢复增长到2011年7900万亩。据统计，2003年全省种粮大户粮食生产面积仅占全省总面积的5%左右，2011年上升到了18%以上，种植面积超过1600万亩，占全省种植面积的20%以上。作为主产区的湖南，正是有了这一批上规模的种粮大户，粮食发展才有了坚实基础。种粮大户的涌现还促进了双季稻的恢复性增长。国家产粮大县桃源县，外出务工人员多，但是荒田很少，大部分种的还是双季稻，其主要原因就是培育了一大批种粮大户：全县6884个大户耕种了28.31万亩耕地，产粮21.71万吨，分别占全县耕地总面积和粮食总产的21.1%和26.2%；桃江县沾溪乡伍家洲村前几年基本种植单季稻，2011年新发展的种粮大户尹红军承包该村1080亩，全部种植双季稻；株洲县坪乡洪垅村支部书记田新双一家三口人承包了全村外出打工户的263亩抛荒田、高岸田和滩涂甩田，并种上双季稻。

（二）种粮大户推动了土地综合生产能力的提升

湖南省种粮大户在生产上追求利益最大化，不仅大多数种植双季稻，复种指数高，而且对生产技术、装备、质量安全、经营管理的要求比普通农户更高，在同等资源的情况下，拓展粮食生产更大的空间。特别是适度规模经营的种粮大户，80%以上种的是双季稻，60%以上种的是优质稻，土地利用率和产出率明显高于普通农户。调查组算了一笔账，5县（区）大户亩均纯收益一季稻大多在150—300元，种双季稻收益可达350—550元，高的可达600元，比普通农户收益要高出100元左右。（见表2.6）从桃源县深水港乡、枫树乡和郑家驿乡调查情况看，种粮大户每亩纯收益为507元，高于当地460元（不含补贴）的平均水平。郑家驿乡彭德智2011年种植早稻200亩，每亩纯收益558元。隆回县30个20—50亩的大户2010年种双季稻亩均纯收益为531.9元，比当地普通农户除补贴之外的收益高20%以上，横板桥镇肖化文种水稻120亩，总收益6万元，亩均纯收益达500元，比当地普通农户亩均纯收益高60元。

表 2.6　2010 年 5 县（区）部分种粮大户早稻生产亩收益统计

不同规模种粮农户	调查户数（户）	每亩产量（公斤）	每亩毛收入（元）	每亩物质费用（元）	每亩用工作价（元）	每亩总成本（元）	每 50 公斤稻谷平均售价（元）	每亩纯收益（元）
20—30 亩	20	448.5	853.9	230.3	320	550.3	95.2	303.6
50—60 亩	10	437.3	835.2	220.2	320	540.2	95.5	295.0
100—200 亩	5	421.0	816.7	252.5	325	577.5	97.0	239.2
500—1000 亩	3	401.2	799.2	246.6	325	571.6	99.6	227.6

注：种粮大户亩成本不含土地流转费，普通农户亩均纯收益不含种粮补贴。

（三）种粮大户推动了农业科技推广运用

各级农业部门加强了对种粮大户的科技服务，桃江县农业局对 1000 亩以上的种粮大户安排农技干部住户定点进行技术指导，对 50 亩以上的种粮大户建立技术台账，跟踪生产指导，对 20 亩以上的种粮大户安排农技人员定期进行技术指导。零陵区农业局不仅实行农技、农机人员与种粮大户结对子，还建立了大户短信服务平台，及时发送病虫情报、种植管理常识和农资信息，2011 年向大户发送短信 5 万条。同时，种粮大户对科技运用更为积极广泛。对 120 个种粮大户的调查，良种利用率达 98.3%，对新技术接受率 95.7%，统防统治率 97.5%，91 户聘请农技人员为技术顾问，其中 3 个千亩大户还聘请了农业院校的专家为技术顾问。全省近三年购买农机中，大户占 60% 以上，其中购买的大型耕整机、插秧机中，大户占 90% 以上。据对桃江县 10 个种粮大户调查，农机拥有量 158 台，户平 16 台，其中 11 户拥有大型的耕整机、插秧机、收割机。桃江县农业局 2011 年有 20 台插秧机的推广计划，实际完成 58 台，全部是种粮大户购置。该县石牛江镇省级种粮大户文光荣购买了一台高速插秧机，集中育机插秧 3.5 亩，插大田 325 亩，并利用技术优势为附近购买了插秧机的农户免费集中育机插秧 2.7 亩，带动了集中育秧和机插秧的发展。零陵区种粮大户大部分种植金优 974、陵两优 268、T272 等高档品种，稻谷售价比普通稻高20%以上；一些地方在种粮大户的带动下，机耕、机收、软盘抛秧、测土配方施肥和病虫害统防统治覆盖率达100%。调查总结得出，种粮大户的科技推广、辐射带动作用大，他们的生产实践成为粮食生产新品种、新技术的示范展示点，成为了农民学科技用科技的带头人、引导户，成为生产技术的宣传窗口。

（四）种粮大户推动了农村劳动力转移

种粮大户集中了部分土地的经营权，有力地促进了农村劳动力的转移。农民外出务工获得更高收益，同时将土地流转给大户，获得了土地租金。而且，种粮大户还为当地劳动力提供了本地就业岗位，增加了当地农民的工资性收益。此次调查了5县（区）50个100—120亩种粮大户的请工情况，2010年户平请工支出37180元，2011年早稻请工支出达20129元。株洲县种粮大户彭满珍租用3380亩种植水稻，长期请工30多人，每月工资1400元，农忙时期还要请工60多人，每日工资120元以上。子规村、西塘村35个耕地流出户仅2010年就从彭满珍处获得工资性收入人均3000多元。

三、种粮大户发展面临的困难和问题

种粮大户与普通农户一样，在粮食生产中存在着粮价偏低、成本上升、比较效益不高等问题；除此之外，种粮大户还面临一些特有的困难和问题。归纳起来主要是四个方面：

（一）土地流转障碍凸显

流转土地是种粮大户形成的先决条件，没有土地流转就不会产生种粮大户。在调查时，参与座谈的大户都反映当前土地流转问题不少。

1. 租赁转包不规范。100亩以下的种粮大户租赁承包耕地仍然是口头协议居多，没有书面合同，在生产中易产生纠纷。一些千亩、万亩大户流转合同签订率比较高，但由于目前耕地租赁转包政策没有实施细则，耕地承包户不愿签订长期合同，合同期限基本上在五年以下，有的还是一年一签，很多种粮大户是“打一枪换一个地方”。隆回、桃江两县大户签订租赁转包书面合同的仅为105户和489户，签约率分别为32.2%和40.3%，其中签订五年以上合同的不到10%。租赁转包期限短而不稳，导致的结果就是租金年年上涨。株洲县松子社区每亩租金由2010年400斤谷价涨到2011年600斤谷价，承租该土地的种粮大户彭满珍2011年预计亏损40万元。零陵区每亩租金已由2010年平均176元涨到2011年的233元。桃源县深水港乡种粮大户黄爱军租赁长湖村同一片区100多亩水田，2009、2010、2011年的租金平均每亩分别为145元、177元、240元，近两年分别上涨了22.1%和35.6%。

2. 流转土地基础设施条件较差。种粮大户承包的耕地存在着分户承包、田块分散，成片租赁的转包难度较大，不便于统一布局和管理，制约发展规模生产。而且，租赁转包的耕地大多数是低洼滩涂甩亩、旱地垦复田、废旧鱼池。耕地高低不平，土壤比较贫瘠，基础设施老化，水利年久失修，抗御自然灾害能力低。加上路网不配套，机耕道少、路况差、道不通，使机械化生产的难度加大。隆回县雨山铺镇刘咏泉2009年承包130亩水田，有39亩远离水圳，因干旱绝收；2011年新承包的125亩水田中，有60多亩因干旱无法翻耕。桃江县文湘桃2011年低洼早稻田水淹了60亩，基本绝收；尹红军在沾溪乡伍家洲村租种的1080亩全是资江河边的渍水田，能否赚钱在很大程度上取决于资江河的“脾气”。

3. 土地流转配套政策和机制不完善。目前国家尚未出台统一的土地流转配套政策，一些地方制定的“土”政策不尽到位。很多地方土地流转机构不健全，人员经费无保障，农业社会化服务程度不高，信息网络不完善，严重制约了土地流转的有序发展。株洲、桃源、桃江的县乡两级多成立了土地流转服务中心或服务站，但都是兼职人员，主要工作不是开展流转服务，难以做好土地流转服务工作。同时，流出土地的农户嫌麻烦，不愿到服务站去办理信息登记、合同鉴证等手续，而且受传统思想束缚，法制观念不强，还是习惯于口头约定和流转给亲朋邻里。隆回县一农户反映，一旦签了字、按了手印，就有一种“被出卖”的感觉，怕吃亏上当，到时要不回土地。

（二）农业社会化服务相对滞后

目前，主要体现在“六难”。一是良种保证难。现在种子经营多渠道，难免鱼龙混杂。相对来讲，大户的经营风险更大，他们忧心忡忡，希望对主要农作物特别是水稻种子像烟草、食盐那样实行专营。二是技术服务到位难。各地普遍反映，乡镇农技站经费匮乏，农技干部生计难以保障，没有多少心思开展技术服务，而大户特别是“非转农”大户，渴求技术指导，尽管近几年农业部门也确实加大了对大户的技术服务力度，但仍感到不尽到位。三是生产条件改善难。大户普遍反映，小型农田水利设施差、机耕道不配套，国家在这方面投入相对较少，加上大户流入的土地相对较差，光靠大户自身投入是无法改善的，对扩大粮食规模经营构成了较大制约。四是装备水平提高难。种粮大户对农业机械作业依存度很高，但由于农机具购置费用高、柴油大幅涨价等原因，一些先进适用的农机具难以得到有效推广。据对桃源30个大户调查，大型收割机、插秧机的普及率只有6.7%。很多大户反映，早稻收割后如遇阴雨天气，晒谷成了困扰他们的一个大难题，90%的大户没有固定的仓库和足够的晒坪。2010年桃源县黄爱军因晒坪不够，造成2000多公斤原粮霉变，损失5000多元。很多中小大户表示想买稻谷烘干机，但除去国家购机补贴外，至少还要花10多万元，只能望“机”兴叹。五是资金筹措难。现在种一亩双季稻，物化成本都要500元左右，如果加上请工，费用更高，种100亩田就要投入六七万元，但现在农村贷款非常难，一些地方就算有抵押、有担保，信用社却没有贷款项目。很多农民想扩大种粮规模，但愁资金不足，渴望政府给予低息贷款。六是农时请工难。“招工难”已不再是城镇工业园独有现象。近几年湖南种粮大户在农忙特别是水稻“双抢”时，常遭遇到“请工难”。调查的5县（区），种粮大户因劳力缺口造成晚稻栽插错过最佳时节的至少有5000亩。而且，工价也年年上涨。2010年请一天工需要80元左右；2011年都在100元以上，有的达120元，甚至150元。株洲县田新双2011年“双抢”请了20多个人，工价为130元，6个懂得机收机插技术的150元。零陵区农业局干部反映，部分乡镇请人施药，一天200元都难请到人。同时，种粮大户与用工人员之间多为临时聘用关系，不仅工钱要在干活当晚结清，而且容易造成用工障碍。请工难、工价高已成为种粮大户发展粮食生产的一块心病。

（三）科学的评价管理制度尚未形成

当前，对什么是“种粮大户”这一概念还很模糊，认识很不统一，甚至出现一些不良后果。盲目推行种粮大户，追求种粮面积，个别地方还出现强制推行大户发展的情况。各地普遍缺乏对种粮大户科学的评价标准。一般以20亩为基本起点，很少考虑其生产力水平，轻视土地产出率和效益的提升。调查发现，有的种粮大户盲目追求规模生产，致使管理不善，粗放经营，单位产出率降低，甚至出现耕地抛荒现象。同时，由于缺乏科学考核标准，在落实国家和地方对种粮大户的奖励扶持政策上，盲目性较大，使政策扶持功能出现偏差。

（四）政策激励机制仍然缺乏

种粮大户相对于普通农户而言，承受更大的自然和市场风险，而享受的扶持政策难以弥补。一是缺乏对大户的补贴政策。由于国家没有出台大户粮食生产专项补贴，导致种粮大户很难享受当前的惠农政策，在转包、转让或租赁土地时，国家的粮食直补、良种补贴一般由原承包人享有；在购机方面，大多数大户只能与普通农户一样享受一台购机补贴指标；致力于发展双季稻却没有获得相应补贴等等。二是缺乏保险政策。当前粮食生产保险制度尚未健全，而且存在保费不低、保额不高、农损勘验程序复杂等问题，一旦遭遇自然灾害造成粮食生产亏损，很可能使种粮大户倾家荡产。桃江、桃源的一些种粮大户参加了水稻生产保险，平均保费为16.8元/亩/季，其中大户、政府财政各付20%和80%。一旦遭遇自然灾害，起赔点为因灾损失的30%以上，最高保额为播种期180元、抽穗期240元、成熟期280元，而一亩晚稻生产的物化成本在300元以上，就算获得最高额赔偿，也难以化解灾害损失。三是缺乏生产扶持政策。种粮大户在购买农资、农田基础设施建设、粮食运输和贮藏等方面都急需获得国家优惠、扶持政策。

四、培育扶持种粮大户的对策建议

种粮大户的发展关系国家粮食安全、农民增收和农村社会进步，确保种粮大户健康稳定发展，必须在科学发展、政策引导、有效监管、优化服务等方面寻求新的突破。

（一）科学引导种粮大户发展

一要明确科学发展思路。要遵循农村经济发展规律，以尊重农民意愿，保护农民合法权益，确保农民增产增收为目标，通过政策扶持、物资奖励和社会化服务，引导种粮大户科学健康有序发展。二要实行分类指导。大户规模应因时因地而定，不搞一刀切。一般来讲，在田多人少地区、经济发达地区，土地集中相对容易，引导种粮大户经营面积适当扩大；在人多地少地区、经济欠发达地区，农民对土地的依赖程度较大，经营规模可小些。从调查情况看，当前生产力条件下，一户 2 个劳动力经营规模为 30 亩左右为适当，不但基本不用请工，还可以做到精耕细作，土地产出率和利用率大于 100 亩以上的大户。三要制订科学的评价考核标准。建议国家出台培育扶持种粮大户考核办法，各地根据实际情况制订相应细则。明确种粮大户应该具备种粮规模、土地产出率和利用率等相关条件，并对种粮大户在推进粮食生产标准化、规模化、专业化、生态化发展等方面进行量化，形成当地特色的科学评价标准。就湖南而言，种粮大户考核标准，至少应包括：①集中成片承包耕地或租种耕地、抛荒地 20 亩以上，洞庭湖区 30 亩以上；②双季稻种植比例不低于 80%，自然条件不具备种植双季稻的除外；③科技推广运用效果好，实行标准化生产，良种利用率在 90% 以上；④生产力水平高，亩产量不低于当年当地同质土地产出率，单位面积效益高于当年当地同质土地效益；⑤生态保护好，科学施用农业投入品，农产品质量安全。同时，严格申报程序，实行动态管理，对于考核合格的大户，给予政策扶持；对于考核不合格的大户，特别是以圈地为目的，造成农转非、粮转非，或土地抛荒的，依法予以制止。

（二）建立有利于种粮大户发展的土地流转机制

一是要加快推进农村劳动力非农转移。加快城乡统筹发展步伐，完善农村社会保障制度建设，降低土地对农民的社会保障功能，让农民有条件、有保障地流出承包土地。二是要进一步稳定家庭承包关系，加快承包地权证发放工作，将承包权明确到丘块，确保农民对承包土地的合法财产权，让农民放心地流出土地。三是要大力扶持发展土地流转中介服务组织，建立土地流转信息发布机制，培育土地流转市场，降低大户与一家一户家庭承包户的谈判和签约成本。建议县、乡两级都要建立健全土地流转服务机构，至少配备一名专职工作人员，每个村由一名村干部担任信息员，并拨给工作经费，完善信息网络，确保土地流转服务工作正常运行。四是要严格规范土地流转行为，从合同签订到履行、从用途变更到纠纷处理、从土地征用到合同终止都要制定详细的规则，确保流转合法合规，维护流转双方的合法权益。五是要创新土地流转模式，积极探索土地信托、反包倒租等土地流转新形式；探索土地合作社、土地流转股份制，建立起“股份 + 合作”的土地流转路子和“底金 + 分红 + 劳务收入”的土地流转分配方式，密切种粮大户与流出土地的家庭承包户之间的利益联结关系，提高相互之间的信任水平。

（三）完善促进种粮大户发展的社会化服务体系

种粮大户的发展在很大程度上依托于社会化服务水平的提高。建议国家制订扶持农业社会化服务组织的政策措施，构建覆盖大户粮食生产全程的社会化服务体系，为种粮大户提供“保姆式”服务。一是整合管理服务资源。明确农业部门为种粮大户的职能管理部门，协调整合涉农各行政部门的管理服务能力，掌握种粮大户的真实情况和实际需求，有效监管和指导种粮大户生产与发展，为他们提供政策、信息、技术等方面的服务。建议县级农业部门建立大户档案台账，构建大户信息网络，及时为大户提供服务。二是积极培育专业服务组织。要积极培育和发展农机、植保、农资、农技等服务组织。推进以机耕、机播、机收等机械化作业为主的农机大户和农机专业组织发展，提升全程机械化水平；建立放心农资供应网络，提供优质农资服务；鼓励农村社会化服务组织开展承租、代管、代耕、烘干等各项服务，为种粮大户排忧解难。三是鼓励订单企业为大户提供融资担保。引导种粮大户与有实力的粮食加工企业发展订单合同，要求企业向金融机构担保，凡种粮大户与企业签订种植和收购合同的，每亩提供500元以上发展生产贷款，解决种粮大户融资难的问题。

（四）尽快出台种粮大户专门扶持政策

建议国家出台对种粮大户的专门扶持政策。（1）设立种粮大户生产补贴。按种粮规模进行补贴，对水稻规模种植面积在20亩以上的要分等进行补贴，每亩在现有补贴总额基础上上浮20%以上，采取中央和省共同分担的方式，直接补贴给种粮农户；增设绿肥补贴政策，建议对冬种绿肥连片30亩以上的大户，每亩补贴不少于100元，其中中央财政额定补贴每亩70元，其余由省（直辖市、自治区）财政承担；增设“技术补贴”，将粮食生产中带普遍性的重大技术措施纳入政府公共服务范围，目前主要有测土配方、病虫害统防统治、农业标准化等技术，对种粮大户每亩补贴20元以上。（2）设立种粮大户专项保险。在当前农业保险普遍推行困难较大背景下，国家要鼓励保险机构推出种粮大户专项保险等新险种，合理设定保费，提高保险额度，积极受理灾后理赔，降低种粮大户的风险。同时，政府对种粮大户进行保费补贴，凡参加种粮大户专项保险的，国家不仅承担按照政策规定应由政府承担保费的部分，还对种粮大户应承担的保费进行补贴，建议补贴标准为10元/亩/季以上。（3）设立种粮大户基础设施建设专项。基础设施投入项目，要优先安排种粮大户，以大户为载体，开展基础设施项目建设，也可以由种粮大户自行建设，先建后补，壮大种粮大户并树立典型。尤其要鼓励和扶持大户开展山丘区小水窖、小水池、小塘坝、小泵站、小水渠等“五小水利”工程建设。（4）提高种粮大户购机补贴标准。对大户购机补贴要提高标准，补贴比例应高于普通农户购机补贴的20%以上；同时，建议将烘干机纳入农机补贴范围，并将补贴比例定在购机费的50%以上才能解决实际问题。（5）种粮大户粮食储运补贴。对100亩以上的种粮大户实行储运补贴，减轻粮食运输和储藏成本。（6）设立青年农民种粮创业基金。为优化种粮大户劳动力结构，增强粮食规模生产后劲，从长远考虑，建议国家设立“青年农民种粮创业基金”，各省也应出台相应政策，鼓励年青人从事粮食生产，积极打造一支“有学历、有技能、懂管理、善经营”的青年种粮队伍，提高粮食生产的标准化、专业化水平，提高种粮大户的经营管理能力、产品营销及科学决策水平。

（五）制订颁布培育扶持种粮大户的法律制度

建议尽早制定《粮食生产促进法》或《国家粮食安全法》，其中明确粮食规模生产者的法律地位，赋予种粮大户应有的权利，同时规定其责任和义务；完善农村土地流转法律法规，健全土地流转服务机构，理顺土地流转关系，规范土地流转行为，为种粮大户流转土地提供保障。

第三章

发展多种形式农业规模经营

十八大报告提出，“发展多种形式规模经营，构建集约化、专业化、组织化、社会化相结合的新型农业经营体系”，指明了改造传统农业和发展现代农业的方向。本章从土地承包经营权的流转、土地承包经营权的退出机制、农业适度规模经营的实现路径、新型职业农民开展适度规模经营的特点与意愿等方面对如何发展多种形式的农业规模经营进行了详细的阐释。

第一节

土地承包经营权的流转

农村土地承包经营权流转，是我国农村经济社会发展的必然要求，也是传统农业向现代农业转型的必由之路。党的十七届三中全会指出，尽快完善农村土地流转制度，是稳定农村基本经营制度的基础，是促进现代农业适度规模发展、提高土地资源利用效率的需要，是保障农民利益、维护农村稳定和社会和谐的重要保证。

一、我国农村土地承包经营权流转特点

（一）土地流转规模扩大、趋势加快

从全国总体情况和典型地区看，我国农村土地承包经营权流转规模逐步扩大，并呈现加快趋势。流转比重较大的省份为上海（60%）、浙江（28.7%）、江苏（19.2%）、黑龙江（18.1%）、重庆（17.8%）等。占承包耕地面积的比重超过10%的省份达到9个，接近或者超过15%的达到7个。据国务院发展研究中心农村经济研究部2006年对全国2749个村庄的调查发现，80%的村庄有土地流转的现象，平均每个村流转土地农户的比例为20.2%。东部省份土地流转率相对较高，每个村出租户的比例达到27.4%，而中、西部地区出租土地农户占全村农户的比重为11.8%和14.1%。一些沿海经济发达地区的土地流转速度更快，远远超过全国的平均水平。金华市耕地流转面积37.98万亩，占家庭承包经营耕地总面积的17.5%。义乌市已有11.3万亩土地完成流转，占全市总耕地面积的35%。福建省邵武市土地流转的面积达10.1万亩，占总耕地面积的30.6%。

（二）转包和出租是主要流转形式，股份合作开始兴起

转包、出租、互换、转让、股份合作是土地承包经营权流转的5种主要形式，其中转包和出租是最主要的流转形式。全国来看，2007年以转包和出租形式流转的占总流转面积的78%，比2003年提高了10.6个百分点。大部分地区通过转包形式流转的农村土地一般占到流转面积的50%左右；出租的流转方式，多数地区在30%左右，北京的出租方式在所有流转方式中的比例甚至高于转包所占的比例，达到46.9%；互换、转让和入股形式的比例较低。浙江省土地承包经营权流转形式中，转包和出租占流转总面积的85%以上，互换、转让只占14%。近年来，股份合作也即以土地承包经营权入股农民专业合作社的流转方式开始显现，尤其是在浙江、苏州、成都、上海等一些发达地区开始兴起。

（三）土地流转租金差别较大，一些地区租金较高

因经济发展程度、地理位置、自然条件的不同，各地土地流转租金差别较大。据国务院发展研究中心农村经济研究部2006年调查显示，土地流转租金全国平均为293元/亩/年。其中，东部省份平均为417元/亩/年，中部省份为185元/亩/年，西部省份为171元/亩/年。不同区域内部差异也比较明显。经济发达的东部江苏苏州、上海金山区租金较高，每亩达到595元和468元，山东、浙江租金较低，仅为305和304元；中部省份河南较高，达到336元/亩/年，其他省份都低于全国平均数；西部省份四川和重庆租金较高，达到396元/亩/年和354元/亩/年，其他省份都明显低于全国平均数。课题组对成都市的调查表明，农村土地承包经营权流转价格差别很大，但近郊地区租金较高。总体看来，毗邻城市、经济发达、区位较好的地区流转价格高，地处偏僻、区位较差的流转价格低。成都市郊区土地承包经营权流转价格一般为1100元至1300元/亩/年（按每亩地每年750斤至850斤大米实物租金折算）。部分地区流转价格接近2000元/亩/年。部分区位较差地区的流转价格较低，只有区位较好地区的1/4到1/3。此外，土地流转租金还呈现上涨较快的特点，近几年浙江省土地承包经营权流转价格每年以10%的速度上涨，农地价值得到体现。

（四）土地承包经营权流转市场初步建立，促进了土地有序流转

随着土地承包经营权流转数量和规模的日益扩大，仅依靠村内流转或口口相传流转信息已不能适应土地流转供求双方的需要，一些地区在近年相继发展了土地承包经营权流转市场，形式有土地承包经营权流转中心、交易所、交易市场等。在黑龙江省黑河市、浙江省嘉兴市、四川省成都市都从2008年开始探索建立土地承包经营权流转平台。嘉兴市探索建立县乡村三级土地承包经营权流转市场服务平台。该市海盐县成立了“农村土地流转和产权交易服务中心”，建立县级土地承包经营权流转服务平台，在各乡镇建立了“海盐县农村土地承包经营权流转服务中心分中心”，各村成立农村土地承包经营权流转服务站。通过三级流

转服务平台，为土地流转供求双方提供流转信息、政策咨询指导、合同签订、纠纷协调等服务，基本建立了土地承包经营权流转市场。在流转市场上，保底分红、实物作价等价格形成机制逐步完善，分类定价机制已经形成，价格调整机制正在建立。各地土地承包经营权流转市场对于促进土地有序流转、减少流转双方交易成本、规范土地流转行为起到了重要的承载作用。

（五）各地纷纷出台鼓励流转的政策，推动了土地流转

为了促进规模经营与现代农业发展，各地纷纷出台了支持土地承包经营权流转的政策措施，包括财政补贴、投资倾斜、就业扶持等政策倾斜。如黑龙江省黑河市地域辽阔，人均耕地面积多，农民自发流转耕地意愿强，土地规模经营潜力大。基于这些背景，黑河市委市政府于2008年10月出台了《黑河市关于加快土地流转发展规模经营的实施意见》，提出了推进土地流转规模经营的10项政策措施。这些政策主要包括：良种补贴资金重点向土地规模经营倾斜；对规模经营面积达500亩以上的经营主体，由县（市）区政府争取资金打一眼机电井，并配套相应设备；农机补贴、农业贷款、农业保险、机耕补贴、农业综合开发项目、产粮大县奖励资金等也优先扶持规模经营主体；对土地全部流转出去、进城务工的农户，优先免费培训，优先提供就业机会，优先安排子女就近就便入学入托；对土地流转出去后自行创业的，优先协调贷款，优先提供技术指导服务等。成都市对连续三年以上规模经营土地面积1000亩以上的，市政府按100元至200元每亩的标准给予一次性奖励，并且规定直接用于种养业生产和管理、服务的非永久性固定建筑物，其占地不视为建设用地，并免除相关手续和收费。浙江省嘉兴市制定了土地流转与规模经营激励机制，安排专项资金引导土地流转，奖励土地股份合作社、成片流转的农户、基层政府、土地流入主体以及中介服务组织。嘉兴市海盐县和平湖市财政2009年专项用于奖励土地流转的财政资金分别达到了400万元和200万元。各地政府部门出台的鼓励土地流转规模经营的政策调动了各方参与土地流转的积极性，引导和推动了土地承包经营权流转。

二、我国农村土地承包经营权流转的主要模式

（一）土地股份合作社模式

1. 组织形式。若干农户以土地承包经营权入股组建合作社，推进土地规模经营；按合作社章程选举产生理事会、监事会，统一组织生产经营。

2. 运行机制。由理事会研究决定“种什么、如何种”；聘请专业技术人员或经营能手为生产经理；按照统一的生产技术规程和产品质量标准组织生产；实行种子、肥料、农药“统购”和机耕、机防、机收“统管”；与农产品加工企业或营销企业直接对接，产品实行订单销售；监事会对生产经营和财务收支情况进行监督。

3. 利益联结方式。实行按股分红。每年收益在提取一定比例的公积金和风险金后，按土地股份分配到成员；优先安排社员务工，增加社员收入。

（二）家庭适度规模经营模式

1. 组织形式。举家迁往城镇的农户或缺乏劳动力的农户将承包地流转给种植大户或经营能手；种植大户或经营能手通过扩大生产规模，发展家庭适度规模经营。

2. 运行机制。种植大户或经营能手利用自身劳动力、资金、技术等优势，开展标准化规模经营；按照市场需求，自主生产特色蔬菜、优质水果、花卉苗木等适销对路、经济效益较高的产品；与加工和营销企业联结，解决产品销路问题。

3. 利益联结方式。种植大户或经营能手通过发展家庭适度规模经营获得较高的经营收入；迁入城镇并转出土地的农户仍然享有土地承包经营权及相应的惠农政策，除获取土地租金外，同时还可获得在城镇务工的收入。

（三）“土地银行”经营模式

1. 组织形式。以村组集体经济组织名义注册成立农业资源经营合作

社（“土地银行”）；农民自愿将土地承包经营权“存入”合作社，并成为合作社社员（“土地银行股东”）。

2. 运行机制。农户将土地“预存”合作社，合作社参照银行的经营方式，物色有实力的龙头企业或经营大户，将“预存”土地通过“放贷”方式集中流转出去，从中获得“存贷”利润。但在集中“贷出”前，仍由农户自行种植。

3. 利益联结方式。农户以存入的土地承包经营权定期获得存地“利息”收入；合作社产生的利润，按“存入”土地面积计算“股份”，不定期对社员进行二次分红，且社员可优先在龙头企业或经营大户基地内务工，获得务工收入。

（四）业主租赁经营模式

1. 组织形式。农户采取租赁方式，自愿将土地承包经营权直接流转给龙头企业、农民专业合作社或其他社会业主经营，或委托集体经济组织将土地承包经营权流转给龙头企业、农民专业合作社或其他社会业主经营；双方约定流转时间和流转价格，签订土地流转合同；一个业主租赁若干农户承包土地。

2. 运行机制。各类业主利用租赁土地，集中成片开展规模经营；业主根据自身资金、技术条件和市场预期，自主选择产业，统一组织生产经营。

3. 利益联结方式。农民按合同约定获得土地租赁收入，并可进入业主经营的基地（园区）务工，获得工资性收入。

（五）“大园区+小业主”经营模式

1. 组织形式。由地方政府统一规划，建立现代农业产业园区，配套完善水渠路网等基础设施，引导龙头企业、农民专业合作社或种植大户进入园区，通过“单元化”方式流转土地开展规模经营；成立管委会对园区进行统一管理。

2. 运行机制。园区实行统一规划和管理；进入园区的业主按照确定的主导产业进行生产经营；园区实行统一生产技术规程和产品质量标准；

园区提供农资配送、病虫统防、技术指导、产品营销等配套服务；统一创建产品品牌。

3. 利益联结方式。农户可直接成为园区业主，从生产经营中获得收益；农户可通过加入专业合作社的方式参与园区的生产经营，获取分红收益；农户通过流转土地和进入园区务工获得土地租金收入和务工收入。

三、土地承包经营权流转存在的主要问题

（一）政府流转服务能力薄弱，市场流转信息沟通不畅

目前，一些地区的土地承包经营权流转服务平台正在逐步建立并完善，其中一些县市起步早、设施和人员配备齐全，流转服务平台已开始有效发挥作用。但对于其他一些县市刚刚建立的流转服务中心来讲，各种基础条件不足，流转服务能力比较弱，在信息收集与发布、咨询服务、合同服务、纠纷调解等方面的功能还不健全。从全国来看，许多地区还没有建立土地承包经营权流转市场，土地流转还处于自发、无序状态，政府部门的流转服务能力更加薄弱，土地供需信息平台尚未形成，供需双方的信息不能得到有效沟通。土地流出户找不到合适的土地受让者，需要土地的经营大户又找不到土地出让者，信息沟通不顺畅严重制约了土地承包经营权正常流转。

（二）流转不规范，矛盾纠纷多

在土地承包经营权流转过程中，存在土地确权不到位、流转无合同、合同不完备、缺乏利益协调机制、强制流转等不规范行为。一是土地承包经营权流转不规范。很多农户之间的流转没有签订书面合同，或者合同内容不完备、不规范，容易引发纠纷。二是缺乏利益协调机制。据嘉兴市某镇镇长介绍，该镇曾发生农民与某企业的收益分配纠纷。农民把土地承包经营权流转给该企业建农业园区后，农业园区经营效益较好，但最初合同约定给农民的收益过低，几位农民就要求获得进一步收益分配。与企业协商未果，农民堵住园区大门，砍断园区数十棵果树。三是部分地区土地确权工作不到位，二轮土地承包也存在遗留问题：有些农民因当时税费负担

过重而放弃了承包，一些大城市郊区的农民至今尚未拿到承包证书。而确权需要政府很高的投入，根据农业部的试点，要完全弄清楚平均每亩需要150元。一旦土地承包经营权流转，产生收益，遗留问题就会暴露出来，易产生纠纷。四是整村成片土地承包经营权流转的地区，有些农民流转意愿并不强，但迫于村里人情、舆论，或因为村干部作工作的压力而流转，在土地经营和收益分配上容易产生纠纷。这些不规范的行为极易产生纠纷并带来一些遗留问题。尤其是随着农业负担的减少、农业补贴的增加、农地价值的上升，农民、集体、经营主体之间很容易就地块边界、流转价格、利益分配等问题产生纠纷。五是承包地面积不清楚，东北的“大亩”或者“垧”实际上是公顷，有的地方是1.2亩或1.5亩；有的地方以一级地为基础，其他级别相应缩小；有的则反过来。

（三）部分农民流转意愿不强，主体地位难保障

在农村社会保障体系还不健全的情况下，部分农民主要还是依靠土地收入解决看病、上学、养老等问题。农民把土地作为最基本的生活保障，留有一亩三分地心里踏实，对于流转土地存在后顾之忧。实行土地流转规模经营可以解放大量的农村劳动力，但这些劳动力的转移就业存在困难。不少农民担心土地流转规模经营后自己无事可做，生活无着落，这也影响了农民的流转意愿。在土地承包经营权流转中，农民是流转的主体。然而，从实际情况看，农民的流转主体地位往往受到侵害。一些村干部、基层政府以集体享有承包地的所有权为名，宣称“土地是集体的”，任意收回、越权流转农户承包地，剥夺农民的知情权和参与权。不少农民对于村干部土地流转决策、合同内容等并不知情，对于流转价格也没多大发言权。

（四）土地承包经营权难以抵押，培育规模经营主体难

尽管有的地方已经在探索土地承包经营权抵押，但抵押贷款的问题目前不能放开，究其原因，主要有以下三个方面：第一，目前法律没有规定；第二，抵押的话农民面临着失地的危险，农民将失去自身的保障；第三，抵押对于银行存在风险，要是农民拖欠或者违约，银行一般不可能去收回一片林地或者土地。

经营农地的效益相对较低，农业经营主体既有一定的生产经营技术，还需要一定的资金投入。从调查看，从事农业时间较长、具备一定农业经营技术的农民，尽管能够通过租赁、转包、股份合作等方式承包较大规模的土地，土地承包经营权不能抵押贷款，农村金融支持不足，往往不能获得开展规模经营所需的资金，难以成为农业规模经营主体。浙江省海盐县盐官镇金牛农机专业合作社负责人苏振明有20多年的农业经营经验，但是无法扩大种粮规模。合作社所在村的部分农户提出把四五十亩农田转包给他种植粮食，但是买农机至少需要5万元左右，他表示："土地承包经营权不能作为抵押品，无法贷款；这个钱也拿不出"。

（五）企业到农村流转土地隐忧较多，不利于农民利益保护

目前农业产业化龙头企业已经成为农村土地流转的最重要主体，很多地区也以在土地流转过程中引入多少企业为政绩。龙头企业一方面支付给农民高于一般水平的流转价格；另一方面在用工时首先满足转出土地的农民的要求，使转出土地的农民能够得到双重收益。从当前看，对农民是有利的。长期来看，农业产业化龙头企业到农村流转土地从事经营会动摇农业的基础地位。中共中央2001年发布的第18号文件《关于做好农户承包地使用权流转工作的通知》指出，"农业产业化经营应当是公司带动农户，而不是公司替代农户。中央不提倡工商企业长时间、大面积租赁和经营农户承包地，地方也不要动员和组织城镇居民到农村租赁农户承包地"。十七届三中全会通过的《决定》也指出，农村土地流转时，"有条件的地方可以发展专业大户、家庭农场、农民专业合作社等规模经营主体。"并没有把工商企业纳入鼓励流转范围。

从保护农民利益的角度看，流转双方往往没有建立合理的收益分配机制，农民难以获得土地增值收益。我国农民普遍缺乏资金、技术、信息和市场网络，在与农业企业等的流转合作中，农民处于弱势地位，农民一般都以相对低廉的租金流转土地承包经营权。大部分流转后的土地都主要用来经营高效农业、设施农业和休闲观光农业。在经营状况好的情况下，流

入主体会获取较高的生产和经营利润。但是，农民一般只能获得固定的收益，而不能比照产业发展和土地经营效益提高来获得更高的土地增值收益。

（六）流转土地“非粮化”倾向明显，部分流转土地“非农化”

流转土地的用途除了发展粮食生产之外，主要有两种趋势：一是转入土地存在着非粮化趋势。一些地区通过土地流转促进农业结构调整作为一条措施或经验来看待。由于种植传统的粮食作物收益比较低，绝大多数企业等经营主体流入土地是为了发展高效农业，种植水果、花卉，发展设施农业等。成都市只有不到1/5的流转土地在种植粮食和油料。实地调查到的嘉兴市10家土地合作社或农业企业，全部利用流转的土地从事非粮食产业。二是存在着一定的非农化现象。一些地区已经出台了政策，规定转入一定面积土地的主体，如3000亩、5000亩等，就可以把其中的一定比例用于建设“管理用房”，在我们的调查中，这个比例有的是3%、5%，高的达到8%。

（七）集体流转“工作经费”违规，使用不透明

2001年《中共中央关于做好农户承包地使用权流转工作的通知》（中发18号）中明确规定“土地流转的转包费、转让费和租金等，应由农户与受让方或承租方协商确定，流转的收益应归农户所有，任何组织和个人不得擅自截留、扣缴。”然而，部分地区村集体将本村（组）土地集中起来统一流转给经营主体，获得一定的流转“工作经费”。在多数地区，这些“工作经费”直接支付给了村集体。有些村集体的“工作经费”每年有几十万元。流转“工作经费”实际上就是变相截留土地流转收益，与相关政策规定不相符。土地承包经营权是农民的用益物权，农民享有占有、使用、收益的权利，而流转的也恰恰是农民的土地承包经营权，因此集体不应分享这部分流转收益。此外，村集体收入流转“工作经费”的使用也往往不透明。如何使用现有的这些村集体收入，并使之处于有效监督之下，也是土地规模流转面临的问题。

第二节

土地承包经营权的退出机制

中国快速发展的城市化进程，为增大劳均耕地规模和调整人均分地制度提供了机遇。土地承包经营权作为农民最基本的权益，正面临着工业化、城市化带来的巨大挑战。如何有效建立农地承包经营权的流转退出机制，将成为未来发展适度规模经营不可回避的重要问题。

一、农地承包制度的政策走向

改革开放以来，稳定农村土地承包关系始终是中国农地制度的主线。

（一）农地承包制度的确立和完善

随着1978年中共十一届三中全会拉开我国农村改革的序幕，全国范围内的农村开始了以“包产到户”和“包干到户”为主要内容的改革。到1983年底，我国农村基本上实行了以家庭承包经营为基础的双层经营体制，亦即农地的家庭承包经营。这极大地调动了广大农民的生产积极性。例如1978年的粮食产量为3.05亿吨，到1984年就增加到了4.07亿吨。为进一步推开这一改革成果，1984年的中央1号文件（即《中共中央关于一九八四年农村工作的通知》）明确农村土地实行承包经营，并规定“土地承包期一般应在15年以上”。这是第一次以中央文件的形式规定了农村土地承包的期限。

到了20世纪90年代末，许多地区15年承包期已经到期或即将到期，那么土地承包期到期以后怎么办？这个问题受到了农民的普遍关注。1993年11月中共中央发布了《关于当前农业和农村经济发展的若干政策措施》，文件要求：“为了稳定土地承包关系，鼓励农民增加投入，提高土地的生产率，在原定的耕地承包期到期之后，再延长30年不变；开垦荒地、营造林地、治沙改土等从事开发性生产的，承包期可以更长”，这是“30 年不变”政策最早的由来。

1998 年 10 月中共中央通过了《关于农业和农村工作若干重大问题的决定》，这份文件全面总结了农村改革 20 年的基本经验，肯定了实行家庭联产承包责任制的改革成效，指出家庭承包经营“具有广泛的适应性和旺盛的生命力，必须长期坚持”，并在概念上把这种责任制形式确定为以家庭承包经营为基础、统分结合的双层经营体制。

2008 年 10 月召开的中共十七届三中全会通过了《中共中央关于推进农村改革发展若干重大问题的决定》，《决定》提出“赋予农民更加充分而有保障的土地承包经营权，现有土地承包关系要保持稳定并长久不变”。“长久不变”是党关于农地政策的最新表述，这一提法强化了农户对农地承包权的稳定性预期，有利于进一步保护农户的土地权益。

（二）农地承包制度在法律上的改进和完善

随着农地家庭承包制在政策和实践层面得到了充分的肯定，关于农地制度的立法工作也在不断推进。经 2004 年 3 月最新修正的《宪法》第八条规定：农村集体经济组织实行家庭承包经营为基础、统分结合的双层经营体制。这意味着农村基本经营制度被写入了我国的根本大法。《农业法》（2002 年 12 月最新修订）第五条也规定：国家长期稳定农村以家庭承包经营为基础、统分结合的双层经营体制，发展社会化服务体系，壮大集体经济实力，引导农民走共同富裕的道路。同时在第十条规定：国家实行农村土地承包经营制度，依法保障农村土地承包关系的长期稳定，保护农民对承包土地的使用权。

我国 2004 年的《土地管理法》第十四条规定：农民集体所有的土地由本集体经济组织的成员承包经营，从事种植业、林业、畜牧业、渔业生产。土地承包经营期限为 30 年。发包方和承包方应当订立承包合同，约定双方的权利和义务。承包经营土地的农民有保护和按照承包合同约定的用途合理利用土地的义务。农民的土地承包经营权受法律保护。2002 年 8 月 29 日，第九届全国人民代表大会常务委员会第 29 次会议通过了《中华人民共和国农村土地承包法》。该法开宗明义地在总则第一条就阐明：

“为稳定和完善以家庭承包经营为基础、统分结合的双层经营体制，赋予农民长期而有保障的土地使用权，维护农村土地承包当事人的合法权益，促进农业、农村经济发展和农村社会稳定，根据宪法，制定本法。”同时该法第四条规定：国家依法保护农村土地承包关系的长期稳定。

2007年3月16日十届人大五次会议通过的《物权法》是农地承包权立法方面的最新进展，该法将农地的承包经营权明确界定为用益物权，同时在第一百二十六条重申了承包期的相关规定：耕地的承包期为30年。草地的承包期为30年至50年。林地的承包期为30年至70年；特殊林木的林地承包期，经国务院林业行政主管部门批准可以延长。

有了上述一系列政策和法律的规定后，我国农地的制度建设已日趋完善。综合这些政策和法律条文的规定，可以看出承包期的长久和承包关系的稳定是农地制度的基本取向。

二、建立农地退出机制的现实条件与经验借鉴

（一）现行法律关于农地承包权获得和收回的规定

关于谁有权获得农地承包权，《农村土地承包法》第五条有如下规定：“农村集体经济组织成员有权依法承包本集体经济组织发包的农村土地。任何组织和个人不得剥夺和非法限制农村集体经济组织成员承包土地的权利。”

现在人们关注较多的是“集体经济组织成员”如何界定，即“成员权”是如何获得的。“农村集体经济组织成员”与“村民”的概念并不完全相同，一般认为，村民是指户籍和居住在行政村内的公民，而集体经济组织成员则是户籍和居住在行政村内，且生存保障、就业渠道依赖于集体土地的公民。显然，村民和集体经济组织成员是包含关系，即集体经济组织成员是村民的一部分。目前，“成员权”如何获得，以及能否转让，依然是一个尚未明确的问题。

我国农地承包政策和法律的基本取向是“长”和“稳”，但也规定了在少数例外的情况下，可以收回农户的承包地，或者可以进行土地调整。

可以收回承包地的，有两种情况。第一种情况是《农村土地承包法》第二十六条规定的：承包期内，发包方不得收回承包地。（但是）承包期

内，承包方全家迁入设区的市，转为非农业户口的，应当将承包的耕地和草地交回发包方。承包方不交回的，发包方可以收回承包的耕地和草地。另一种情况是《基本农田保护条例》第十八条规定的：承包经营基本农田的单位或者个人连续2年弃耕抛荒的，原发包单位应当终止承包合同，收回发包的基本农田。

关于土地调整，《农村土地承包法》第二十七条规定：承包期内，发包方不得调整承包地。（但是）承包期内，因自然灾害严重毁损承包地等特殊情形对个别农户之间承包的耕地和草地需要适当调整的，必须经本集体经济组织成员的村民会议2/3以上成员或者2/3以上村民代表的同意，并报乡（镇）人民政府和县级人民政府农业等行政主管部门批准。承包合同中约定不得调整的，按照其约定。

承包地的收回和调整，可以视作是农户被动退出承包权的情形。在设计农地承包权退出机制的时候，也需注意这些规定。同时，应关注农村集体经济组织"成员权"的获得及出让问题，因为"成员权"与"农地承包权"直接相关，农地承包权的退出，某种意义上就是集体经济组织成员权的退出。

（二）农地退出机制的可能性分析

从长期趋势看，随着农民工就业稳定性的增强以及新生代农民工逐步成为农民工的主体，外出打工农民有偿退出承包地的愿望和需求将会越来越强烈。

随着经济大发展和社会大开放，流动就业农民工的稳定性特征正逐步显现并不断强化，出现了三个新的趋势：

1. 就业形式日趋稳定。当前，农民工已经占据流入地各类"脏、险、苦、累"工作岗位的绝大多数和制造业、服务业工作岗位的大多数，其就业领域已经从最初的临时性岗位、补充性岗位向各个行业、各类岗位扩张，就业形式的稳定性得到显著提升。国务院发展研究中心课题组2010年的调查表明，农民工在目前企业就业的平均时间已达到4年，有30%的农民工在5年以上，有10%的农民工在10年以上。参与调查的农民工中，有57.9%近三年没有更换过单位，22.8%更换过一个单位，20%更换过 2 个以上单位，这说明农民工就业单位也趋于稳定。

2. 流动“家庭化”和居住的稳定性趋势明显。随着时代的发展，农民工日益注重家庭成员的团聚、子女的教育以及家庭生活水平的改善，流动形式正从以前男劳动力外出“独闯”逐渐演变成现在夫妻二人同时外出务工以及携子女外出流动，流动的“家庭化”趋势明显，举家外出、完全脱离农业生产和农村生活环境的农民工已经占到一定比例。国家统计局公布的《2009 年农民工监测调查报告》显示，在 2009 年外出农民工中，举家外出农民工 2966 万人，占全部外出就业农民工（14533 万人）的 20.4%。据浙江省的统计数据显示，农民工中居住在出租房屋和单位内部宿舍的比例逐年增加，并且已经占到农民工总数的 86.37%。课题组 2010 年的调查也表明，目前举家外出的农民工占到了 25%；已婚农民工中，与配偶在同一城市打工的占到了 51%（其中，与配偶在同一单位工作的占 18%）；有子女的农民工中，51% 的家庭也把子女带到了务工的城市。

3. 在流入地居住趋于长期化。农民工在现居住地稳定居住的持续时间逐年增加，返回户籍地老家的次数减少，“移民”倾向渐趋明显，相当一部分已经成为事实“移民”。据浙江省 2007 年抽样调查显示，在流入地居住 1 年以上的农民工已经占到总数的 63.4%。其他调查也表明，农民工在城市沉淀的程度和长期居留倾向增加，由“候鸟式”流动向迁徙式流动转变。国家人口计生委 2009 年 7 月对北京、上海、深圳、成都、太原等地 47461 名流动人口的调查表明，劳动年龄人口中平均在现居住地停留时间为 5.3 年，有一半的人停留时间超过 4 年，18.7% 的人停留时间超过 10 年。课题组 2010 年的调查也表明，参与本次调查的农民工中，在目前城市的就业时间平均为 5.3 年，超过 5 年的占到了 40%，超过 10 年的约占 20%。

特别需要关注的是，我国 20 世纪 60—70 年代“婴儿潮”时期出生的进城农民工已步入中年，并逐步退出城市，他们的子女开始成为农民工的主要构成，即新生代农民工。目前，上世纪 80 年代以后出生的、年满 16 周岁以上的青年农民工已经超过 1 亿人。新生代农民工有着如下特征：一是受教育程度较高。新生代农民工中，初中文化程度的已经占 70%，高中文化教育的占8.7%。二是新生代农民工逐渐丧失了从事传统农业生产的技能。这些农民工尽管在户籍上还是归属于农民，但是他们中的多数人实际上从离开学校后就进城务工了，很少参加农业劳动，不具有农业生产的基本技能和经验。这就意味着，他们中的多数人如果回到农村，将很难胜任农业生产。三是新生代农民工对土地的情结弱化，思想观念、生活习惯、行为方式已日趋城市化。新生代农民工代表着农民工的主流，正发生由“亦工亦农”向“全职非农”转变，由“城乡双向流动”向“融入城市”转变，由“寻求谋生”向“追求平等”转变。

农民工身份转为城镇居民以后，其承包地的处置问题，涉及到农民工在原有集体的积累权益，涉及到农村耕地的利用效率，既是城镇化过程中的重要问题，也是建设现代农业面临的重要问题。可以预见，随着城镇化的快速推进，必然会有越来越多的农民工在城镇安家落户、稳定就业，享受市民化的基本公共服务；必然会有越来越多的农民工愿意退出土地的长期承包权，作为进城安居的资本，把土地让渡给从事农业的农民。

（三）东亚地区建立农地退出机制的经验借鉴

农地承包权的退出，从一定意义上说是我国特有的问题。因为对于实行农地私有制的国家来说，所有者一般可以通过直接出售农地所有权来实现退出。但从国际上看，在城市化过程中如何处置进城农民的农地权益，却是一个普遍的问题。从一些国家的成功经验看，建立给予补偿激励的农地权益退出机制是一个较为可行的办法。但是，建立这种退出机制需要一些特定的社会经济条件和制度环境，例如完善的农村土地权益保障体系、健全的社会保障机制、具体而合理的激励措施等，特别是工业化和城市化的进程，是影响农户农地退出意愿的重要因素。

日韩及我国台湾等东亚国家和地区曾有着与我国大陆类似的农地制度背景，总结这些国家和地区农户退出农地的进程和做法对于分析我国建立农村土地承包经营权退出机制的改革方向具有借鉴意义。一方面，东亚地区的农业往往具有小规模甚至超小规模经营的特点。与此同时，农地分布上往往还存在细碎化的问题，例如日本的农地经营就兼具小规模和分散化的特征。农地的小规模经营，既是东亚地区人地关系紧张的结果，也与二战后普遍开展的农地改革有关。另一方面，战后初期为了保障自耕农体系的稳定性，一些国家还出台了严格限制农地流转[①]的政策和法律。例如，日本1952年的《农地法》严格限制农地流转，使农地流转市场逐渐萎缩。1946年日本全国农地流转面积约5.9万公顷，1961年已减少到了5.3万公顷。由于农地流转不畅，农户退出农地经营也随之受到了影响。

但随着后来东亚地区经济的发展，以及产业结构的变化，客观上又有了建立农地退出机制的需求，其动力主要表现在以下两个方面：

一方面，工业化和城市化的推进，使农业劳动力大量向外转移。例如从20世纪50年代开始，日本进入了工业化快速发展的黄金时期。随着GDP的增长，农业占日本经济总量的比重迅速下降，同时农业劳动力迅速地向二三产业转移。1950年日本的农业就业人口为1720万，到1970年减少到1014万，1995年更是减少到了382万。又如进入20世纪60年代后，随着中国台湾地区工业的发展，大量农业人口转移到了二三产业。从1964年到1998年，台湾的农业就业人口已从181万降到了82.2万。农业人口向外转移后，自然产生了退出农地的需求。

另一方面，随着工业经济的起飞，东亚地区的农业与其他产业之间、城乡之间的发展差距日益明显，农民与其他产业从业者之间的收入差距不断拉大。为实现协调发展，就要求提高农业生产效率、实现农业现代化。而现代农业所要求的优化生产要素配置、应用农业机械等措施，则离不开农地的适度规模经营。东亚地区农地的小规模经营和细碎化分布，在当时已成为提高农业生产效率的障碍，亟待有人退出农地，以实现经营规模的扩大。

在农地流转内在动力的作用下，越来越多的农户选择了放弃农地，东亚地区的农地市场开始逐步发育。相应地，各国家和地区的政府也适时改变了政策，开始对农地流转进行引导和推动，不仅取消了关于流转的种种限制，还推出了一系列配套服务来促进农地市场的健康发展。

政府引导推进农地流转，主要表现在对相关政策法律的修订上。日本由于农地改革及1952年的《农地法》的限制，形成了小规模的农业经营

① 对于农地私有制国家来说，其农地流转既包括农地的租赁，也包括农地的买卖。

格局。随着工业化和城市化的推进，农业劳动力开始逐步向其他产业转移，日本政府意识到有必要对农地政策进行调整。其中1961年制定的《农业基本法》被称作是日本“农业政策的转折点”，该法的主旨是提高农业生产率并消除农业人口与其他行业人口的收入差距，并支持农业生产规模的扩大。在随后的1962年日本修订了《农地法》，放宽了农户拥有农地的面积限制，但规定农户只能使用本家庭的劳动力，同时还允许了农业生产法人拥有土地，但规定股份公司不得购买农地。1975年，日本政府启动了“农地利用促进工程”，修改了《关于农业振兴区域条件整备问题的法律》，以使农田租借更加自由。1980年制订的《农地利用促进法》又强化了这些规定，并为土地流转提供信贷支持。此外，从1962年算起日本的《农地法》一共修订了7次，最近的一次修改是在2009年，从趋势上看，历次修改都提高了农地的流动性。其中，2009年12月15日，日本实施了《农地法》的修改，其主旨是为了提高农地的利用率，强调农地所有者有责任和义务正确有效地利用农地，并将对闲置农地及所有人不清楚的农地采取措施，同时进一步放宽了对农地转入方的限制。这些新的措施显然有助于促使那部分自己不从事农业经营的农地所有者退出农地。

随着近年农民外出务工的增加，我国的农地流转也进入了快速发展的阶段，这与日韩等国工业化黄金时期的情况十分相似。而这些国家和地区的经验告诉我们，应充分尊重农户退出农地的客观规律，不能急于求成。总结东亚地区的经验可知，农地的流转和规模经营往往要经历“工业化、城镇化发展——农业人口向外转移——政策法律调整——农户数下降——进城农户大规模退出农地”这样一个过程，其中从农业人口下降到农户数下降存在一个显著的滞后期。与周边国家相比，我国农村的人地矛盾更为突出，农地的经营规模更小，每个农业劳动力拥有的农地仅为0.17公顷左右。同时，我国工业化和城镇化的进程尚未最终完成，农村的社保体系也仍不完善，农地除了作为农业生产资料外，还承担着一定的社保功能。考虑到这一情况，我国在建立农地承包权退出机制的同时，应特别注重农户自愿的原则，避免部分地方政府有组织、大规模地引导甚至强迫农户退出承包权。

三、建立农地退出机制的制度条件与基本保障

（一）制度条件

从国际经验和中国当前实际看，建立农村承包地的有偿退出机制必须至少要具备以下前提条件：

1. 做好农地确权登记颁证工作。在人口、劳动力大量异地流动和政府主导城市化的背景下，城市发展对土地需求越来越旺盛，人地关系正经历巨大变化，围绕土地的利益各方博弈更加尖锐。由于我国现行土地产权制度在土地权利设置上的模糊性以及农民与政府在土地利益博弈上的弱势地位，城市化越加速，农民的土地权益越存在被侵犯的危险。为了保障城市化进程中农民的土地财产权利，防止地方政府为了扩大土地经营规模侵犯农户土地承包权利，应尽快落实中央关于农户土地承包关系长久不变的决定。由政府统一进行农民所有土地的确权、登记、颁证，为切实保护农民土地权利提供法律保障。从成都、安徽、北京、广东等地的试点来看，政府开展土地确权工作，确实达到了保护农民权益和促进城市化的效果，不仅有利于切实保护农民的土地权益，为维护农村稳定、保障农民利益提供长期的制度基础，也有利于城市化的健康发展。

2. 合理界定农民集体经济组织成员权。对农村集体经济组织成员权进行合理的法律界定。我国农村社会结构与集体土地所有制密切相关，法律规定农村土地属于农民集体所有，成员之间社会经济关系更为紧密、更加复杂。现阶段农村社会结构转型面临两方面挑战：一是现行法律缺乏对集体经济组织成员资格的界定，对成员权如何设立、退出及权益补偿机制等均没有相应规定；二是外部主体能否进入社区成为成员、享有部分成员权。当前，不少地方进行的土地入股、承包地和宅基地抵押、“双放弃”进城落户等做法，均涉及到成员以外主体引入问题，表面看是关于生产要素市场化的改革尝试，但实质上动摇了农村稳定的社会组织结构。在现有的制度框架下，如何通过制度安排的调整，减低成员权集体所有制的负面影响，成为农地经营制度变革和农村土地产权制度稳定的重要任务。可以考虑的制度设计是，将成员权可变的集体所有制变为以一个时点为界的成员权固定的集体所有制。成员权时点的确定，可以交由村社议事会决定，

时点确定后，不再变动。

3. 完善农户土地承包权与承包土地的经营权可分离的制度安排。目前的《物权法》和《农村土地承包法》在土地承包权设置上，尽管强化了承包农户对所承包土地的物权，但是，由于权能设置上过于笼统，既不利于农户土地承包权的按物权性质保护，也不利于承包农户土地经营权能的实施。有时为了强化保护承包权，只能对经营权的行使施加更多限制，承包权与经营权只能合一的结果，使农地经营停留于自耕农经济。有时为了强调经营权，农户的承包权被行政干预或削弱，侵犯农民土地产权。可取的办法是，在法律上明确农户土地产权的可分离，即将土地承包权与承包土地的经营权进行分离，承包权为田底权，经营权为田面权。承包权由承包农户永远持有，由他自主决定可使用、可收益、可转让权和可处置权。经营权是由承包权派生出来的权利，承包农户按承包权收取地租，承租承包权的经营者享有合约约定下的土地使用、收益、转让、抵押权。

（二）基本保障

中国的城市化进程，已经为增大劳均耕地规模和调整人均分地制度提供了机遇。但是，由于目前的城市化政策只为农村人口提供就业，没有提供与城里人同等的公共服务和平等住房、教育等政策。如果这套政策不做调整，农地经营规模的扩大和农业经营制度的调整就无法进行。

1. 推动城镇化、市民化协调发展。把加强中小城市和小城镇发展、解决符合条件的农业转移人口逐步在城镇就业落户作为推进城镇化的重要任务。加快落实放宽中小城市、小城镇特别是县城和中心镇落户条件的政策，促进符合条件的农业转移人口在城镇落户并享有与当地城镇居民同等的权益，保障农民工与城镇居民享有同等的创业就业权益。重点做好以下工作：一是健全农民工就业服务体系，促进农民工在城镇稳定就业。健全农民工职业教育和技能培训体系，大幅度提高技术熟练型农民工的比重。在农民工中全面推行劳动合同制度，健全工资支付保障制度，彻底解决拖欠农民工工资问题，确保农民工生产安全，健全劳资纠纷协调机制，提高农民工的组织化程度，形成农民工工资合理增长机制。消除城乡劳动者就业的身份差异，将城乡劳动力纳入统一的就业管理服务体系，实行城乡劳动者平等的就业制度，加快建立城乡统一的人力资源市场。二是完善覆盖农民工的城市公共服务体系。确保农民工在子女教育、公共卫生、计划生育、公共文化等方面与城镇居民享有同等待遇。三是建立覆盖农民工的社会保障体系。扩大农民工社会保障的覆盖面，落实好农民工养老保险关系异地转移与接续的政策，确保农民工在流动就业中的社会保障权利。四是建立覆盖农民工的城镇住房保障体系。对于在城市稳定就业一定年限、有一定经济能力的农民工，在保障性住房上应给予市民待遇，比照城市居民收入标准，提供廉租房、经济适用房、限价商品房。鼓励建设适合农民工租赁的社会化公寓，培育小户型房屋租赁市场。允许各地探索由集体经济组织利用农村建设用地建立农民工公寓。扩大公积金制度覆盖范围，逐步扩大到包括在城市中有固定工作的农民工群体。完善土地供应制度，土地利用规划、城市总体规划都要为农民工住房预留空间。

2. 继续推进新农村建设。今后一个时期，大量人口长期生活在农村的格局难以改变。即使我国城市化率达到发达国家 70% 的平均水平，仍将有 5 亿左右的人口生活在农村。扎实推进新农村建设、确保农村人口实现小康，是工业化和城镇化进程中必须解决的重大问题。要按照实现基本公共服务均等化的要求，发展农村公共事业。加大农村基础设施投入力度，加快推进农村饮水、电力、道路、通信、垃圾处理设施等建设，支持有条件的地方将基础设施和公共服务设施向乡镇延伸，加快农村危房改造。促进城乡义务教育均衡发展，加快在农村普及高中教育，推进农村免费职业教育。提高农村医疗保障水平，全面推行和巩固新型农村合作医疗制度，完善农村医疗救助制度，健全农村三级医疗卫生服务网络。完善农村居民最低生活保障制度，扩大新型农村社会养老保险试点的范围和覆盖面。

3. 建立覆盖城乡的公共财政制度。这几年，国家惠农政策体系的框架初步形成了，但标准还比较低。例如，2009 年农村低保按标准每月补助只有 64 元，新型农村养老保险也就是一个月补 54 元，新型农村合作医疗报销不到 40%，城乡义务教育的差距还非常大，农村水电路气等各个方面还需要大量的投资。总的来看，目前公共财政覆盖农村范围有限，农村公共服务水平较低，城乡面貌反差很大，必须全面提高财政对农村基础设施和公共服务的保障水平。建议在以下方面有新的突破：一是尽快制定和完善有关法律法规，明确界定财政总支出中“三农”支出的内涵，强化法律约束，建立财政资金“三农”投入稳定增长机制，力争在“十二五”期间将中央财政支农资金占财政收入的比重提高到10%以上。二是抓紧划分中央与地方的支农事权，完善转移支付办法，建立中央与地方财权和事权相匹配的财政支农体制。三是积极利用财政贴息、补助等手段，引导社会资金投向农村。四是创新农村投融资体制，拓宽“三农”投入来源渠道。五是根据财政支农目标和重点，有效整合财政支农资金，突出财政支农资金的公共性，健全政府农业投资监督机制，发挥资金使用的综合效果。

4. 建立农民市民化过程中土地权利实现机制。土地是农民谋生的主要手段，也是农民进行投资、积累财富及在代际间转移财富的主要途径。在快速工业化、城镇化进程中，建立保护农民土地权益有效机制，是处理好城乡关系面对的一个很具挑战性问题。农民身份转为城镇居民以后，其承包地、宅基地的处置、原有集体积累权益享受问题，是城镇化过程中的大政策。从我国的基本国情看，现阶段让农民放弃土地变市民是不现实的。农民市民化是一个漫长的过程，在这个过程中，是要处理好农民和土地的关系，确保农民土地权益不受损害。由于社会保障制度很不完善，在家乡有一块地，仍然是进城农民维持生计的最后一道防线。当农民在城市里的根没有扎下去前，不能轻易拔掉农村承包土地和宅基地这个根。简单地要求农民以放弃对集体土地权利的分享为代价，获得市民身份和社会保障是不公平的，这样有可能剥夺农民可持续发展的条件。“家中有地，进退有据”。农民既进得了城，能够享受市民化的基本公共服务，又回得了乡，继续享有土地权益，不会既失业又失地。在城乡之间“双向流动”，能够“两头沾光”，是保护农民利益的需要，也是促进城镇化健康发展和社会和谐稳定的需要。长期不变的土地承包权利是农民的财产权利，即使农民工进城定居，其土地承包权益也不能随意剥夺，而应通过市场转让获得财产收益，作为进城的一个资本来源。在平等协商自愿有偿的原则下，农民可采取转包、出租、转让等形式，流转土地承包经营权，要禁止违法调整、收回农民工承包地和强迫流转承包地。对在城镇稳定就业并落户的农民工，应允许自愿退出土地的长期承包权，作为进城安居的资本，把土地让渡给从事农业的农民。农民也可以以土地折价入股，带股进城。目前大量外出农民工宅基地闲置，是对土地资源的浪费。对于村庄整理节约出的建设用地，应当在法律法规和相关政策中明确农民拥有节约出来的建设用地的收益权。对于已经迁出户口、在城市定居、生活有保障农民，应该允许依法转让宅基地，建立宅基地用益物权的财产化实现机制。

5. 加快推进农村综合改革。加快推进以乡镇机构、县乡村财政管理体制等为主要内容的农村综合改革。进一步推进基层政府职能转变，明确乡镇政府的财权和事权，保障乡镇政府行使社会管理和提供基本公共服务所必要的经费。增强基层政府社会管理和公共服务职能，探索基层行政管理体制建设新机制。发挥县乡基层财政对财政支农资金就地和就近优势，加强涉农资金监管。开展加强乡镇财政“双基”改革试点。扩大村级公益事业建设“一事一议”财政奖补试点范围，构建村级公益事业建设新机制，破解村级公益事业建设难的问题。加快乡镇政府的职能转换，健全村党组织领导的充满活力的村民自治机制，规范村民自治的行为和管理办法。健全村组织经费保障机制，满足农村社区对社会管理和公共服务的基本需求，稳固农村基层政权。

第三节

农业适度规模经营的实现路径

当前，我国已经进入改造传统农业、深入推进农业现代化的关键时期，农业适度规模经营作为一项有助于转变农业发展方式、全面推进我国现代农业发展的战略性举措，必须要考虑不同地区差异化的自然、社会、经济条件。农业适度规模经营的实现路径因时因地而有不同选择，本节将从不同地区和不同产业的角度对农业适度规模经营的实现路径进行详细分析。

一、我国农业适度规模经营的内涵及主要形式

根据农业规模经营相关理论并结合我国各地区实践，本课题提出农业适度规模经营的概念是：在一定的社会经济和历史条件下，实现农业生产要素的最优组合和有效运行，以达到与耕地资源条件、社会经济条件、物质技术装备条件及管理水平相适应的合理数量的土地规模，实现农业生产布局区域化、生产专业化和服务规模化、社会化，从而获得良好的经济和社会效益。我国农业适度规模经营的形式主要有以下几种：

1. 以双层经营为基础的种植专业户。这种模式是以“双层经营、户为基础”为基本格局，也是目前我国各地实现农业适度规模经营形式中最多的一种形式。这种模式的基本框架是：以家庭经营为基础，由一家一户扩大承包土地，实现家庭经营与规模经营相结合。农户不直接经营农业机械，主要生产环节的机械化作业靠农业社会化服务组织完成。它是双重体制下小农户经营的一种“进化”，因其不改变“双层经营、户为基础”为基本格局，受到多数人的肯定，成为目前的主流模式。这种模式是我国家庭联产承包的经营规模向适度规模经营的过渡，它对解决农户购置机器设备的资金不足等棘手问题、对于维持现存的土地制度和农村政策的连续性起到了不可替代的作用，不失为解决农村经营矛盾的一条可行途径。

2. 以家庭经营为主体的家庭农场。它的基本特征是以家庭为经营主体，有成套的机器设备，生产作业的主要环节由家庭成员使用的机器完成，经营面积达到一个合理的机群结构。随着家庭联产承包小规模经营局限性的日益暴露，家庭农场越来越受到人们的青睐尤其是在国营农场内部纷纷办起家庭农场。家庭农场在资本主义国家已经历了上百年的历史。但根据我国具体条件，家庭农场的自身特点和客观条件的限制，在我国除少数人少地多的西北、东北地区能有所作为外，在其他地区的发展将受到限制。

3. 股份经济合作体。它是把分散单一的粮食生产发展成为一业为主、多业并举、规模经营的科技型、生态型、效益型农业。股份合作体应因

地、因条件而宜。一是生产要素作价折资入股办实体。就是把不同所有者的资金、生产设备、技术、劳动力等生产要素集中起来，进行联合生产经营。按投入的生产要素情况合理作价，折成股份，进行效益分配。这种形式适合农村刚刚摆脱贫困和解决温饱问题，多数农民手中没有剩余资金的实际情况。这种用劳动力、技术、场地、物资等农民现有的“潜在资金”入股，丰富了股份合作的内涵。二是集资入股联合办实体。这是股份经济合作体的主要形式。就是农民把分散小额资金集中起来，采取自愿的方式，联合起来兴办企业，然后按股份额决定分配份额的多少。三是能人牵头招股兴办林、果、牧、渔实体，就是以村屯为基本单位，利用当地资源优势，由有生产经营经验的高产大王负责牵头引资招股办实体。

4. 自愿结合为基础的联合体。它是农民在自愿互利基础上的一种联合经营模式。它主要有两种类型：一类是在自愿互利基础上的完全联合。实行统一经营、统一核算，其实质是新的合作经济。另一类是互助合作性质的松散联合。实行分户核算，只进行生产管理上联合，把原来的人情交易变为户与户的有偿服务。这两种联合体形式，不改变目前的土地承包责任制，弥补了一家一户分散经营的困难。

5. 以集体经营为主的农业专业队。这种模式仅在苏南、京郊等少数非农产业高度发达和集体经济力量相当雄厚的地方得以尝试。它要求非农产业高度发达，产业结构和就业结构趋于优化，技术装备、机械化水平、服务组织和经营管理水平较高。在集体经济内部实行专业分工，各专业队独立核算、自负盈亏。专业队不经营农业机械，全部服务都是由集体提供。在这种模式中，有一种更高级的形式是农业车间或称绿色车间，务农人员与务工人员一样都纳入企业正式编制，它比一般农业专业队要求更高。农业专业队的模式对于平衡农村内部的分配关系，合理地匹配人、财、物等生产要素，兴建农田水利，发挥社会主义制度优越性等都起到一定作用。

6. 以合作经营为基础的集体农场、合作农场。这种模式与农业专业队所要求的条件基本一致，都是以农村工业的发展、产业结构的优化、劳动力的转移为条件。这种模式的基本思路是：在政策的引导下，在土地国有化的基础上，通过公平竞争租赁招标土地的使用权。国家土地管理机关，专门负责土地的测定、土地的登记、整治和出租等，代行国家对土地的管理职能。拥有完整配套的农业机械设备的集体农场自主经营、自负盈亏。在租赁期限内拥有土地的使用权，租赁期满，由土地管理机关重新评定土地等级和租赁。经营主体要以地租形式交纳的地租，形成国民收入的一部分。

结合我国现实来看，各地区农业生产条件存在很大差异性，决定了我国适度规模经营的形式不可能完全一致，也不可能在各地同时起步。即使同属经济发达地区，不仅规模经营的形式会有所不同，而且目标模式发展运动的轨迹也会因地而异。因此，我国农业适度规模经营的模式应是多种形式并存发展，但其具有共同特点：一是坚持家庭承包经营，充分尊重和维护农户土地承包经营权；二是适合农业生产特点和现阶段农业生产力水平，实行优良传统农耕技术与现代农业技术和社会化服务相结合，既发挥了农民家庭经营积极性，又解决了家庭经营难以克服的生产经营困难；三是提高了农民进入市场的组织化程度和农业整体竞争力，成功地将农户的生产经营纳入社会化大生产的轨道。

二、我国农业适度规模经营面临的主要问题

随着工业化、城镇化水平的不断提高和农村市场经济的深入发展，对用于农业和非农业生产的资源竞争越来越激烈，对怎样使用于农业生产的各种有限要素资源合理协调配置并不断提高它们的利用效率，充分发挥其最佳生产潜能，是摆在理论和实际生产者面前的重要课题。我国各地不断探索适合当地经济社会技术条件的农业适度规模经营模式，但发展的进度和遇到的问题也不断地表现出来。综合起来目前我国农业适度规模经营中遇到的主要问题有：

（一）农业生产的规模经济效益低

我国目前普遍实行平均分配耕地的土地制度，使单个农户土地经营规模很小，且土地细碎不连片，形成既狭小又分散的土地经营规模特征。分散的小规模农户经营难以抵御不确定的自然风险、技术风险和市场风险，也没有足够的财力和人力承担对我国传统农业进行现代物质技术的改造，

影响了农户投资于农田水利等基础设施建设、先进农业机械化的采用和农业科学技术推广应用的前进步伐，制约了农业土地的农产品产出率、农业劳动生产率的提高，使各种农业生产要素的规模经济特性不能有效地发挥。

（二）农业生产经营者的整体素质不高

由于农户的兼业化，影响了农户农业知识的积累和学习的积极性，不利于农业生产经营者素质的提高，同时，农村留守劳动力在年龄、知识结构上都表现出明显不适应进行现代农业适度规模经营的要求，给农业适度规模经营的实施增加了难度。高素质农村劳动力的外流导致目前我国从事农业生产的农业劳动者素质不断下降，生产经营主体不能适应发展现代农业的要求。

（三）农业经营生产剩余少，农业投资不足

农户经营的规模小使农业生产剩余少，追求经济利益最大的农户将有限的农业生产剩余投向资本回报率大的非农领域，同时政府的农业投资支出也显得不足。投资不足直接导致农业所需的各种资源要素不断流出农业生产领域，使农业生产的资本积累低。这样使农业采用先进现代农业生产要素的资本支持不够，影响农业的发展，大大削弱了农业生产部门的扩大再生产能力，使农业适度规模经营的发展缺乏坚实的物质基础。

（四）土地适度规模经营问题多且难度大

作为农业适度规模经营的一种重要形式，土地规模经营在推进过程中由于各方面因素呈现出了重重困难，主要表现为：一是农户对土地流转积极性不高以及流转行为不规范；二是规模经营户通过流转承包到的土地比较分散，难以形成集中连片耕种；三是流转后的土地都未经过统一整改，地块高低不平、大小不均，难以形成有利于机械化操作的高标准大块农地，农业生产耕作还是主要依靠人工投入，影响了规模化生产的效率。

（五）农业基础设施薄弱，农业规模经营抵御自然风险能力弱

我国的农业生产经营很大一部分因素取决于天气的好坏，还没有摆脱靠天吃饭的困境，自然灾害风险对农业生产收成的多少起到了决定性作用。由于实行家庭联产承包责任制分散经营，造成原来主要由集体经济组织承担的农业基础设施建设长期年久失修，加之有些地区自然条件较差，严重影响了农业的规模化生产经营活动。主要表现为：一是农田未整改；二是水利条件差；三是机耕路况差；四是排灌设备老化。

（六）农业正规金融服务缺失，制约了规模经营的融资需求

在对江苏、河南、湖南等地种植大户和养殖大户的典型案例调查中，大户们普遍反映影响农业规模的主要因素之一是融资贷款难。融资困难成为制约规模化生产正常运转的最大瓶颈。目前，一般经营大户贷款的主要渠道是农村信用社。从银行贷款只有成立了具有公司性质的主体用公司资产抵押才能获得，但贷款的数量远远不能满足生产的需要，资金缺口很大。

（七）一些地区涉农服务力度较弱，农业规模经营无法得到有效支持

调查发现，农业规模化生产经营主体对农业科技服务要求迫切。虽然各地原来都建立了很多基层农业综合服务部门，由于其已从社会化服务向市场化运作的商业有偿服务转变，大部分农业服务部门是在搞种子、化肥、农药的销售经营业务，真正对农户免费提供技术培训、病虫防治等农业技术的公益性服务不多。更大的问题在于，近年乡镇农技站的管理体制和编制的改革，导致原来本已健全的农技服务体系处于涣散状态，基层农技站归属乡镇管理后多被改成了农业综合服务中心，农技人员的工作不再是为农业生产经营服务而是围绕着乡镇的中心任务工作。

（八）农业生产经营产业化、组织化、社会化水平低下

长期以来的分散生产、各自为战的小农经营观念使得我国农业生产一直处于较低水平。我国农业社会化服务体系也不健全，总体服务水平较

低，服务内容比较单一，服务管理不够规范，特别是农业技术、信息、金融和保险服务缺乏，不适应农业生产发展的需要，无法提供产前、产中、产后全过程综合配套服务。同时，我国农业产业化经营水平还较低，现代农业产业体系还很不健全，龙头企业经营实力还较弱，农户利益联结机制还不紧密，核心竞争能力不强，迫切需要加快发展农业产业一体化，提高应对国内外市场的竞争能力。

三、现阶段推进我国农业适度规模经营的实现路径

农业适度规模经营的实现路径是多种多样的，不同的地区、不同阶段、不同资源禀赋、不同生产经营性质、不同的种养品种所对应的最佳实现路径均不相同。在研究中我们结合调研案例重点分析了东部发达地区、西部地区、中部粮食主产区种植、养殖的适度规模经营情况，概括总结出政府扶持、龙头企业带动、农民专业合作组织推动、“龙头企业 + 农户”合作等几种典型的推进农业适度规模经营实现方式，但这并不能穷尽所有的实现路径。（见表 3.1）通过调研总结，目前适度规模经营实现路径主要有如下几种：第一种是龙头企业带动。它主要依托当地实力雄厚的龙头企业，在政府的协调和引导下运用市场机制的作用来推进适度规模经营。这种模式适用于种植业，适合在农业产业化发展较好的地区推广，比较典型的个案有河南省浚县依托当地知名农业深加工企业中鹤集团推进土地集中流转至企业进而实现适度规模经营。第二种是政府推动。它强调政府在推进适度规模经营中的主导作用，当地政府通过强大的财政支持，以奖励、补贴等各种方式推动土地、农机等生产要素的集中进而实现适度规模经营。这种模式适用于种植业、养殖业和农业社会化服务业等类型的适度规模经营，适合在经济发达地区采用，比较典型的个案有苏南的张家港依托当地强大的财政支持推进土地集中流转到大户进而实现适度规模经营。第三种是种养大户或农场经营。它是种养大户租赁他人土地进行规模种植和养殖，主要依靠自己的技术、经验和资金进行农场化的生产经营活动。适用于在那些农户分散经营比较效益低，且能通过规模化和现代农业技术、设施的使用大大拓展经营效益空间的地区。第四种是农业社会化服务组织带动。它主要依托当地健全的农业社会化服务组织体系，实现农业生

产经营过程中某个或某些环节的规模经营。主要适用于种植业、养殖业和农业社会化服务业，适合在农业社会化服务体系较健全、政府引导监管机制较完善的地区推广，比较典型的个案有扬州市邗江区植保专业服务社模式和睢宁农田托管模式。第五种是龙头企业与农户合作。其特点是龙头企业已经形成了完善、固定、可复制的合作模式，与农户有全面的合作与收益分配协议，龙头企业掌控生产经营核心环节，统一供种苗及生产资料，与农户结成了利益共同体。它主要适用于生产经营环节比较容易分开进行的某些产业，如养殖业，适宜于那些有较高抗风险能力的企业牵头、当地农户有较好的种养传统和规模的地区推广，典型案例有广东温氏集团和重庆粮食集团优质粮基地建设的做法。第六种是农民专业合作社。在这种形式中，合作社成员之间形成了紧密的利益链条，有完善的制度体系和利益分配机制，组织中既有丰富的传统种养经验的社员，又有具备现代经营意识的社员。主要适用于种植业、养殖业和高效农业，适宜于那些有大户或经济能人牵头，相关产业已经形成了显著规模和良好的发展基础的地区，比较典型的有四川简阳南堰猪业专业合作社模式、乐山市双艺农业合作社模式。第七种是农业园区（小区）。这种方式注重统一建设、分户经营，统分结合，充分发挥了个体的积极性和园区的规模优势，在农业生产的某个或某些环节以园区为依托进行统一建设和安排，有助于特色、高效产业带。主要适用于种植业和养殖业的发展，适宜于那些已经形成了比较好的专业化生产基地，产业集群效应比较显著的地区，比较典型的有张家港市常阴沙农业园区、荣昌县生猪养殖产业生态科技园。

表 3.1　　农业适度规模经营的主要实现路径

实现路径	主要特征	适用的产业	适用的地区	典型模式
龙头企业带动	龙头企业通过市场机制实现种植适度规模经营	种植业	农业产业化发展基础较好地区	河南浚县中鹤集团模式
政府推动	政府为主导	种植业 养殖业 农业社会化服务业	地方经济发展水平较好	苏南张家港土地集中流转模式

续表

实现路径	主要特征	适用的产业	适用的地区	典型模式
种养大户（农场）	种养能手租赁他人土地进行规模化种植、养殖，主要依靠自身技术、资金等进行生产经营活动	种植业 养殖业	农户分散进行农业生产比较效益较低，规模经营的效益空间较大，能够使用现代化技术和设施的地区	各地普遍存在
农业社会化服务组织带动	依托农业社会化服务组织，实现农业生产经营某个或某些环节的规模化	种植业 养殖业 农业社会化服务业	农业社会化服务体系较健全、政府引导监管机制较完善的地区	睢宁农田托管模式
“龙头企业+农户”	有成熟完善的合作协议、龙头企业掌控生产经营核心环节、统一供种苗及生产资料、与农户结成了利益共同体	养殖业	有较高抗风险能力的企业牵头，当地农户有较好的种植和养殖传统和规模的地区	广东温氏集团、重庆粮食集团优质粮基地
农民专业合作社	合作社成员之间形成了紧密的利益链条，有完善的制度体系和利益分配机制，组织既有丰富的传统种养经验的社员，又有具备现代经营意识的社员	种植业 养殖业 高效农业	有大户或经济能人牵头，且相关产业已经形成了显著规模和良好发展基础的地区	四川简阳南堰猪业专业合作社模式、乐山市双艺农业合作社模式
农业园区（小区）	统一建设、分户经营，统分结合，充分发挥了个体的积极性和园区的规模优势，农业生产的某个或某些环节统一进行，有助于特色、高效产业带	种植业 养殖业	已经形成比较好的专业化生产基地，产业集群效应比较显著的地区	张家港市常阴沙农业园区、荣昌县生猪养殖产业生态科技园

在对上述几种经典的适度规模经营方式的阐释基础上，以下从分地区（东、中、西部）和分产业（主要针对种植业和养殖业）的角度提出农业适度规模经营的发展方向和实现方式，以此作为相关地区和产业决策时的参考。

1. 不同地区农业适度规模经营的发展方向与实现方式。

（1）西部地区。西部地区农业资源多样，地形、气候、生态环境复杂多样，农业适度规模经营不可能一味地追求面积、规模和数量上的扩张，在适度规模经营的产业选择上应充分利用气候等资源优势，大力发展生态型特色农业，加快发展优质棉花、糖料、水果、蔬菜、花卉、茶叶、蚕桑、中药材和名特优畜禽、水产品等具有优势的农产品生产，建设特色农产品生产基地，实现特色农业产业化经营。在具体的适度规模经营实现方式上可以选择种养大户（农场）、“龙头企业+农户”和农民专业合作社等形式。

（2）中部地区。中部地区农业资源丰富，发展大宗农产品优势明显，但由于资金、技术、生产规模等方面的制约，农产品加工转化增值较落后，产业化水平不高，长期以来，中部地区农村经济发展与其粮食主产区地位极不相称，普遍存在“农业大省、经济小省、财政穷省”现象。中部地区应充分发挥本区大宗农产品生产优势，稳步提高粮食综合生产能力，发展加工型商品农业，延伸产业链，构建有效的农民增收和农业提质之间的互动机制。在农业规模经营的产业选择上应继续推进水稻、小麦、棉花、双低油菜、肉牛肉羊、水产品等六大优势农产品产业带建设，纵深建设全国重要的粮棉油生产基地。在规模经营具体实现方式上可选择龙头企业带动、政府推动和种养大户（农场）等模式。

（3）东部地区。东部地区具有良好的经济发展基础，资本技术实力雄厚，区位优势显著，但由于人多地少，耕地资源严重不足，且农业资源出现了严重的非农化倾向。东部地区在农业规模经营的产业选择上应充分发挥技术、资本和管理优势，大力发展高效农业、循环农业和外向型农业。在具体的规模经营实现方式上可选择龙头企业带动、政府推动、农业社会化服务组织带动和种养大户（农场）、农业园区等模式。

2. 不同产业适度规模经营的发展方向与实现方式。

(1) 种植业。种植业是农业的主要组成部分，土地是其基本的生产要素，它是人类生产、生活资料的主要来源，是其他一切产业的基础。按照作物生长的周期、气候、适宜度、种植传统、作物结构及发展布局，一般把我国农作物种植业区域划分为10个区域。主要有：东北大豆、春麦、玉米、甜菜区；北部高原小杂粮、甜菜区；黄淮海棉、麦、油、烟、果区；长江中下游稻、棉、油、桑、茶区；南方丘陵双季稻、茶、柑橘区；华南双季稻、热带作物、甘蔗区；川陕盆地稻、玉米、薯类、柑橘、桑区；云贵高原稻、玉米、烟草区；西北绿洲麦、棉、甜菜、葡萄区；青藏高原青稞、小麦、甜菜区。考虑种植业的自然和产业特性，结合前期的调研和案例分析，我们认为种植业应在充分考虑当地的自然、社会和经济资源因地制宜地选择适合的作物种植，要注重作物的特色性、效益性和产业链的可拓展性，在具体的规模经营实现方式上可以考虑龙头企业带动、政府推动、种养大户（农场）、农业社会化服务组织带动、“龙头企业+农户”和农民专业合作社等方式。

(2) 养殖业。与种植业不同的是，土地等敏感问题对于养殖业的影响并不是最根本的，因此相对比较容易推进。一般而言，西部、中部地区因为具有较好的养殖传统和显著的地方性养殖资源优势，因此比较适合发展已经过数代选育的地方特色禽畜产品。一些名贵、珍稀畜禽品种，尤其是附加值较高的特色水产养殖，由于更多地受技术、资金等方面的影响，比较适合在东部地区发展。在具体的规模化发展方式上养殖业可以选择种养大户（农场）、“龙头企业+农户”、农民专业合作社和养殖业园区（小区）等方式。

在我国农业发展实践中，已经探索形成了大量的适合自己的规模经营经验，农业适度规模经营没有放之四海而皆准的普适性模式，即使是本研究总结出的各种实现模式也会随着经济社会的发展不断地充实和调整。农业适度规模经营是一个动态的概念，因而实现适度规模经营的路径和方式也是一个动态的完善过程，各地必须充分考虑自身的资源状况、经济社会基础、经营主体的能力素质和具体的生产经营性质来确定适合当地实际的适度规模经营实现路径。

第四节 新型职业农民开展适度规模经营的特点与意愿

国内外已经有很多学者对规模经营和适度规模经营做出了分析，从不同角度阐述了适度规模经营对农业的影响，也确立了适度规模的标准和范围。随着我国农村劳动力的大量转移，农业后继乏人的现象越来越严重。培育新型职业农民、发展以新型职业农民为生产主体的适度规模经营，将为农业所面临的危机提供有效的化解途径。本研究把新型职业农民作为分析适度规模经营主体的一个视角，从新型职业农民的特点和经营意愿来考察适度规模经营的实现环境。

一、新型职业农民背景下农业适度规模经营特点

（一）新型职业农民的特点

自从2012年中央一号文件提出大力培育新型职业农民的概念以来，对新型职业农民的理解各执己见，因此导致了种种错误理解，其中最为典型的是把新型职业农民理解为“农场工人”，最常见的口号就是“农民工人化”。因此有必要从含义上对新型职业农民进行界定。必须强调的是，新型职业农民首先是农民。农民是指长期居住在农村，并以土地等农业生产资料长期从事农业生产的劳动者。农民要符合以下4个条件：（1）占有（或长期使用）一定数量的生产性耕地；（2）大部分时间从事农业劳动；（3）经济收入主要来源于农业生产和农业经营；（4）长期居住在农村。这是构成农民的基本条件，是农业生产特点所提出的基本要求。新型职业农民也必须符合这些条件，这是与非农民、兼业农民和高工资收入的农业工人等概念区分开来的重要标志。新型职业农民除了符合农民的一般条件，还必须具备以下3个条件，以区别从事农业活动的其他

群体：

1. 新型职业农民是市场主体。传统农民主要依靠传统生产方式，以维持生计为目标，是自给自足的农业生产主体；而新型职业农民生产的目的在于为市场提供农产品，要充分地进入市场，并通过利用市场信息、提高产品质量、调整农产品结构、延长农业产业链条和利用农业的多功能性等满足消费者需求，通过一切可能的选择追求报酬最大化。因此，新型职业农民一般具有较高的收入。

2. 具有较高的稳定性。稳定性是农业对从业者的基本要求。因为农业具有生产周期长的特点，土地需要精心呵护、地力需要长期培植，这样农业的可持续发展才能得以实现。此特点用以区别于对农业的短期投资行为。此外，只有稳定性才可能积累农业生产经验、提高农业生产水平，因为农业生产是具有地域性和对实践经验具有较大依赖的活动，没有长期的经验积累，把农业做好是不可能的。稳定性的另一个表现是新型职业农民把务农作为终身职业，而且有农业生产的后继者。

3. 具有高度的社会责任感和现代责任观念。传统农民只需要生产出满足家庭需要的农产品，其责任范围只限于个体和家人。新型职业农民不仅有文化、懂技术、会经营，其社会责任要求也不断扩大。首先，新型职业农民的行为要对消费者负责，保障为社会提供安全、可靠的农产品。其次，新型职业农民要对环境负责，如在农业生产过程中不污染和破坏环境，不滥施化肥、农药，不破坏植被等，即承担对环境的责任。其三，要对后代负责。农业是人类生存的基础，土地要做到永续利用，就必须培植地力、不污染土地、不改变土地性质，为子孙后代留下最宝贵的可利用资源。可见，新型职业农民具有更多的社会责任，不仅要对自己负责，还要求其行为对他人、生态环境、社会和后人承担责任。一般来说，责任的大小与社会地位高低成正相关，随着新型职业农民社会责任的扩大，社会地位也会逐渐提高。

（二）新型职业农民背景下农业适度规模经营含义

农业适度规模经营是指农业生产经营单位拥有与耕地资源条件、社会经济条件、物质技术装备条件及管理水平相适应的合理数量的土地规模；

或生产经营单位突破土地规模狭小制约，通过主要生产环节的合作服务，实现农业生产布局区域化、生产专业化和服务规模化、社会化，从而获得良好的经济和社会效益。农业适度规模经营并不是单纯意义上的规模经营，其最终目标仍然是经济效率。规模过大，可能导致劳动力、机械等配备不足，从而带来粗放经营；规模过小可能导致各类生产要素的闲置。在这样一个既不能过小又不能太大的规模中要确定一个适度的范围。课题组提出，新型职业农民背景下的适度规模经营其下限标准是经营规模能使经营者维持其正常生产和生活，规模经营上限是指在不雇佣劳动力的前提下家庭成员所能经营的最大规模。

1. 适度规模经营应以家庭农场的形式存在。在我国，家庭农场是伴随着家庭承包经营和农业适度规模经营的发展而出现的新生事物，是指以农户家庭为单位、从事适度规模经营的农业生产形式，是农户家庭组织的高级形式。目前我国农村的双层经营体制所凸显的问题是统不足而分有余，分散经营的农户很难集中有限的物力、财力实现农业的规模经营。而越来越小的土地经营规模和极为零碎分散的土地资源配置，严重制约着土地的正常经营。分散、零碎的农户经营通过土地流转向一些种田能手、大户集中，使之演化成具有一定规模、能实现专业化和集约化的家庭农场形式。家庭农场不仅为新型职业农民提供存在的空间，也奠定了农民组织化的基础。

2. 适度规模经营应以不雇佣劳动力为特征。以新型职业农民为主体的农业适度规模经营的重要特征是以不雇佣农业劳动力为限。原因有以下两点：一是农业生产雇佣劳动力会增加农业生产成本，降低农业劳动质量，不存在所谓“规模效应”。农业的外部性和农业面临的自然和市场风险导致农业效益低下，并不能因生产组织的扩大而改变，大量的实证研究证明农民经营农业的收入基本上等同于自己的劳务收入，并无多余利润可言。农业只要雇人来劳动，所面临的风险极大，缺乏可持续发展的基础。此外，雇佣劳动力者沦为不劳动者，其收入靠资本获得，也就不再具备农民的特征，不属于新型职业农民的范畴。二是家庭内部经营可使劳动力发挥出最大效用。家庭成员间的了解和合作是全面的，而且是无私的。人的利他行为只有在家庭成员中才能得到充分体现。农户家庭的利益直接与其生产活动紧密联系，是无需外部监督的自我激励机制在发挥作用。家庭成员尽其所能的劳动，使其生产经营积极性最大限度地发挥出来。家庭经营所具有的天然优势能够在更大程度上适应农业生产的特性。

（三）新型职业农民背景下农业适度规模经营特点

新型职业农民背景下的农业规模经营是适应现代农业发展需求，促进农业健康、可持续发展的经营模式。这种适度规模经营既避免了传统小农经营的弱点，也弥补了雇佣劳动力规模经营农业的缺陷，即同时兼有传统农业经营和现代农业适度规模经营的优势。

首先，新型职业农民背景下的农业适度规模经营保持了家庭经营优势，符合农业生产特点。家庭经营作为适合农业生产的普遍形式是由农业生产特点和家庭特点所决定的，农业劳动的季节性、综合性、高度的灵活性和经验性，与家庭成员之间的无私性、高度的责任感和自觉性相吻合。只要农业生产特点不变，家庭经营的适应性就不会变化。因此，家庭经营成为保持农民生产积极性的重要基础。新型职业农民背景下的农业适度规模经营正是在保持农业家庭经营优势的基础上形成现代农业的生产模式。

其次，新型职业农民背景下的农业适度规模经营有利于农业科技的运用和推广。传统小农分散经营存在着经营土地面积小、经营范围分散的问题，这些问题极大限制了农业科技在农业生产过程中的应用和推广。大型农机无法在分散的土地上有效作业，增加了使用农业技术的成本，农民很难获得规模效益。另外，小农经营对农业科技的需求也非常有限，由于农民本身对农业生产的效益期待不高，所以限制了农户对农业科技的需求。而新型职业农民背景下的农业适度规模经营，是具备了农户经营和适度规模经营各自优势的高层次的经营形式。在家庭农场制下，农场主职能的发挥完善了农村经营体制的基本模式。家庭农场不仅自身具有了对农业科技的需求，可以担负部分农业技术服务、示范、推广和农产品的销售等职能，对农业科技的利用和推广都起到促进作用。

其三，有利于农民组织化程度的提高。理论和实践都反复证明，不论在生产力落后的自然经济条件下，还是在生产力发达的现代农业中，农业生产的农户经营都具有强大的生命力。同时也应该看到农户经营的种种弊端是客观存在的，解决这种弊端的有效方式是通过合作社来实现。但是《农民专业合作社法》2007年实施以来，农民的合作需求并不强烈，大多处于“无所谓”和模棱两可的态度，这主要是分散的小农户难以通过合作产生足以激发其合作欲望的效益。新型职业农民背景下的家庭农场在我国有着深厚的文化基础，可以看作是家庭联产承包责任制的升级。由于经营规模的扩大，家庭农场模式不仅激发了农场主农业信息、科学技术、管理模式、生产方式变革的需求，同时也激发了农场主合作与联合的欲望。家庭农场为了追求家庭生产的效益、抵御外部风险、提高竞争力，农场之间的联合就成为一种重要选择，以家庭农场为基础有助于形成更高级形态的农民组织。

二、新型职业农民背景下的农业适度规模经营意愿

以新型职业农民为背景考察农业的适度规模经营需要了解以下三个意愿和态度：首先是职业农民的年收入期望，其次是耕地面积意愿，其三是实际经营能力水平。为了解这些情况，本节课题组对北京地区顺义、大兴、房山、通州、平谷等13个区县的农民共计300人进行了问卷调查和访谈。所调查的农民类型包括普通农户、种植大户、外出打工者。主要调查内容涉及家庭基本情况、家庭收入情况、农业效益、经营规模、经营内容情况和对未来经营农业的愿景等。调查所得出的数据可以大致反映出农民适度规模经营的收入水平和农民所期望的农业经营规模标准。

（一）农民对收入的意愿

调查对象对“具有多高的收入才愿意当职业农民”这个问题的回答十分笼统和模糊，大部分人认为“比外出打工收入高就愿意当职业农民”（58%），其次是“能够生活就愿意当农民”（30%），也有少数人回答“不管挣多少钱也不愿意务农”（12%）。从实际调查数据看，农民整体收入还处在一个相对较低的水平，但是农业收入仍然是家庭主要经济来源。在拥有5亩以下耕地面积的农户中，农业收入占家庭总收入一半以上的农户占到约52%，在拥有5—10亩耕地的农户中农业收入超过家庭收入一

半以上的约占53%，在10—15亩的面积范围内，农业收入的比重有了明显提高，约63%的农户主要依赖农业收入。在拥有15亩以上规模经营的农户中，农业收入基本上占据了家庭收入的全部，由此可以看出经营规模是影响农民农业收入结构的重要因素。

拥有一定规模耕地是农民将主要精力投入到农业生产经营的条件之一，但小规模的农业生产其农业收入满足不了家庭的基本生活开销，必须要花掉一部分时间和精力投入到非农产业中来增加收入，当非农收入远远高于农业经营收入时，农业就会成为副业。调查中，农户经营规模在5亩以下的农户，对土地受益的看法基本上持“无所谓”的态度。访谈发现，2011年拥有2个劳动力的农户其外出打工的纯收入一般在5万元左右，大多数被访谈者表示如果农业经营收入能达到5万左右就可以将经营农业作为自己的职业，然而在不同的地区、不同的经营内容，判断何种农业经营规模可以达到这种收入标准还是要因地而异、因经营内容而异。绝大多数农民对农业收入的期望并没有过高的要求，基本与城市工薪阶层相当，甚至有人提出只要够生活，比打工少一些也愿意在家种地，那样不至于在外飘泊，还可以照顾家庭。

按照这样的收入期望我们可以推断出职业农民适度规模经营的下限。根据目前北京郊区的农业收入水平，种粮平均每亩每年收入约为1300元左右，果农平均每年每亩收入大约在7500元左右，菜农每年每亩收入大约在6000元左右（这其中包括了大棚种植等形式），混合种植的农户平均每亩年收益在2700元左右。根据这样的收入标准，当拥有2个劳动力的农户的农业年收入达到5万元左右时，粮农需要经营大约38亩的土地才能达到这一标准，果农需要的经营面积大约为6亩，菜农大约为8亩，混合种植的农户大约需要18亩的面积。以上依据农民收入意愿做出的农户经营最小规模的推算，与实际情况并不完全一致。

（二）农民经营规模意愿

在调查的样本中，直接承包村集体土地是现阶段农民土地来源的主要方式，有11%的农户通过自发土地流转获取了更多土地，扩大了经营规模。被调查农户的平均耕种面积是5亩，拥有5亩及以下面积的农户占调查样本的47%；拥有5—10亩耕地的农户占22%的比例，而耕地面积在10—15亩范围的农户占有14%，拥有耕地在15—20亩面积的农户只有32户，占调查样本的11%。通过座谈发现，在农户的期望中，5亩以下的经营规模属于目前农业经营的常态，5—10亩的耕地面积就已达到相对规模经营的水平。在对耕种土地需求上，48%的农民希望自己能够拥有更多的土地用来经营，约28%的农民认为目前的耕地面积刚好满足自己的经营能力，剩下的约24%的农民觉得现有的耕种面积已经超出了自己的经营能力范围。

进一步分析发现，在期望扩大经营规模的农户中，具有不同耕种规模的农户所表现出来的意愿也是不同的。其中，拥有5亩左右土地的农民最希望扩大农业经营面积，希望拥有更多土地面积的人数比例占到63%；拥有5—10亩耕地的农民中，有57%的比例希望能够获得更多的土地来经营；拥有10—15亩土地的农民中，约53%的人希望拥有更多的土地来经营。可以看出，绝大多数的农民是希望有更多的土地来经营，拥有5亩左右面积的农户需求最为强烈。大多数农民认为30亩左右的经营规模是最为合适的农业经营规模。

根据表3.2，我们将北京市郊区农户分成粮农、果农、菜农和混合种植农户四种类型，不同经营类型农户在土地耕种面积上各不相同。总体而言，粮农经营面积集中在10亩及以下水平，共有102户，占被调查粮农的64%；经营面积在10亩以上的仅有57户，占有36%。这与上文提到的38亩经营标准还相差甚远，单纯依靠10亩左右面积的粮食种植就难以达到较高的家庭收入水平。果农经营面积大都集中在5亩以下，占有82%的比例；经营面积在5亩以上的仅有7户，占有18%。菜农总体经营面积也保持在5亩水平，只有44%的农户经营面积在5亩以上。根据前文，果农和菜农要想达到较为理想的经营收入水平必须拥有6亩和8亩的耕种面积，而当前能够达到这一耕种标准的农户仍只占少数；同样，当前混合种植农户的经营面积大多集中在10亩以下水平，也远远达不到18亩的理想经营标准。

表 3.2　　北京地区不同农户实际经营面积调查

经营面积（亩）	粮农（户数的%）	果农（户数的%）	菜农（户数的%）	混合种植（户数的%）	合计（户数的%）
<5	67（42）	32（82）	30（56）	12（25）	141（47）
5—10	35（22）	4（10）	14（26）	14（29）	67（22）
10—15	24（15）	2（5）	6（11）	10（21）	42（14）
15—20	19（12）	1（3）	4（7）	8（17）	32（11）
>20	14（9）	—	—	4（8）	18（6）
合计	159（100）	39（100）	54（100）	48（100）	300（100）

表 3.3　　北京地区不同农户扩大经营面积意愿调查

期望规模（亩）	粮农（户数的%）	果农（户数的%）	菜农（户数的%）	混合种植（户数的%）	合计（户数的%）
5—10	30（19）	27（69）	38（70）	10（21）	105（35）
10—15	28（18）	8（21）	10（19）	12（25）	58（19）
15—20	45（28）	3（8）	4（7）	16（33）	68（23）
20—30	36（22）	1（2）	2（4）	4（8）	43（14）
>30	20（13）	—	—	6（13）	26（9）
合计	159（100）	39（100）	54（100）	48（100）	300（100）

据上表 3.3，不同经营类型农户对土地的经营期望值是不同的。现实中粮农土地经营面积相对较小，但大部分农户都期望耕种更大面积的土地。根据调查数据，期望经营 15 亩以上面积的农户占到了被调查对象的 63%，由此可见农民对扩大土地经营面积的愿望。果农和菜农所要投入的单位劳动量远远大于粮农，所期望的经营面积就相对小于粮农，期望经营 10 亩左右面积的果农和菜农分别占到了 69% 和 70%，可以看出果农和菜农所期望的经营面积以 10 亩为界限。期望选择经营 10 亩以上面积的果农和菜农各占有约 30% 的比例，根据农业生产的实际情况，经营果树和蔬菜的农户如果在不雇佣工人的前提下，经营超过 20 亩的面积是十分困难

的，选择这一范围的农户普遍收入也相对较高。混合种植农户所期望的经营面积也呈现出扩大趋势，期望经营面积在15亩以上的农户比例为54%，这与混合经营的特点密切相关，混合经营可以根据土地分散程度、市场形式、自身经营能力等因素合理地安排经营内容，不局限于某种作物，经营方式比较灵活。

三、新型职业农民适度规模经营的关键因素

新型职业农民适度规模经营需要一系列配套措施，包括土地流转政策、政府的扶持与鼓励、职业农民的培养与教育环境以及社会心理等因素，也包括城乡一体化的构建和城市改革实施与服务的延伸。就目前最直接因素而言，土地流转是最为重要的影响因素。

（一）土地流转与规模经营

新型职业农民的形成需要适度规模经营来支撑，因为只有实现适度规模经营才能产生足以支持一定收入的生产效益。而新型职业农民实行农业适度规模经营，必须拥有一定规模的土地。对于目前的职业农民、种粮大户来说其经营的土地来源于三个方面：第一种情况，职业农民的土地来自直接承包的集体土地，主要是第二轮承包时直接从集体承包土地而来，有些是承包的“四荒地”；第二种情况，是种粮大户自己开垦的田地，把一些无人耕种的荒地、滩涂等开垦成耕地；第三种情况，来自土地使用权的流转，这是目前新型职业农民获得土地的最主要方式。

1995年，当《国务院批转农业部关于稳定和完善土地承包关系意见的通知》颁布后，标志着“建立土地承包经营权流转机制”的形成，农民之间土地转包、转让、互换开始形成。农民的土地流转遵守“依法、自愿、有偿”的原则，我们对两种流转方式做了比较。一种是政府主导的流转，一般是在政府动员下让农民把土地流转给工商资本，搞所谓成块连片的规模生产，这种流转方式往往带有强迫性，在强大压力下农民不得已才放弃耕地的使用权；有些是在利益诱惑下，如农民既得到地租，又可以在农场打工获得工资收入等诱惑，使农民放弃土地使用

权。这种流转方式存在两个问题：一是要支付较高的地租成本，我们调查的案例中，最低的地租是每亩每年 300 元，最高的可达每亩每年 2000 元，大多是按照一年的粮食产量来制定地租标准的。这样的地租成本使得承租者不可能在流转来的土地上进行粮食生产，因此出现了普遍的非粮化、非农化用地情况，威胁农业的安全。二是农民自发地流转，一些人外出打工，在城镇有了稳定的工作和收入，就把自己的承包地流转给自己的亲戚、朋友、邻居和村里的种田能手，一些老年人失去了劳动能力后，也会把承包地流转给自己的亲戚、邻里或对自己有帮助的人。这种流转方式一般流转费用很低，有的属于无偿转送。在栖霞调查发现，这里的老百姓把流转称为“买地”，每亩的价格 8000—10000 元，没有期限，只要政府不改变政策，流转的土地就永远归流入者使用。这是一种民间的流转，没有法律文书甚至没有到村委会备案，但是这一民间规则能得到所有村民的认可。

课题组认为土地流转制度的创新应该从民间规则中寻找智慧。随着工业化和城镇化速度的加快，要制定已经城镇化的农地承包者农地退出机制，要制定老年农民的退休制度，为新型职业农民的适度规模经营提供条件。

（二）农民组织与规模经营

农民组织化程度低是目前农民利益难以实现的重要因素之一，主要原因在于分散的小规模经营难以激发农民的合作需求。而规模经营引起规模效益会激发农民的合作愿望，有助于农民组织化程度的提高。除了家庭农场外，有些地方的农民通过土地股份合作的形式也实现了适度规模经营。我们认为以家庭农场为基础的农民合作经济组织可以破解目前农民组织化程度低的问题。

首先，家庭农场需要合作，家庭农场的合作愿望会因规模经营而被激发。新型职业农民不再像小规模农户那样把合作当成可有可无，新型职业农民作为投资主体、市场主体参与合作的能力和积极性被充分调动。农场利益的实现必须通过合作来完成，因此，合作经济组织就成为新型职业农民背景下家庭农场的必然选择。

其次，以新型职业农民的家庭农场为基础的农民合作经济组织可以保证农民的主体地位，有助于形成紧密的合作关系。目前大量的所谓“假合作社”，主要是因为大多数农户对合作的利益漠不关心所致，因为合作为他们带来的利益是微不足道的。而具有适度规模的家庭农场会因合作带来较大的利益，因此会关心合作社的经营，参与合作社的事务，避免了无效合作的产生。因此家庭农场是真正合作的基础。可以说，没有家庭农场的出现，就难以培养合作的需求，也就难以形成真正的农民合作社。

其三，有利于农民合作社职能的发挥。一是通过合作社发挥家庭农场资源的整合作用，将众多家庭农场联合起来形成更大的规模进入市场，不仅可以降低市场交易成本，也可以增加市场的谈判地位，实现真正的适度规模经营效益。二是有助于推动新技术、新成果的普及与应用，有助于农业教育的推行。大量调查发现，组织起来的农民为提高农业推广教育的效率提供了前提。三是有助于发挥农业组织的服务功能，农业社会化服务的需求和农业组织服务农业的效率是由农业生产单位的规模所决定的。家庭农场的形成为各类农业社会化服务提供了活动空间。

（三）政府扶持与规模经营

过去人们有一种误区，认为中国农民收入低主要是因为经营规模小所致，如果扩大农民的经营规模就能实现农民致富。这是对农业经营的一种误解。事实上，农业的规模经营需要政府更大的支持和扶持。这不仅因为农业生产所面临的各类自然风险不会因为适度规模经营的实现而避免，还因为适度规模经营常常会导致单位产出的降低和成本的增加。越来越多的人逐渐认识到在农业生产领域不存在所谓“规模效益”。因此，新型职业农民背景下的适度规模经营也离不开政府的扶持和帮助。

政府的扶持内容主要是农业基础设施的建设，农业适度规模经营对农田基本条件建设提出了更高的要求，对水、电、气、路条件的依赖性更强；此外，农业补贴支持、农业政策保险、农业科技的支持、对新型农民的教育和培训以及对农民合作经济组织的支持等都是不可缺少的。在家庭农场条件下，金融支持也会被提到重要地位，小农户对农业金融的需求十分微弱，而家庭农场对金融的依赖会大大加强。完善对新型职业农民的一系列支持和扶持，是保证中国农业可续发展的重要前提。

第四章
推进农业科技体制机制创新

推进农业科技体制机制创新是现代农业发展的重要支撑。当前，我国正处于工业化、城镇化、市场化进程加快推进的重要时期，强化农业基础地位、加快推进农业发展方式转变、创新农业发展模式，尤为重要和迫切，这必然对农业科技体制机制创新提出新的更高要求。本章从现代农业科技支撑体系设计、农技推广方法创新的政策支持路径、西部地区农业科技创新能力评价等方面对现阶段如何更好地推进农业科技体制机制创新进行了系统的分析和详细的阐释。

第一节 现代农业科技支撑体系设计

科技支撑体系是从属于社会经济系统并为其服务的子系统，是一个由科技资源投入，经过科技组织运作，形成符合经济和社会发展需要的科技产品的有机系统。现代农业科技支撑体系，需解决的是如何更好地建立和完善农业科技支撑体系的内容和运行机制，使之发挥更大的作用，为经济和社会发展做出更大的贡献。

一、我国农业科技发展的现状及问题

（一）我国农业科技发展概况

现代农业是农业生产和现代科学技术发展相结合的产物。没有科技创新，就谈不上农业现代化，农业已成为利用高新技术最活跃的产业，科技越来越成为农业国际竞争的核心因素，科技创新已成为农业发展的首要因素和主要动力。2009 年底，我国农业科技贡献率为 51%，农业已由“靠天吃饭”向“靠科技谋发展，靠科技求效益”转变。

1. 农业科技投入情况。

农业科技投入是我国农业经济发展的重要推动因素之一。我国农业科技投入总体上不断增长，但仍呈现出经费不足、科研投入强度不高等特点。

我国农业科研投入从 1985 年的 13. 55 亿元增长到 1996 年的 52. 38 亿元，增长了近 3 倍，然而，扣除物价上涨因素后，平均增长率只有 2. 5%。在 1996—2009 年“948”计划实施的 14 年间，中央财政总计投入资金 14. 15 亿元，立项 1300 余项，先后从 40 多个国家和地区引进各类先进农业技术 1500 多项，种质资源 8 万多份，仪器设备 1300 余套（台、件）。近年来，农业科研经费投入增长较快，年均增长 10% 左右，其中政府投入经费的年增长率高达到 15%。

我国农业科研投入的强度（农业科技经费占农业总产值的比重）仍然处于较低的水平。1996 年农业科研投入强度为 0. 36%，不到发达国家平均水平的 1/6；2009 年达到了 0. 6%，相当于世界平均水平（0. 8%）的 75%。农业技术推广投资强度在 1986—1995 年期间始终未能赶上 1986 年的投入水平（0. 41%），并且在 1986 年后下降幅度较大，1990 年达到最低点（0. 35%）；后来有所上升，由 2000 年的 0. 42% 上升到 2009 年的 0. 67%。

2. 农业科研机构情况。

我国农业科研单位，对农业的稳定和发展作出了巨大贡献，科研硕果累累，在某些领域（如杂交水稻）居世界领先水平。

农业科研机构主要由农业系统科研机构、高等农业院校系统科研机构、中国科学院系统农业科研机构和国家有关部委以及综合性大学（师范大学）生物系设立的科研机构构成。农业系统科研机构占全国农业科研机构总数的90%，是各级政府投资由国家农业部属（简称部属）科研机构和地方农业科研机构组成。

部属科研机构有几十个，职工1万多人；地方农业科研机构职工有十几万人；县级基本上都成立县农技推广中心，以技术推广和服务为主。民办农业科研院、所全国为数不多；民办科技协会各地涌现不少。综观全国的农业科研机构，大多数是实行计划经济时按行政区划设立的。为了本省（市、区）本地农业生产的发展以及本部门使用上的方便，部属科研机构和省级农科院机构设置上大而全，地市农科所内部研究室设置上小而全。

3. 农业科技人才队伍情况。

推进现代农业建设，关键需要科技和人才支撑。目前全国农业专业技术人才100万人，农村实用人才793万人，农业技能人才190万人，农业经营管理人才220万人，为农业农村经济持续健康发展和农业科技进步提供了有力支撑。

据2008年《中国农村发展报告》统计，全国农村所拥有的农民科技人才数量，仅占农村劳动力总数的0.64%。从农业科研人才来看，美国、日本、德国等发达国家每万名农业人口就有40多名农业科技人才，而我国仅有6名。发达国家农业技术推广人才与农业人口之比为1：100，而我国为1：1200，平均每667公顷土地不足1名农业技术推广人才。

在我国农业科技人才队伍中，学习传统农学、农艺的较多，而学习新兴学科的较少。如农业科技信息产业、水土保持、农产品加工、保鲜、营销、农业企业经营管理的人才较少。此外，熟悉WTO知识以及各国农业技术法规和技术标准的人才更是奇缺。具有高级职称的仅占16.5%，初级及其以下职称的占53.33%。绝大多数集中在行政机关、事业单位，在基层从事农业科研和技术推广的人才奇缺。中西部地区不但偏少，而且素质偏低。

4. 农业科技推广体系情况。

我国现行的农业科技支撑体系，是从20世纪50年代以来在计划经济模式下逐渐形成的以政府农业部门为基础的单一农业科技推广体系，由省、市、县（区）、镇四级组成。农业技术供给、推广和教育培训均是政府主导的，体现了政府集中力量办大事的优越性。十六届三中全会以来，我国明确要建立有社会力量广泛参与的农业社会化服务体系，为农业科技推广体系改革明确了目标，对我国农业和农村经济发展起到了较大支撑作用。但长期以来，我国现有的农业科技推广体系仍受计划经济时期沿袭下来的体制影响，行政式、教条式的农业科技推广工作没能最大限度起到发挥农业科学技术对经济的推动作用。

5. 农业科技创新与推广情况。

新中国成立60多年来，我国紧紧抓住农业发展中的重点、热点和难点问题，开展农业科技创新工作，农业发展关键技术不断取得新突破。

一是培育应用种养业优良品种，显著提高了粮食和主要农产品供给能力。农作物良种覆盖率从1949年的0.06%提高到目前的95%以上。二是开发推广农业先进实用技术，提高农业生产效率和产量。大力发展优质、高产、高效栽培技术体系，加快推进健康、高效养殖业技术进步，创新和推广了一大批先进实用技术。三是稳步提升重大动植物疫病防控技术水平，增强农业生物灾害有效应对能力。查清了多种重大病虫害的发生流行规律、迁飞规律，开发了持续有效的防治技术，为农作物的安全生产提供了坚实的技术保障，有效降低了农作物病虫害损失率。四是发展农业机械和农产品加工技术，提高劳动生产率和农产品附加值。主要粮食作物耕种收综合机械化水平达到48%，攻克了一批农产品深加工关键技术，延长了农业产业链，增加了农产品附加值。五是自主创新、引进交流农业高新技术，提升产业竞争力。转基因新品种培育等农业生物技术不断取得新的突破，创建了航天育种技术体系。引进了一大批国外优质、高产、抗逆等种质资源和新技术，提升产业竞争力。六是研究并大力推广了节水、节肥、节药等资源节约技术和环境友好技术，促进了农业可持续发展。

（二）我国农业科技发展存在的问题

1. 农业科技总体发展水平不高，支撑力不足。现代农业是农业生产和现代科学技术发展相结合的产物，没有科技创新，就谈不上农业现代化。发达国家在上个世纪中叶就已经实现了传统农业向现代农业的转变，农业已成为利用高新技术最活跃的产业，农业的科技进步贡献率已经上升到70%—80%。近年来，我国农业科技创新能力不断提高，农业科技贡献率上升。但目前从整体上说，我国仍处于传统农业向现代农业的转变过程中，农业的科技进步贡献率仍然较低，离农业现代化以及与先进发达国家和国内先进地区相比，差距还很大。如农业商品率在我国只有50%左右，发达国家几乎达到100%；农业科研成果转化率我国为40%左右，而发达国家达到80%；主要农产品的加工率我国为20%，其中水产品为12%、水果为17%、蔬菜为2%、肉类为20%，而发达国家的农产品加工率普遍在70%以上；农产品加工业产值与农业产值之比发达国家在3∶1以上，而我国却只有0.15∶1。

2. 农业科技宏观管理滞后，调控力不足。科技创新管理缺乏顶层设计，政出多门，宏观调控趋弱，创新体系缺乏活力。由于管理职能分布在农业部、科学技术部等多个部门，综合管理部门与行业管理部门分工也不明确，农、科、教、产、学、研的联系机制尚未建立，缺乏统一的协调机制，联合攻关不够、重大科研突破少，科技资源没有得到有效的调度，没有形成有效的创新合力。研究与教育、开发与推广、生产管理与科技管理存在条块分割的现象，不能对变化的形势和市场做出灵活的反应与调整。近几年，国家对科技投入的力度有所加大，但由于现有科技经费归不同部门掌握，条块分割严重，配置比例不合理，难以集成使用；仪器设备重复购置，档次不高，浪费严重；重点实验室开发度低，难以共享。

3. 农业科技资金增长缓慢，投入力度不足。1996年，国务院下发《国务院关于“九五”期间深化科技体制改革的决定》（国发［1996］39号），要求初步建立起适应社会主义市场经济体制和科技自身发展规律的科技体制。形成科研、开发、生产、市场紧密结合的机制，建立以企业为主体、产学研相结合的技术开发体系和以科研机构、高等学校为主的科学研究体系以及社会化的科技服务体系，提高科技在国民经济中的贡献率。农业科技的公益性决定了政府对农业科研投入强度要高于全部科研投入强度。联合国粮农组织认为欠发达国家的农业科研投入占农业总产值的比重应达1%—2%，而我国农业科研投入强度不仅远低于发达国家，而且还低于世界平均水平。由于投入不足，我国许多农业科研单位缺乏科技所需的基本物质条件和技术，而创新后劲不足、技术推广经费不足直接影响科技成果的转化。必须改变这种投入过低的局面，大幅度增加农业科研投入，我国农业科研投入要逐步增加到占农业总产值的1%以上。由于农业科研投入严重不足，导致农业科技创新基础条件薄弱。

4. 农业科研单位陷入“市场怪圈”，创新力不足。农业科研机构的市场化转制，弱化了公益性职能，影响了公益性技术的研发。现代农业的发展迫切需要公益性农业科研成果支撑，而公益性农业科研成果主要应由农业科研院所提供。全国1999年以来的以市场为导向的科研单位转制，使得农业科研院所中产生了大量以创收为目的的经济实体。科研机构成为“半事业半企业”性质单位，科研人员形成了“以创收为荣，不创收为耻”的价值取向，由此导致基础性研究、应用性研究减少，研究力量不断减弱，企业化的科研单位缺乏技术创新能力，科技人员游离于公益性研究之外，损耗和浪费国家科技资源。

部分农业科研单位转制后的配套政策不到位，影响了生存和发展。中央有关文件虽然提出了科研机构转制过渡期税收优惠政策，但科研单位从事业法人转为企业后，税务机关认为应按照生产企业的特点征收营业税、增值税、房产税、土地使用税和企业所得税等，导致研究所负担更重。例如，广东省农业科学院转制前的1998年，各研究所缴纳除个人所得税外的各种税款为173万元，而转制后的2003年达到1072万元，相当于1998年的6倍。国家对实行企业化转制的农业科研机构的资助大大减少，甚至为零，由于存在资金短缺、科技贷款难、政策不到位、政策不配套等因素，严重影响了科研单位的研究开发与长远发展。

5. 农业科技推广体制不完善，转化率不足。目前，农业科技成果转化率不足的原因是多方面的。第一，不少地方农技推广“线断、网破、人散”，有的已处于自生自灭状态；有的则是农技推广人员自身素质不高，适用技术指导失灵、交流落空，推广不到位，技术装备水平低下，形不成一体化的服务体系。第二，一些科研机构为追求商业利益，对公益性技术进行垄断，甚至以损害社会公益目标，控制和制约了技术转化和扩散。第三，科技的供应者和受让者两者间没有形成有效的协调机制，而政府也未能提供相应的政策保障，科研人员的成果往往无法获得应有的、足够大的合法回报。第四，没有专门的中介机构及风险投资机制促进科技成果转化等。

6. 农业科技人才总量不足，整体素质不高。随着高效农业和大农业的发展，我国农业科技人才队伍已不能满足农业现代化发展的需要。第一，农业科技人才较为匮乏，不稳定。整个社会中直接在乡村一线工作的只有少数部分，特别是在乡（镇）中是农业科技的人员就更少了；近些年引进人才少，由于编制问题和机构精简，一批优秀的农业大中专毕业生被拒之门外，不少有真才实学的中青年干部因所学专业是涉农专业无法进入基层工作，只能去外地企业打工，从事一些与农业无关的工作；留守人员也少，有相当一部分人因待遇差而外出打工或者另谋发展，真正服务农村的人才就很少。第二，农业科技人才队伍整体素质不高。“单一型”人才多，而知识面广、适应性强，既懂农技又懂推广和经营管理的复合型人才少；“土专家”型人才多，“科班”型人才少；传统型多，创新型人才少。近年来农作物品种和农业技术的更新速度不断加快，不少人的知识、技术和思维方式明显老化，对一些新兴的农业科技知识知之不多，对农业及农业的发展方向把握不准、预见性不强。

二、我国现代农业科技支撑体系框架设计

（一）现代农业发展对科技支撑体系的总体要求

新世纪新阶段以来，“三农”问题摆上了全党工作“重中之重”的地位，有力促进了农民增产增收，提高了农业综合生产能力，开创了社会主义新农村建设的新局面，也给农业健康发展、农民持续增收和农村长期稳定带来强劲的动力。《中共中央国务院关于加大统筹城乡发展力度进一步夯实农业农村发展基础的若干意见》（中发［2010］1号）中指出，提高农业科技创新和推广能力。切实把农业科技的重点放在良种培育上，加快农业生物育种创新和推广应用体系建设。继续实施转基因生物新品种培育科技重大专项，抓紧开发具有重要应用价值和自主知识产权的功能基因和

生物新品种，在科学评估、依法管理基础上，推进转基因新品种产业化。推动国内种业加快企业并购和产业整合，引导种子企业与科研单位联合，抓紧培育有核心竞争力的大型种子企业。培养农业科技领军人才，发展农业产学研联盟，加强农业重点实验室、工程技术中心、科技基础条件平台建设。实施农村科技创业行动、科技富民强县专项行动计划、科普惠农兴村计划，推进现代农业产业技术体系建设。抓紧建设乡镇或区域性农技推广等公共服务机构，扩大基层农技推广体系改革与建设示范县范围。积极发展多元化、社会化农技推广服务组织。启动基层农技推广机构特设岗位计划，鼓励高校涉农专业毕业生到基层农技推广机构工作。推进农用工业技术改造。

（二）现代农业科技支撑体系建设的指导思想和总体目标

1. 指导思想。以科学发展观为指导，通过科学规划、分类指导、理顺体制、激活机制、试点先行、整体推进，建立体现我国特色，符合现代农业、区域特色和优势农业发展要求，层次分明、布局合理、手段先进、高效运转、开放的农业科技支撑体系，并形成适应市场经济发展规律、政府统筹和社会广泛参与的新型农业科技支撑运行机制，推动我国由农业大国向高技术农业强国的战略转变。

2. 发展目标。以构筑现代农业科技支撑体系为目标，完善农业科技创新体系、转化体系、应用服务体系、管理体系和保障体系五大体系，获得一批重要创新性科技成果，信息技术与生物技术等高技术在新农村建设中得到普遍应用，建成一批在创建国家现代农业示范区、农业研发中心和特色农业科技示范县，培育一批知名农业科技品牌和知名的科技龙头企业，到2015年，使我国主要农业科技成果转化率达到70%以上，农业科技对农业增长的贡献率达到60%以上。

根据我国的实际情况，借鉴国外成功经验，我国农业科技支撑体系的建设应定位于围绕新时期现代农业发展和新农村建设的中心任务，正视我国区域间农业科技水平的巨大差异，坚持继承传统和发展相结合，打破地域和部门及所有制限制，处理好几个关系：

（1）处理好借鉴国外经验和从国内实际出发的关系，充分考虑我国的自然资源禀赋、特色优势和农业产业特点及制度框架。

（2）处理好新型农业科技支撑体系与现有科技体系的关系。

（3）处理好新型农业科技支撑体系建设与优势农产品布局、自然生态区划、地方五年规划等衔接关系。

（4）处理好新型农业科技支撑体系建设中整体布局与单项推进的关系。

（三）现代农业科技支撑体系建设的基本原则

第一，坚持政府引导与市场机制相结合的原则。农业科技支撑体系建设既要体现政府的宏观引导和调控作用，又要引入市场机制，逐步建立起服务主体多元化、服务内容多样化、服务对象多层次的农业科技支撑体系，最终形成政府主导公益性服务、市场主导经营性服务的农业科技支撑格局。

第二，坚持继承传统和发展相结合的原则。农业科技支撑体系建设要在坚持继续发挥现有农业科技支撑体系优势的基础上，以克服现有支撑体系的弊端为出发点，根据现代农业、特色和优势农业、都市农业发展的科技需求和地方农业产业发展特点，统一规划、分类指导，创新体系结构和运行机制，通过整合、充实、优化和提升，提高创新能力和服务水平。

第三，坚持重点示范与整体推进相结合的原则。农业科技支撑体系建设是一项系统工程，在推进方式上，要整合资源、集成力量，突出特色农业和主要农产品集聚产业及已有的工作基础，采取试点先行、以点带面、整体稳步推进的方式，通过国家、省（市、区）、州（市、地区）、县（市、区）、乡（镇）等各级政府、有关部门及社会各界共同推动，促进农业科技支撑体系的整体发展，提升服务能力。

第四，坚持体系建设与能力建设相结合的原则。农业科技支撑体系建设要借鉴国外的先进经验，把支撑能力建设摆在突出的位置，坚持理顺体制、激活机制，打破地域和部门及所有制限制，充分调动现有农业科技资源，优化农业科技支撑机构组织和科技人员配置，提高农业科技支撑机构的整体能力和农业科技人员的创新能力，形成应变能力强的运行机制和强大的农业科技支撑能力。

第五，坚持突出地方特色、协调发展的原则。农业科技支撑体系建设要坚持因地制宜、分类指导、协调发展，充分体现各地方特色，即农业科技支撑体系内部应是多层次的，具有较强的适应性和广泛性。

（四）我国现代农业科技支撑体系的架构设计

1928 年，Mason 和 Haskell 通过对碳水化合物在棉株体内的分配方式的研究，提出了作物“源库流”理论：把在同化物供求的两个对应关系称为“源”和“库”，分别体现供给能力和贮积转化能力，“流”则是联结“源”和“库”两者之间的有机物质的输导系统，体现运输能力。研究表明，高产群体的“源库流”关系必然是“源足、库大、流畅”，从而揭示了作物生产的高产途径。将“源库流”理论应用于现代农业的科技支撑体系，“源”就是实现科技持续供给的农业科技创新体系，“流”就是农业科技成果转化体系，“库”就是针对农民、农业企业和农民专业合作组织三大群体的科技应用服务体系；同时，为了保障“源流库”有效运行，需要建立有效的农业科技管理体系和农业科技保障体系。现代农业科技支撑体系的基本构想就是通过五大体系之间科学、协调运作，实现供给充足、应用广泛、转化快捷、管理科学、保障有力的农业科技新局面。

1. 农业科技创新体系。

主要内容：以农业科研院所、农业高等院校、农业产业化龙头企业和农业科技型企业为创新主体，依托国家和省（部）级重点实验室、工程技术中心、企业科技研发中心，以中青年专家、学术和技术带头人为研究骨干，建成具有较强的知识创新、技术创新、集成创新能力和协同攻关能力的农业科技创新体系，大力提高自主创新能力，以解决科技持续供给的问题。

主要任务：围绕农业生物技术、信息技术两大领域及农业和农村经济发展中带有全局性、方向性、关键性的重大技术难题，开展基础性研究和高新技术研究、联合科技攻关和集成创新，开展农业科技创新国际合作，加速培育知识源、技术源，开发具有自主知识产权的农业科技成果和培养高层次创新人才，为推动地方农业科技进步提供人才、知识和技术储备。

2. 农业科技成果转化体系。

主要内容：分类改革现有的国家、省、市、县、镇五级农业科技推广网络，建立以适应区域特色和优势农业发展，以高等院校、科研单位为依托，以国家和省（部）级农业高新技术示范园、农业科技示范园区、示范基地、龙头企业、农民专业合作组织为载体，以农技示范推广机构和科技示范户为主体，政府专业组织、农业科技工作者、农民科技组织、农业企业及农民等社会各界广泛参与、上下广泛联合和合作的农业科技转化和推广网络。

主要任务：围绕农业新技术、新品种、新产品中成熟化、配套集成及示范推广，推进农业科技示范园区、示范基地、农民科技组织和农业科技信息网络建设，加强农村技术干部及农民的技术培训和技能培训，加速科技成果转化及产业化，促进农业高新技术产业发展，探索建立科研来源于生产、成果由市场检验的新机制，形成推广队伍多元化、技术服务社会化、推广形式多样化、运行机制市场化的农业技术推广体系。

3. 农业科技应用服务体系。

主要内容：针对农民、农业企业和农民专业合作组织三大群体对科技的认知程度、应用能力和应用障碍等，分别设计相应的引导和应用服务机制。以提高效率和优化服务为目标，大力发展为农业企业、农民和社会提供技术、信息、人才、财务、评估、经纪、法律、金融、经营管理、市场营销等方面的科技中介服务组织，逐步完善为技术开发、技术转移和科技创业提供支撑的高效运转的专业化、规范化农业科技中介服务体系。

主要任务：以促进知识、技术转移为目标，发挥桥梁与纽带作用，建立农业学校、科研机构、政府、农业企业、农民之间的沟通与互动，实现信息、人才、知识、技术和资金等资源的流动与共享。

4. 农业科技管理体系。

主要内容：农业科技政策、农业科技体制、农业科技发展规划与计划、农业科技成果与专利、农业科技开发与推广、农业科技合作与交流、农业科技人才、农业科技基础条件、农业科技经费、农业科技法规等管理工作协调运行的高质量、高效率的农业科技管理体系。

主要任务：加强农业科技投入和管理的顶层设计，对农业科技工作进行统一规划和部署，实施政府农业科技计划，对农业科技重大问题和重大活动进行组织、协调，提供公共科技产品和公共服务，减少科技工作的重复与遗漏；并加强对农业重大突发事件的科技防控和预案制定，增强科技应急能力。

5. 农业科技保障体系。

主要内容：以制度创新和环境建设为重点，以科技投入、基础条件平台和人才队伍建设为突破口，充分发挥政府的组织领导作用，建立和完善以政府投入为引导、社会多元化投入的农业科技投入运行机制，构建资源与生态环境信息、科技数据、科技成果和大型科研仪器设备、科技文献和科技信息等共享机制，创新选人用人机制、人才和成果评价机制、激励机制，形成推动农业科技持续创新、快速发展的农业科技保障体系。

主要任务：制定和完善促进农业科技发展的各项政策措施，建立农业科技投入稳定增长机制，加强农业科技基础条件平台建设，培养和造就一批团结协作、结构合理、创新能力强的优秀农业科技队伍，积极组织政府间和推动民间开展多渠道、多形式的国际农业科技合作与交流，推进官、产、学、研、金、中介和农民的结合和良性互动。

（五）现代农业科技支撑体系关系图示（见图 4.1）

三、完善现代农业科技支撑体系的对策建议

（一）重构创新之源，提高自主创新能力

第一，全面整合科技创新力量，提升创新的软实力。加快以国家和省部级科研机构、高等院校、重点实验室、大型企业自主研发科研机构等构架的农业科技创新体系建设，提高农业重大关键技术集成创新能力，强化优势农产品及其产业发展的科技转化应用能力。建议以国家加强农业重点

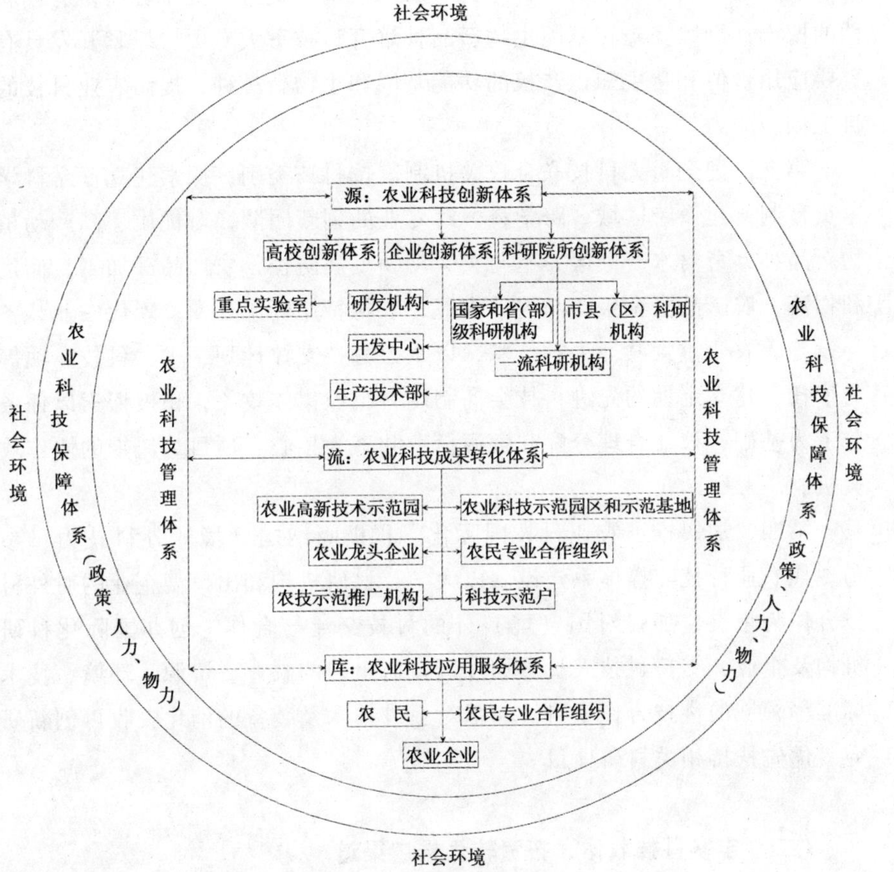

图 4.1　现代农业科技支撑体系

实验室、工程技术中心、科技基础条件平台建设为契机，对我国科研院所进行整编，集中优势的软硬件并入国家级科研单位，设立分支机构，统一行政管理，加大政府支持力度，充分挖掘科技创新能力。同时，加大扶持各省（市、区）科研机构、开发中心、生产技术部所构成的地方农业创新体系，整合力量、优势互补、促进升级，建立一个系统、有特色的科技创新体系。

第二，持续加大自主创新的支持力度。建议增加我国自然科学基金的支持力度，重点支持一批显示我国优势和特色的研究团队，带动高层次科技人才的培养和聚集，设立青年博士启动资金，支持一批年轻而富有创新性的博士；继续实施转基因生物新品种培育科技重大专项，抓紧开发具有重要应用价值和自主知识产权的功能基因和生物新品种，提高农业科技的自主创新能力。

第三，健全重大科技联合攻关机制。按科技类别，探索建立首席科学家负责制，建设跨区域、跨学科、跨专业的创新团队，对优质、高产动植物新品种，畜禽水产健康养殖与重大动物疫病防控，农产品深加工、储运和物流，农产品安全生产与清洁农业，农村特产资源开发，现代农业装备与设施等农业重大共性关键技术，以重大科技支撑计划、重大科技专项等为依托，建立定期的先进科技会商制度，组织集体攻关，积极探索以任务分工为基础、权益合理分配和资源信息共享为核心、项目为纽带的协作攻关机制。

第四，加快推进农业科技国际化。积极吸纳国（境）外科技力量参与现代农业科技支撑体系建设。以大学、科研机构和出口型企业的对外科技合作为重点，加强对国（境）外的科技交流与合作，创办国际化科研机构及企业，支持科技人员参加外国政府组织的农业、资源、环境、技术标准等领域的科技合作项目。加强对引进技术及装备的消化吸收再创新研究，优先扶持相关科研项目。

（二）丰富科技载体，拓宽转化推广渠道

第一，开展现代农业科技示范园区、示范基地载体体系建设，加速现代农业技术扩散。现代农业科技示范基地是加速现代农业技术扩散的重要载体。按照项目、基地、人才统筹安排的原则，在不同地区、单位建立一批国家重点新农村建设科技示范样板，发挥科技示范工程的辐射带动作用。以特色农业科技创新工程、新农村建设急需技术创新工程、农业良种产业化工程、农业科技特派员工程、新农民科技培训工程等为突破口，引导建设“新农村建设科技示范村”、“新农村建设科技示范乡镇”、“新农村建设科技示范县”。优先在国家级特色农业科技示范县组织建设样板示范项目，大力发展品牌农业、特色农业、高技术农业。加强培育科技型特色支柱产业，从乡村、城镇、县域等层次开展示范，以“一县一业、一乡一品、一民一技”为方向，培育一批农村资源型特色产业，促进农村生产经营的专业化，支持其产前、产中、产后全程共性关键技术的研发与应用，示范、带动农村资源型特色产业的发育和发展。

第二，加大农业科技龙头企业的培育，促进农业产业化发展。农业产业化龙头企业是农业产业化的关键环节，也是农业科技转化体系的重要环节。必须落实扶持政策，大力培育农村科技型龙头企业，提高其竞争能力和带动能力。以粮油、果蔬、畜禽产品深加工，奶产品深加工，林产品深加工，农村资源开发，农用机械设备，农村建材，农用化工，生物质能源产业，农村物流和服务业，农村循环经济和环保技术产业等领域为重点，优选并培育一批科技型示范企业，依托技术创新引导工程等，支持这些企业通过与高校、科研院所结合，通过采取委托开发、扶持研发型企业、向企业提供专利及信息、促进技术交流与合作等形式，积极地组织和促进对企业的技术转让，提高其科技转化和行业带动能力，形成一批名牌产品。

第三，创新农业科技推广模式。按照公益性、经营性分开的原则，理顺基层农技推广体系，赋予基层农技推广机构以公益性职能，尽快健全各地、各级农业技术推广、服务网络体系，做到县、乡、村有推广站，省、市有推广中心，并配备必要的农业科技人员和相应的仪器、设备、设施及应有的工作条件、推广经费等。国家科技主管部门搭建国家级科技培训平台，支持农业科研院所与地方农业科研机构建立纵向联系机制，建设以农业院校、科研院所为依托，以基层农业技术推广机构为骨干，以企业与民间科技服务组织为补充，以农业产业化龙头企业、种养大户为基础的全国农业科技推广体系。

（三）强化服务体系，提供全方位科技服务

第一，大力实施农村科技培训工程，培养新型农民。农民，即为最普遍的农业工作者，只有农民都有科技兴农的意识，并且都善于接受农业新科技，农业科技置成体系才真正找到落脚点。农民都掌握好科技并应用于实际生产，农业科技应用之库才能真正做大。通过农民专业合作组织，进一步加大对农村教育和农业企业技术骨干、农民培训的投入和政策支持的力度，提高农民素质。建议各级政府积极扩大农村教育投资规模，增加农村教育投资，大力加强农村职业技术教育，举办农业广播学校、农业函大辅导站、科普文化学校、科普文化活动室和夜校，扶助农村技术协会、学会和研究会，鼓励农民参加。

第二，积极培育农村科技服务组织。遵循面向产业化、模式多元化、服务专业化、组织网络化的发展方向，进一步探索符合社会主义市场经济规律的农村科技服务机制，着力构建多元化的农村科技服务体系，引导农村现代科技服务业的发展。把科技智力和科技要素引入农村一线，动员科技人员深入县、乡以下区域，通过“专家+农户”、“专家+企业、协会或中介+农户”等形式，与农民结成利益共同体。以农村专业技术协会和农村区域成果转化中心等为重点，培育一批农村科技服务中介。以省级区域和中心地市区域为重点，依托具有相当基础和条件的企业或院所，支持发展一批农村区域科技成果转化服务中心。在规范的基础上，引导支持一批农村专业技术协会，发展面向农村的生产力促进中心、技术市场等多元化的科技中介服务机构，加快农业科研成果的转化和推广。

第三，积极实施农村科技信息村村通工程。健全基层信息服务平台，推进农村信息化。促进建立农业科技信息联盟和信息共享服务机制，制定信息共享和服务平台建设标准规范，开展农村科技成果信息的标准化收集、数字化表达及整合加工、数据库和网络平台的建设。搭建知识进村入户的信息平台，把终端拓展到农民家庭。

（四）理顺管理机制，实现科学协调管理

第一，积极推进科技管理体制改革。针对目前农业科技多头管理、重复和分散的现状，尽快建立由科技行政主管部门牵头，以农业行政主管部门、林业行政主管部门、财政主管部门、计划主管部门和特色农业行业协会、行政主管部门为主体，环保、气象、水利、金融等部门积极配合，形成包括农业科技的政策法规、体制、发展规划与计划、成果与专利、开发与推广、合作与交流、人才、经费等管理工作形成协调运行、高质量、高效率的农业科技管理体系。各支农部门应加强协作，既突出重点、各有侧重，又相互协作、统筹兼顾，共同提高我国农业综合科技水平，避免政出多头、相互推诿的现象发生。

第二，统筹资源打造全国共享农业科技平台。各相关政府主管部门应齐心合力，科技部、农业部、教育部联合研究制订创新体系规划，构建农业、林业、渔业、畜牧、农机等若干科技创新体系。整合高校、科研机构的力量，加强农业科技创新平台建设。涉农高等院校要加强科研与教学的结合，突出科研重点、特色和品牌，与科研单位和大企业联合，培育一批有优势、有特色及新农村建设中急需的重点学科，建设重点实验室。支持综合性大学、科研机构开展农业科学研究，加强全国共享农业科研创新平台建设。

（五）落实有力保障，构筑农业科技发展后盾

第一，在政策保障方面，制定和完善相关激励政策，营造有利于新农村科技支持体系建设的政策环境。各级政府及相关部门尽快制定切实可行的农业科技政策措施，推动新农村科技支持体系建设。各级财政要不断调整资金结构，合理配置资源，逐步加大对新农村建设的科技投入。发挥政府的主导作用，利用政策和资金引导新农村科技支持体系建设。深化科研院所体制改革，逐步建立服务于“三农”的高水平的公益科研基地，开展新农村建设公益性科技工作。利用市场机制，积极建设以企业为主体的新农村技术创新体系，探索建立以企业为主体、产学研结合、典型引路和示范推广结合的新农村科技项目实施新机制。健全表彰奖励制度，激励科技人员深入农村一线创新创业和开展服务。加强农村科技人才队伍建设。加强科技进步考核，营造有利于农村科技发展的氛围和条件。强化对企业、科研院所等承担科技计划任务的监督评估。建立激励机制，对在新农村科技支持体系建设中做出突出贡献的科技人员、企业负责人和组织领导者等给予表彰；鼓励大学、科研机构和企业给相关人员重奖。

第二，在投入保障方面，建立以公共财政支持为主的投入机制，为农业科技支持体系提供有力的资金保障。农业科技创新需要大幅度增加对农

业科研的投入，必须加快建立以政府为主导、社会力量广泛参与的多元化农业科技创新体系，形成稳定的增长机制。尽快使我国农业科研投入强度提高到1%，力争到2015年达到1.5%的水平，到2020年左右达到2%的水平。加大科研投入的同时，改善农业科技创新的投资环境，通过体制改革深化和政策引导，逐步形成以企业为主体，全社会、多渠道的农业科研投入新体系，引导工商资本、民间资本和外资流向农业高技术产业，发展农业科技创新风险投资，把政府资金投向技术集成度高、市场前景广阔、经济效益巨大的重大项目。

第三，在人才保障方面，按照“稳住一头、放开一片”的原则，建立一流的科技创新和推广应用人才队伍。一是紧紧“稳住”一批优秀农业科技人才，使他们安心、专心从事农业科技研究，从课题、经费等方面予以支持；二是大胆“放开”，让一大批农业科技人员进入市场，进行应用研究和开发研究，使农业科研成果早日进入市场大循环；三是组织实施“学历教育工程”和“知识更新工程”，加大对农业技术推广人员的培训力度，采取补贴的形式，鼓励、支持农业技术推广人员参加学历教育和技能培训；四是组织实施新型农民科技培训工程、绿色证书工程培训，通过加强与财政、教育等行政部门沟通，与共青团、妇联、科协等社会团体间的协作，充分利用各级各类教育培训资源，多形式、多层次、多途径地开展农民科技培训；五是农业科研、教学单位必须高度重视和抓紧建设高素质科技人员队伍，培养一批能够把握世界农业科技发展潮流、在关键领域独具慧眼、锐意开拓的战略科学家队伍，建立起一支结构合理、创新能力强、具有国际一流水准的优秀科技团队，在科技创新实践中吸引、凝聚和培养造就人才；六是实施人才目标管理，建立激励和约束相结合的竞争协作机制，营造有利于人才成长的氛围，提高农业科技创新单位和团队的整体绩效。

第四，在组织保障方面，各级政府、各部门要切实加强对新农村建设科技工作的领导，切实把新农村建设的科技工作摆到重要位置，纳入经济和社会发展总体规划，建立新农村建设科技目标责任制，切实把现代农业科技支撑体系工作抓紧抓好。各级政府要建立激励机制，对在现代农业科技支撑体系建设中做出突出贡献的科技人员、企业负责人和组织领导者等给予表彰和奖励。同时，也要鼓励大学、科研机构和企业给相关人员重奖。

第二节 农技推广方法创新的政策支持路径

我国正处于传统农业向现代农业转型的关键时期，完善的农业技术推广体系是推动农业科技进步、提高农业竞争力的关键所在。我国目前并不缺乏农业科技成果，然而在农业科技成果转化方面与发达国家相比却相差甚远。相关资料表明，我国农业科技成果转化率仅为30%—40%，而发达国家已经达到70%—80%。发达国家较高的农业科技成果转化率与完善的农业技术推广体系和不断创新的推广方法是分不开的。

一、我国农技推广方法创新政策体系面临的主要问题

本世纪初至今，是农技推广体系改革调整阶段。针对农技推广工作出现的诸多问题，2002 年，中共中央、国务院提出要推进农业科技推广体系改革。2003 年，国家农技推广体系改革试点全面展开，改革涉及机构性质、管理体制、机构设置、投入保障、队伍建设、扶持多元化服务主体等内容，并提出了逐步建立分别承担公益性职责和经营性服务的农业技术推广体系的要求。近 10 年来，试点取得了良好的示范效果，基本形成了符合当前农业生产特点、农村基本经营体制及适应绝大多数地区实际的农技推广体系，为《农技推广法》的修订打下了实践基础。

至 2011 年底，全国农业系统共有推广机构 9.9 万个、农技推广人员 69 万人，林业系统农技推广机构 2638 个、3.5 万人，水利系统推广机构 4616 个、2 万人。农、林、水共有 10 多万个机构、70 多万推广人员奋战在农技推广工作第一线。但是，我国现行的农业科技推广体制是在 20 世纪 50 年代计划经济体制的背景下产生的，“行政 + 技术”的推广模式，

使得农业科技推广长时间带有强烈的行政色彩。这种行政式的农业科技推广在解决中国人民的吃饭问题时，立下了汗马功劳，为我国农业和国民经济的发展做出了重大贡献。这种农业科技推广体制的组织结构，运行方式皆是按计划经济的要求设计和运行的，在市场化进程中不可避免地出现种种弊端。与国外相比较，以政府农业科技推广机构为主体，实行垂直管理，能较好地执行国家农业总体发展计划，但机制缺乏活力，机关行政作风过于浓厚，最突出的问题是体制不适应市场经济发展的要求，科研、教育、推广衔接不紧密。

（一）科研、教育、推广脱节

目前，我国的农业科技推广与农业科研、农业教育部门分属不同的政府部门管理，各自独立，自成体系，只有工作上的相互协作，没有机制上的内在联系，相互间协调困难，导致“三农”结合基本上还是低水平的、松散的、随意性的，削弱了教育、科研、推广三者相辅相成的整体功能。

我国部属的科研机构和农业院校归农业部管理（部分归教育部管理），省属的科研机构和高等农业院校归省政府的科委、教委部门管理，推广归农业行政部门管理，农业科研、教育、推广没有统一的归口管理部门，失去了内在联系。这种上级对下级推广机构仅行使业务指导，推广体系分散，科研、教育、推广各成一体，同时推广人员素质低，推广效率低，使先进的科学技术很难迅速转化为实际生产力。

（二）投资机制不健全，资源供给渠道单一

长期以来，我国农业科技推广是国家出钱，农业科研院所和高等院校进行研究与开发，农业企业、农民、社会无偿或低偿使用和受益。这就使得投资渠道单一，总量不足。目前我国农业科研投入占农业总产值的比值不到0.25%，而工业化国家在20世纪80年代初就达到0.62%，低收入国家也达0.44%。从推广经费占国内农业生产总值的百分比看，世界上发达国家为5%，平均水平1%，我国目前仅占0.2%，差距相当大。即使如此，近年来我国一些地方政府在机构改革中，还大幅度削减推广事业经费，即所谓的“抽血”、“断奶”，造成相当一部分农技推广组织出现

“线断、网破、人散”的局面，农业科技推广投资减少的直接后果就是人才流失，农技人员从事推广时间减少，农业技术推广网络受到较大的破坏。

（三）管理体系不顺，职能发挥不平衡

我国是农业大国，农业科技推广属于官办形式，这种推广体系有利于开展关系国计民生的重大科技成果项目的推广，符合我国国情。但是，建国60多年推广工作的实践证明，还有一些不尽如人意的方面。主要体现在推广工作受政府机构变动的影响较大，官僚主义、行政干预现象时有发生，推广人员兼职与推广无关的事情，影响推广工作的开展。目前，推广工作存在按专业分化的趋势。从中央到地方，形成了各自独立的体系，条块分割、多头管理、机构重复、力量分散、组织创新滞后。虽然政府部门要求县以下农技推广各机构如技术推广、植保、上肥等机构结合起来统一领导、分工合作，但是，其内部仍存在“统”与“独”的矛盾，一些地方还很突出。其结果是推广工作不能形成完整和谐态势。各项技术难以综合用于生产。不能形成强大的合力，推广效果大打折扣，人财物浪费不可避免。

乡镇农业科技推广单位受乡镇政府和县农业局的双重领导，工作中推广人员感到无所适从，很难专心致志从事本职工作。更有甚者，一些乡镇领导从本单位利益出发，不顾大局，抽调农业科技推广人员做与本职工作无关的其他事务；或将农技推广单位的财产、场地强行征用，使推广工作无法进行。一些县市的农业技术推广中心搞承包经营，基本从事种子经营，农药、化肥的销售。技术培训、教育示范、技术推广工作无法到位，推广工作变形走样。

（四）资源配置结构性失衡

资源配置没有围绕国际公认的黄金分割率的比例，即基础研究：应用研究：开发性研究为14：24：62进行资源的动态配置。在发达国家，从基础研究到技术开发，再到产业化，投资的比例是1：10：100，而我国为1：0.7：100，用于技术开发的资金明显不足，而技术开发则是提高科

技推广率的关键，我国农业科技开发投资也大抵如此。此外，推广重点过分偏向农业产中技术指导，而产前、产后和加工技术指导薄弱。

二、我国农技推广方法创新支持政策的典型模式

进入新世纪以来，在党的强农惠农政策的扶持和激励下，各级政府和农业部门因地制宜，结合实际，创造性地开展农业推广工作，不断创新农业推广方法，在农业技术推广过程中做了很多具体的制度设计，也在推广模式上进行了大胆的尝试，在实践中探索形成了一大批行之有效的好机制、好模式。

（一）农业科技示范户模式

农业部从2005年开始启动实施农业科技入户示范工程，在农村选择一批生产基础较好、科技文化素质较高的农户，通过“科技人员直接到户、良种良法直接到田、技术要领直接到人”的新模式，培养了一批观念新、技术强、留得住的科技示范户，并以户带户，加速了农业科技传播，促进了产业发展。

具体做法是：聘请专家和技术指导员，并派他们进村入户，手把手、面对面地传授农民科学种养技术和方法。农业科技入户工程的核心内容是“带”，即一个技术指导员带20个科技示范户，一个示范户带20户周边农户。根本要求是“入户”，就是要做到“科技人员直接到户，良种良法直接到田，技术要领直接到人”。最终目标是经过连续几年的扶持，提高科技示范户的学习接受能力、自我发展能力和辐射带动能力，把示范户培养成为观念新、技术强、留得住的科技堡垒户。通过项目带动和政策激励，激活了基层农技推广体系，起到了“接线、补网、聚能人”的作用，使想干事、能干事的基层推广人员有了用武之地；所形成的科技入户工程网络体系还为落实惠农政策、发挥科技人员作用和实施其他支农项目搭建了平台。各级政府利用这一平台，快速传达强农惠农政策，一些地方还将良种补贴、农机补贴、测土配方施肥等项目与科技入户工程结合起来，发挥了更大的作用。

示范户模式有很多优点：第一，农民眼见为真，相信同类，很快就接

受，示范效果显著；第二，示范户与后来的技术采用者语言文化大体相同，沟通容易，技术更容易被农民掌握，接受效果好；第三，由于农民之间不断的沟通，群体参与技术创新，更容易使技术本土化，创新效果好；第四，示范户在接受培训和为农民讲解中逐渐成为科技人员，有利于壮大农业科学技术队伍，弥补科技人员的不足。

（二）农业科技示范基地模式

《农业技术推广法》规定："国家鼓励和支持以大宗农产品和优势特色农产品生产为重点的农业示范区建设，发挥示范区对农业技术推广的引领作用，促进农业产业化发展和现代农业建设。"近些年，全国建立了杨凌农业高新技术产业示范区、北京国家现代农业科技城、山东黄河三角洲国家现代农业科技示范区等73家国家农业科技园区，许多地方也建立了区域性的现代农业示范区。这些园区累计入驻6000多家农业企业，转化技术成果7300余项，实现产值6700亿元，直接受益农民4000多万，发挥了良好的带动辐射作用。园区聚集了科技、金融、信息、服务等要素，是传播农业技术的新生力量。中发［2000］3号文件提出："为完善农业技术推广机制，提高服务水平，从今年起，各级财政要拨出专项经费作为启动资金，支持各地以现有乡镇技术推广机构为基础，有计划、有重点地创办一批农业科技示范场，使之成为农业新技术试验示范基地、优良种苗繁育基地、实用技术培训基地，在结构调整中发挥带动作用。"为此，农业部和财政部于2001年在全国启动了农业科技示范场建设项目。

具体做法：通常是在发展环境与条件都比较好的城郊或农村划出一定区域，围绕着主导产业或主导产品开展科学研究与技术开发，进行新技术、新品种的引进、示范、推广与科技成果转化，并吸引企业进驻园区发展科技产业，形成农业科技的示范基地、中试基地和生产基地，辐射带动周边地区农户应用先进的农业科学技术，发展生产，增加收入，推动区域经济发展和现代农业建设。它的运行机制是园区的核心区进行技术攻关，通过园区示范区的龙头企业示范，通过基地或农民专业合作组织在辐射区农户中推广。

（三）农业信息平台服务模式

农业信息化是指人类在农业生产活动和社会实践中，通过普遍地采用以通讯技术网络技术和信息技术等为主要内容的高新技术，更加充分有效地开发和利用农业信息资源，推动农业经济可持续发展和农村社会进步的过程。

信息化是实现农业现代化的重要手段。近些年来，党和政府积极倡导和推进农业农村信息化发展，党的十七届三中全会作了重要部署，国家“十二五”规划进一步提出“发展农业信息技术，提高农业生产经营信息化水平”。加快信息高速路向乡村延伸，也是进一步缩小城乡差距、统筹城乡发展的重要内容。

农业部启动农业信息化工作已经20多年，尤其是2006年以来，积极探索信息服务进村入户的途径和办法，取得了一定的成效，也出现了一些典型案例。

（四）产学研结合模式

产学研相结合是指农业教育机构科研、教育、生产不同社会分工在功能与资源优势上的协同与集成化的一个过程，是科学技术创新上、中、下游的对接与耦合，它趋同于社会生产力发展和科技创新观规律，是优化企业科技行为和实现高校科技成果产业化的有效途径和实现形式。产学研结合是一个系统工程，是高等教育功能发展和演讲过程中的辨证统一体。

产学研相结合推广机制的内涵是其推广组织以农业院校或农业科研机构设置的农业推广机构为主体，服务对象主要是农民，工作目标是教育性或推广其社会经济成果，其技术特征以科技成果为基础的知识性为主，通过中介组织、基地和项目等形式的传递方式，以达到转化科技成果、增加农民收入和提高农民素质、改善农村生活环境的目的。它主要采取“教学与科研示范基地”、“技术入股型”、“技术转让型”等推广方式。它的运行机制是由农业教育或农业科研机构通过项目、基地、企业和合作经济组织等媒介，把教育单位的科研成果转化为现实生产力。

三、案例研究：农技推广方法创新的“北京模式”

研究中选取农民田间学校方法推广实施过程中的政策支持作为研究对象，通过实例来探讨农技推广方法创新的政策支持路径。在“北京模式”中，当政府独立推动农民田间学校项目时，选择了“用制度保证赋权，用方法实现赋权”的传统路径，力图避免公共权力资源配置的单极化和权力运作的单向性，从而保证推广方法施用目标的实现。该模式的主旨便是通过对政府政策安排和政策结构的研究，来分析政府如何通过政策层面的设计实现一种推广方法的普及与应用。

（一）农业技术推广方法的制度化

1. 推广方法原则、目标和任务的制度化。农民田间学校在北京的推广是依赖项目而实现的，因此制度保障就成为项目实现的基础条件。农民田间学校的正式制度文本是2008年北京市农业局、北京市农村工作委员会、北京市科学技术委员会和北京市财政局联合下发的《关于加快京郊农民田间学校建设实施意见》（简称《实施意见》），其重要性在于政府以正式制度文本明确了农民田间学校的性质和2010年的预定目标，并为农民田间学校的发展路径指明了方向。

2. 推广方法实施的政策框架。北京农民田间学校的制度化路径并非止步于《实施意见》，事实上在实施过程中，层级式的制度结构保证了项目的运转和目标的实现，而其中起决定作用的是政府自身构建的外生性制度安排。这里的外生性制度保证的是一种常规治理结构，同时也反映出这种治理结构的潜在内部关联。

在农民田间学校项目的制度框架中，政府力图在常规治理结构中实现一种运作权力下放和监管权力集中，并通过层级式的制度安排避免惯常在项目实施中行政责任层层向下级政府推诿而财权向上集中的弊病，通过制度设计来明确各层级对口部门的职责。这其中既有约束性的“硬制度”，也有指导性的“软制度”，一切目的只是为政府在已有坚固的治理结构下能够通过制度设计构建出一套“子治理”模式，并且利用“子治理”制度实现职能、责任、义务和权力逐级下放。在这样一个常规治理结构下的制度安排中，农民田间学校参与原则的实现既要有政府层面的外生性制度，又要兼顾社区环境的内生性制度，而内生性制度通常是以相关利益群体的行动逻辑为基础，因此在农民田间学校推广项目的众多制度单元中，可以看到两种制度共生和递进的关系，即从上层的外生性制度逐渐过渡到社区甚至课堂的内生性制度。

3. 基层采用推广方法的政策支持。《实施意见》以及参照制度通常作为制度层次的上游，明确了原则、目标和任务，并且对管理行动方案进行了粗略的规定；而具体实施的方案则是依靠中下游的制度去满足，中游制度主要针对的是区县的制度安排，而最下游的制度则是各承办单位的具体规定；此外课堂上的成员学习约定可以被视为最微观的制度层面。在《实施意见》简要规定组织实施与管理规程之后，各区县开始有针对性和侧重点地设计各区县层级的实施方案，并明晰责任单位和承办单位。

4. 多元化农业推广服务供给制度安排。政府在开展以赋权为核心的农民田间学校方法时首先就要进行新制度的供给，并且在既成的单中心供给体制下适当分权，将多主体纳入到制度范畴内。完整的制度变迁过程中权力的分配就应该遵循着一套进化过程：单中心的政府治理→单中心下的层级式分权→单中心治理下的多中心参与→市场引导下的多中心治理→社区治理。北京农民田间学校的政策支持实际上是构建一个资源整合系统，在政府利用主导力量推动项目的同时，更多的主体也参与其中并提供必要的发展资本，一主多元格局在这种制度安排下逐渐成形。

（二）落实农户参与的制度结构

1. 多中心供给制度结构。北京农民田间学校的供给主体是政府，但是在政府主导的基础上仍然有多主体参与其中，形成一种所谓的“一主多元”格局。“北京模式”的特殊之处在于农民田间学校的最初供给主体是一个多个政府部门联动的集合，权力基本控制在政府手中，政府是项目策划、执行和推广者。在这样一种单中心供给结构模式下，政府的权力分配以及对参与供给主体的吸纳就显得格外关键。北京的农业人口总计273.9万，农民田间学校的覆盖学员总计40445人，如果不包括辐射学员人数的话，直接受益群体仅占总群体的1.5%。因此面对庞大的农业人口基数，农民田间学校现有的点状分布仍然难以惠及多数的供给单元，同时政府推广人员繁重的日常工作也难以保障培训推广强度和范围的跟进。这就要求将多主体引入供给结构中，实现农民田间学校的多元供给。

2. 制度结构的嵌套。北京农民田间学校在开展过程中依旧延续着旧有的农业推广路线，但是却又另辟蹊径构建了一套从市级到实施单位、甚至延伸到课堂的制度框架，权力沿着这个体系逐级下放，并且最终依靠辅导员“赋权”给农户。从整个制度结构来看，每一层级都可以看作为一个多中心制度结构，尤其是在区县级层面，多部门分担责任使上游政府的权力出现了分化，而上游政府只起到监督管理和经费拨付的职责，更多的空间下放到了实施单位或者更确切地说是培训实施者，而这些实施单位也不全归属于政府的行政部门类别，还包括公司、合作社或者协会。除了多元主体的参与，这里的多中心还有另一层含义，那就是农民田间学校具有一种服务的属性，整个服务通过推广主体与农户互动沟通来开展活动，并且以农民需求为导向。政府的权力不再以强大的力量影响着各主体的行为，而是制定政策和分配职责，更多的实施权力集中在基层，通过一套反馈体系构建出一种平衡关系，进而创造一种新的系统功能。

3. 政府层面的制度结构。政府是北京农民田间学校的推动主体，在项目执行过程中，实施权力沿着传统的推广体系层层下放给区县、镇、村三级，并形成了“三级培训联动机制”。三级组织联动设置的主要目的是配置多样化的权力和政府单位，并且将权力下放到地方，再由地方农口单位分配权力。这种三级联动机制实际上是把对上级设定的农民培训目标、步骤统一起来，实现贯穿各农口部门的人力、物力资源整合。这种“三级联动”仍可以被视为一种多中心，因为不同政府单位行使权力的本质差异极大，其中一些具有一般目的的权力向一个社群提供内容广泛的公共服务，另一些是特殊目的的职权，这些政府单位的多样化功能意味着个人同时在几个政府单位中保有公民身份，这就说明“北京模式”的制度结构中，宏观的单中心结构内部实质上是嵌套着多中心结构，这种结构保障了政府开展农民田间学校项目的运作效率。

（三）政策支持下的参与空间

1. 申报与审定。北京农民田间学校的申报与审核基本停留在区县和市级层面，是区县主管单位与市级参与单位的双向互动关系。农民田间学校具体涉及的产业及分布范围基本由主管部门依据本区优势产业进行内部协调，比如昌平区农民田间学校的设置基本依靠全区“一花三果”的产业布局和各村镇的主导产业。“北京模式”在程序设计上将农民需求调研作为一项重要办学模块，并且在项目申报之前要求承办单位到社区开展农民需求调研工作，掌握农户的生产需求，拟定学校学员规模，并将项目申报前的需求调研制度化。

2. 开办程序。农民田间学校的“参与式”特点主要集中在开办程序中，农民田间学校的程序要求“所有学员积极主动参与各项活动，辅导员扮演协调角色”。因此在农民田间学校设计上需要确保学习过程是学员亲身经历，学习积极性自主激活；个人理解能力开发和思想观点确定；行为改变应该是亲身经历的结果；学校应该是协作、循序渐进、感情和智慧投入的过程，学习的源泉应该来自学习者本身。从《实施意见》规定的九项内容来看，农民的“参与”基本贯穿始终，从需求调研一直延伸到监测评估。和国际项目不同之处在于，北京农民田间学校办学流程是制度化的，而且过程每一阶段都作为评估的重要指标，这种“硬性”设计的目的在于当项目下放到区县乃至责任、承办单位时，能够防止培训流于形式或者还原成为传统培训模式。

3. 资金管理。农民田间学校的资金来源于市、区县两级的筹措。市级部门是资金的主要供给主体，并且在区县不能保障资金供给到位的情况下能够支持农民田间学校正常运转。各区县的责任单位基本都建立了单独账户实现专款专用，并将资金的检查工作与审计制度结合，建立健全现金日记账、每天发生的现金业务做到日清日结，及时核对，保证账实相符。针对各实施单位，农民田间学校的办学资金一般采取先期垫付的形式，并于年底下拨落实。

4. 检查验收与信息化管理。农民田间学校项目的检查与验收一般采用五种形式，即自我检查、考核打分、监督抽查、验收评估、表彰与鼓励。这五种形式在实践中互为补充，并且归属于不同的管理层面。制度中规定的主要检查验收主体是政府，具体来说就是项目的责任单位和主管单位（一般为各区县的农委）。由于监督评估工作贯穿项目的始终，因此政府为了增强对办学的检查验收力量，在制度层面对检查验收主体进行了分层和任务分配。

（四）小结

任何的农技推广方法的创新活动本质上都是对推广资源的配置过程，在实践中表现为一系列的特定制度安排，不同的制度安排也就决定了资源配置的方式和效果。本研究以北京农民田间学校为例，探讨在实践中的政策支持路径，并且从多中心治理理论和权利结构出发，研究“外来”的参与式培训方法是如何在政策支持下实现本土化。从政府治理模式来看，我国的政府是管制型政府，其基本的社会关系是融合在制度结构中的权力关系；而农民田间学校倡导的是一种分权和赋权，是将农民的地位由培训的受体转换为主体，在转换中农民获得的不仅是能力的提升，而且还有角色的改变。在传统治理范式中实现赋权，就需要政府进行制度创新并倚仗多中心制度结构进行分权。这种分权不是上级政府以压力型行政体制为制度支撑将权力通过委托—代理关系逐级下放，而是在公共资源的治理中塑造多个权力中心，通过推广方法的多主体供给实现分权和职能化，通过参与空间的让渡让农民真正参与到项目之中。

第三节　西部地区农业科技创新能力评价

农业科技创新是国家科技创新体系建设的重要组成部分，是农业经济可持续增长的重要动力。对于西部地区来说，农业发展面临着土地、水等自然资源条件的刚性约束和国际市场竞争、生态安全、农产品安全等问题的制约，加快现代农业和农村经济发展，必须高度重视发挥科技创新的作用，不断提高农业科技创新能力。

一、农业科技创新能力的内涵

自奥地利经济学家熊彼特首次提出创新基本概念和思想以来，世界各国的一批学者从不同的角度对创新与技术进步在经济发展中的作用展开了深入地研究和实证分析，创立了以创新为核心的经济发展理论以及创新经济学理论体系。曼斯菲尔德认为，技术创新是发明在商业上的首次应用；英国学者弗里曼则定义技术创新为“第一次引入新产品（新工艺）所包含内容的过程”；谬塞尔认为“技术创新是以其构思新颖性和成功实现为特征的有意义的非连续性事件”；经济合作与发展组织（OECD）在 1992 年的《科技创新统计手册》中指出，“科技创新包括新产品和新工艺，以及产品和工艺显著的技术变化。如果在市场上实现了创新（产品创新），或者在生产工艺中应用了创新（工艺创新），那么就说创新完成了。因此，创新包括了科学、技术、组织、金融和商业的一系列活动。”我国比较多的专著认为，科技创新是指由技术的新构思，经过应用研究、试验开发或技术组合，形成新产品、新工艺，直至商业化的全过程。

农业科技创新是科技创新在农业领域的具体演绎。农业科技创新是指有关农业生产的新知识、新技术的产生及扩散和应用，使得农业生产系统的产出效率得以提高的过程，也就是农业科研成果研制、开发并在农业中应用的全过程，即农业科技成果转化为现实生产力的全过程。本研究认为，农业科技创新能力是指在一定的经济、社会、文化和生态环境下，在农业科技基础、农业科技实力、农业科技管理、农业科技环境等综合因素的作用下，将知识、技术、信息等要素不断创新运用到农业生产中，并产生经济、社会、文化、生态效益的一种能力。农业科技创新能力是一种综合能力，既包括科研上的创新能力，也包括市场上的创新能力。农业科技创新能力转化为现实生产力，可以简化为如下图 4.2 所示过程。

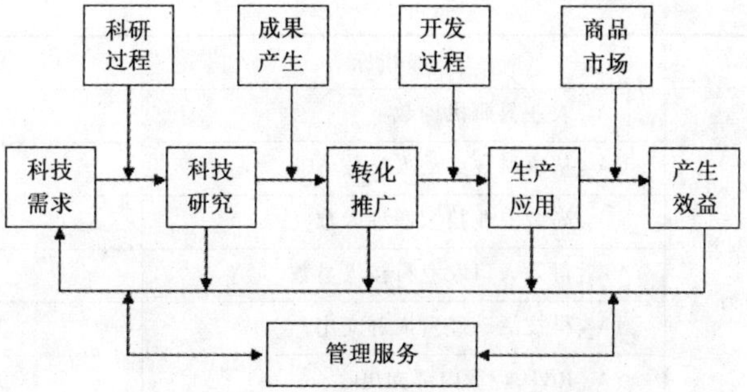

图 4.2 农业科技创新能力转化过程

二、西部地区农业科技创新能力评价

（一）农业科技创新能力评价指标体系的构成

鉴于我国目前还没有比较系统的评价科技创新能力的统计指标体系，遵循以上指标体系设置原则，以农业科技创新能力的基本内涵为核心，按照创新能力的构成要素进行分解，针对每一要素进行指标选择。在参阅大量文献的基础上，并考虑统计数据和统计资料的可获得性，构建出一套反映区域农业科技创新能力的综合指标体系。根据农业科技创新能力的内涵与构成，共选择 4 个一级指标、21 个二级指标来衡量区域农业科技创新能力，建立了西部地区农业科技创新能力评价指标体系。具体指标体系见下表 4.1。

表 4.1　　西部地区农业科技创新能力指标评价体系

一级指标	二级指标	单位
A_1农业科技创新环境支撑能力	A_{11}人均地区国民生产总值	元
	A_{12}财政农业支出	万元
	A_{13}人均受教育年限	年
	A_{14}农田有效灌溉面积	亩
	A_{15}农村用电量	万千瓦时
	A_{16}农机总动力	千瓦

续表

一级指标	二级指标	单位
A_2 农业科技创新主体发展能力	A_{21}农业科研机构数	个
	A_{22}从事科技活动人员数	人
	A_{23}高级专业技术职称人数	人
	A_{24}每万人口农业科技人员数	人
	A_{25}科技活动经费内部支出	万元
	A_{26}R&D 经费内部支出	万元
	A_{27}规模以上农业企业数量	个
A_3 农业科技创新主体产出能力	A_{31}发表科技论文数	篇
	A_{32}出版科技著作数	本
	A_{33}科技成果数	个
	A_{34}专利申请数	个
	A_{35}拥有发明专利总数	个
A_4 农业科技创新效益能力	A_{41}人均农业总产值	元
	A_{42}农民人均纯收入	元
	A_{43}技术市场成交额	万元

西部地区农业科技创新能力的指标评价体系分为农业科技创新环境支撑能力、农业科技创新主体发展能力、农业科技创新主体产出能力和农业科技创新效益能力四个一级指标。其中：

农业科技创新环境支撑能力主要反映的是西部地区农业科技创新能力的底蕴和为农业科技创新能力发挥作用提供有效保障的外部环境的能力。其由人均地区国民生产总值、财政农业支出、人均受教育年限、农田有效灌溉面积、农村用电量和农机总动力6个指标构成。人均地区国民生产总值和财政农业支出反映的是地区农业科技创新能力建设的经济基础。人均受教育年限反映的是地区农业科技创新能力建设主体的素质。农田有效灌溉面积、农村用电量和农机总动力反映的是农业科技创新成果应用的基础环境条件和采用新技术的能力。

农业科技创新主体发展能力主要指地区农业科技研究与发展条件水平状况，可以为科学创新和技术发明提供基础力量。其由农业科研机构数、从事科技活动人员数、高级专业技术职称人数、每万人口农业科技人员数、科技活动经费内部支出、R&D 经费内部支出和规模以上农业企业数量 7 个指标组成。农业科研机构数、从事科技活动人员数、高级专业技术职称人数和每万人口农业科技人员数反映的是人力基础条件。科技活动经费内部支出和 R&D 经费内部支出反映的是科技创新的投入能力。规模以上农业企业数量为农副食品加工业企业、食品制造企业和饮料制造企业的数量，反映的是企业创新的综合能力。

农业科技创新主体产出能力主要指科技资源投入后的成效，是农业科技创新建设的主要体现。其主要由发表科技论文数、出版科技著作数、科技成果数、专利申请数和拥有发明专利总数 5 个指标组成。其中，科技成果数主要指省级和国家级科技奖励成果，省级和国家级科技奖励是我国推动科技进步所采取的一项重要措施，该指标用以衡量一个地区的科学技术发展的最新成就。

农业科技创新效益能力指农业科技成果转化为现实生产力的效率或效益，主要有人均农业总产值、农民人均纯收入和技术市场成交额 3 个指标组成。其中，技术市场成交额包括技术开发、技术咨询、技术转让以及技术服务等有偿技术交易数额。

（二）评价方法的选择与评价步骤

科技创新能力评价是一种系统性评价，系统评价在科学决策中具有重大的辅助作用，引起了国内外的大批学者对其不断地进行研究和探索，目前关于科技创新能力评价方法很多，包括综合评价指数法、主成分分析法、因子分析法、模糊数学综合评价法、线性加权法、德尔菲法、专家排序法、熵权法、层次分析法、网络分析法、灰色关联法与聚类分析法等。

以综合评价指数法为例，其评价过程与步骤如下：

1. 无量纲化处理。

$$P_{ij}=\frac{A_{ij}-\overline{A_j}}{\delta_j}$$

P_{ij}为西部地区农业科技创新能力指标评价体系中 A_{ij}指标的标准化值，

δ_j 为所有单位第 j 项指标的标准差。

2. 计算一级指标评价指数。

$$E_i = \sum (w_{ij} \times P_{ij})$$

其中，E_i 为第 i 个一级指标评价指数，w_{ij}为二级指标 P_{ij}的权重。

3. 计算农业科技创新能力综合评价指标指数。

$$E = \sum (w_i \times E_i)$$

其中，E 为农业科技创新能力综合评价指标指数，w_i 为一级指标指数 E_i 的权重。

在农业科技创新能力评价指标指数中，各指标的权重选择是进行多指标评价关键环节之一。权重的确定可以运用主成分分析法、层次分析法、专家排序法等来确定。

按照上述步骤，可以计算出不同时期、不同地区的农业科技创新能力。农业科技创新能力评价指标指数越高，说明农业科技创新能力也越高。

（三）基于品种权的评价

随着经济全球化发展，知识产权保护已成为各国发展经济和参与国际竞争的关键因素之一。植物新品种保护是农业知识产权保护中的一个重要方面，因为农作物育种是农业技术创新活动中最活跃的因素，植物新品种给生产带来的进步比重一般占 30%—60%。本部分以农业部植物新品种保护办公室公开公布的数据为基础，评价了西部地区农业科技创新能力。

根据农业部植物新品种保护办公室公开公布的数据（见表 4.2），从 1999 年至 2011 年（6 月 30 日），西部地区品种权申请 1739 个，占全国的 22.5%；授权 828 个，占全国的 23%。从各省平均水平看，西部地区平均每个省申请品种权 145 个，平均每个省授权品种权 69 个，均低于东部和中部地区。

表 4.2　　东部、西部、中部 1999—2011 年品种权申请情况汇总表

	东部		中部		西部	
	申请	授权	申请	授权	申请	授权
总数	4354	2012	1647	759	1739	828
各省平均	335	155	274.5	126.5	145	69

从西部各省的申请情况和授权情况看，除四川（排名第 2）和云南（排名第 10）排名比较靠前外，其他西部几个省、市、区排名均靠后，西藏甚至一个品种权申请都没有。（见表 4.3）

表 4.3　　1999—2011 年分地区品种权申请情况汇总表

排名	地区	数量		排名	地区	数量	
		申请	授权			申请	授权
1	河　南	678	294	16	广　东	168	57
2	**四　川**	**669**	**412**	17	**广　西**	**145**	**85**
3	山　东	664	332	18	**贵　州**	**135**	**39**
4	江　苏	601	291	19	**内蒙古**	**134**	**65**
5	北　京	552	173	20	上　海	124	34
6	吉　林	543	277	21	山　西	103	49
7	黑龙江	470	184	22	**陕　西**	**102**	**48**
8	辽　宁	433	254	23	**新　疆**	**97**	**34**
9	河　北	370	203	24	江　西	78	46
10	**云　南**	**309**	**78**	25	**重　庆**	**73**	**43**
11	湖　南	301	180	26	天　津	58	17
12	安　徽	293	103	27	**甘　肃**	**50**	**15**
13	湖　北	194	87	28	海　南	27	22
14	浙　江	175	77	29	**宁　夏**	**17**	**7**
15	福　建	169	91	30	**青　海**	**8**	**2**

从品种权申请者的身份来看，以四川省为例，科研单位及高校申请的比重占64.1%，高出全国8.2个百分点；公司申请的占30.5%，低于全国1.9个百分点；个人名义申请占5.4%，与全国持平。（见表4.4）由此可见，四川农业科技创新能力的主体仍然是科研单位和高校，企业尚未成为农业科技创新的主体。

表4.4　　1999—2011年四川及全国品种权申请者构成情况

	科研单位及高校		公司		个人		国外申请者	
	数量	比重	数量	比重	数量	比重	数量	比重
四川	429	64.1	204	30.5	36	5.4		
全国	4619	55.9	2674	32.4	447	5.4	522	6.3

（四）基于专利的评价

专利是最重要的一种知识产权。在农业科技创新领域，除品种权保护外，专利是另外一个重要的农业科技创新能力的表现形式。面对激烈的市场竞争，专利和品种权构成了农业科技创新领域内最核心的竞争力。

根据国家知识产权局公开公布的数据，对“十一五”期间的专利申请统计表明（见表4.5），中国西部地区农业科技创新的发明专利申请量（A01类）从2006年的1013件提高到2010年统计期末的2819件，5年间累计增加1806件，数量提高了178.3%。

表4.5　　“十一五”期间西部地区农业科技创新专利（A01类）总体申请情况

年份	2006	2007	2008	2009	2010
数量（件）	1013	1231	1651	2407	2819

从西部地区各个省份看，地区间差异比较大。（见表4.6）四川省的专利申请量一直居西部地区首位，“十一五”期间共申请1910件；而西藏“十一五”期间仅申请23件，地区间发展不平衡态势十分突出。由下表可以看出，西部各省（直辖市、自治区）农业创新能力的发展呈现与科技和农业资源相关的正态分布态势。

表 4.6 “十一五”期间西部地区分省（直辖市、自治区）农业科技创新专利申请情况

年份	2006	2007	2008	2009	2010	总计
四 川	228	265	316	554	547	1910
陕 西	100	170	286	400	483	1439
新 疆	156	175	205	226	337	1099
云 南	132	149	200	300	284	1065
重 庆	84	63	169	259	347	922
广 西	107	110	139	196	215	767
内蒙古	97	101	101	139	184	622
甘 肃	44	60	115	147	181	547
贵 州	15	81	64	110	137	407
宁 夏	34	40	36	44	75	229
青 海	13	17	16	24	21	91
西 藏	3	0	4	8	8	23

三、提高西部地区农业科技创新能力的思路与途径

（一）提高西部地区农业科技创新能力的基本思路

按照国家深化科技体制改革的要求，遵循市场经济规律与农业科技发展特点，以发展“高产、优质、高效、生态、安全”的现代农业为目标，以调整优化农业科技体系的结构、合理配置人才队伍、深化体制机制改革和增加投入为重点，强化农业科技基础和平台建设，建设现代农业科研创新体系、农业科技成果转化体系、农业科技推广服务体系；进一步增加对西部地区农业科技的投入，农业科研开发投入占农业 GDP 的比重提高到 0.8% 以上；构建起与我国西部农业资源禀赋条件和农业现代化水平相匹配的农业科技创新模式，以促进我国西部现代农业快速发展。

（二）提高西部地区农业科技创新能力的途径

1. 强化体制创新，完善农业科技创新体系。制度的设定和功能是决定创新效率的关键，农业科技创新体系是从农业科技投入到农业经济增长

过程之中的制度安排，其核心内容是科技知识的生产者、传播者、使用者以及政府机构之间的相互作用，并在此基础上形成科技知识在整个社会范围内的循环流动和应用的良性机制。因此，农业科技创新离不开相应的科技体制的配合。农业科技创新必须以改革为动力，以制度创新为突破口，及时调整和改革农业科技体制及运行机制，逐步完善农业科技创新机制，为农业科技创新能力提供体制上的保证和支持。按照“科学布局、优化资源、完善机制、提升能力”的要求，加强统筹协调，明确“农科教”和“产学研”各部门的职能分工与协作，整合资源，集成部门优势，形成“农科教”和“产学研”协同推进的工作格局建成布局合理、方向明确、优势互补、科研推广相衔接的区域农业科技创新体系。

2. 大幅增加政府投入，建立多元化的投资制度。要改变西部地区农业科技创新能力不足的现状，加大农业科技投入十分重要。要建立以政府为主体，持续、稳定、多元化投入机制，大幅度增加农业科技创新投入。农业科技创新是社会效益明显大于经济效益的公益性事业，加之投资时间长，应该继续维持政府财政拨款的主渠道地位，并诱导涉农企业、农户投资农业科技创新活动，形成多元化的投资主体。要大幅增加政府投入，建立稳定的投入增长机制。调整农业科技投入的结构，政府农业科技投资要退出竞争性强的农业产业领域或环节，把资金重点投向基础性、公益性的农业科学基础研究、应用基础研究，以及高新技术、综合技术、关键技术的研究和开发等领域。

3. 实施需求拉动战略，大力发展现代农业。现代农业是以科技高度发达为主要特征的技术密集型农业，其发展离不开科技的发展。从供给与需求的角度来看，需求的增加可以刺激供给的增加，这一规律对农业科技创新能力也不例外。建设社会主义新农村和发展现代农业以及“三农”问题的解决，都对农业科技创新提出了新的更高的要求。要加快西部地区农业科技创新能力建设，即需要增加一般性科技要素的投入力度，也需要通过发展现代农业，建设社会主义新农村，提高农民收入水平，以此促进对农业科技创新的需求。围绕提升产业化经营水平，着力推进现代农业产业链技术创新，突破标准化种养殖、精深加工、副产物综合利用、废弃物循环利用、市场营销与现代物流配送等农业核心技术和关键共性技术，以产业链构建现代农业产业技术链，以技术链支撑延长产业链，推动农业科技升级，提升科技支撑现代农业产业的整体实力。

4. 坚持人才强农，加快农业科技创新人才队伍建设。人是农业科技进步的关键因素。要把农业科技队伍建设和农民科技素质建设作为最重要的科技能力建设，把引进、培养、使用、稳定人才作为农业科技发展的最重要目标之一，围绕充分激发农业科技研发人员的创新性，调动各级农业科技服务人员的积极性，重点开展以完善激励机制、改善工作条件、提供发展空间等为主要内容的体制机制改革与创新，充分调动和发挥农业科技从业人员的能动性，实现队伍稳定延续和绩效的不断提升。要通过培养新型农民，为实现现代农业提供智力支撑和人才保障。

5. 实施重点突破战略，加快重点工程实施。围绕西部各地区具有比较优势和区域特色的产业，集中科技资源和力量，组织实施一批对各地区发展具有战略性、带动性和标志性的重大专项和重点工程，实现重点技术的突破，切实解决一批经济、社会发展过程中的关键技术问题。围绕全局性、带动性技术的超前研究和重大瓶颈关键共性技术的集中攻关，加强原始创新，努力获得更多的拥有自主知识产权的发明创造；强化集成创新，优化组合、集成创新成果，形成具有市场竞争力的产品和产业；注重引进吸收再创新，广泛吸收国内外科学技术成果，在积极引进国内外先进技术的基础上，充分进行消化吸收和再创新；增加技术储备，增强技术支撑。

第五章

加快建立新型农业社会化服务体系

建立覆盖全程、综合配套、便捷高效的社会化服务体系，是发展现代农业的必然要求。本章从新型农业社会化服务的供给与需求、农业生产性服务业的发展模式与运行机制、加快推进农业机械化的发展等方面对如何在新时期加快建立我国的新型农业社会化服务体系进行了详细的分析。

第一节

新型农业社会化服务的供给与需求

党的十八大明确提出要“坚持和完善农村基本经营制度……构建集约化、专业化、组织化、社会化相结合的新型农业经营体系”。这不仅需要培育新型的农业经营主体以拓展经营形式，更需要建立一套新型的农业社会化服务体系作为支撑。因此，加快建立新型的农业社会化服务体系不仅是构建新型农业经营体系的重要内容，也是完善农村基本经营制度的应有之义。

一、新型农业社会化服务体系的重要涵义

农业社会化服务体系的产生和发展源于农业生产与农业服务在技术上的可分性。农业服务由专门的机构和个人提供还可以形成专业经济与规模经济，提高农业生产效率。从一般意义上而言，农业社会化服务体系是指在家庭承包经营的基础上，为农业产前、产中、产后各个环节提供服务的各类机构和个人所形成的网络，包括物资供应、生产服务、技术服务、信息服务、金融服务、保险服务，以及农产品的包装、运输、加工、贮藏、销售等内容。

随着我国农业发展进入新的历史阶段，农业社会化服务的内涵和外延也随之相应发生改变。党的十七届三中全会指出，要加快构建以公共服务机构为依托、合作经济组织为基础、龙头企业为骨干、其他社会力量为补充，公益性服务和经营性服务相结合、专项服务和综合服务相协调的新型农业社会化服务体系，上述论述基本上为新型农业社会化服务体系的发展指明了方向。从内涵方面看，新型农业社会化服务体系有两个基本含义：一是服务的社会性，即农业作为社会经济再生产的一个基本环节，其再生产过程不是由个别农业生产经营者完成的，而要依赖其他产业部门的服务活动，要依托公共服务机构和各类市场主体共同完成；二是组织的系统性，各产业部门依据其服务内容和服务方式，构建相应的组织载体，围绕农业再生产的各个环节，形成有机结合、相互补充的组织体系，为农业提供综合配套的服务，实现农业生产经营活动的科学和高效。

与新型农业社会化服务体系的内涵相适应，社会化服务的外延也应体现出农业发展新阶段的具体特征：一是农业社会化服务的内容应不断丰富。随着我国农业现代化的不断向前推进，农业规模化、集约化、组织化、标准化、国际化程度逐渐加深，农业社会化服务也应从面向传统的小农生产经营向上述五个方面转变。二是农业社会化服务的组织载体应实现多元化。随着种养大户、家庭农场、农民专业合作社、农村经纪人等规模经营主体的出现，新型农业社会化服务体系的组织载体也应注重以上变化，并依托上述新型经营主体为现代农业发展提供高效优质的

服务。三是农业社会化服务的性质应逐步扩展。现代农业的发展需要科技、信息、金融、政策等多方面的服务和支持，从而提供农业社会化服务的性质也应超出纯粹的公益性质和非公益性质，可以实现公益性与非公益性的有机结合，凡是对农业生产发展有益和对农民增收有帮助的社会化服务，都应予以支持。四是农业社会化服务的模式应有所创新。随着现代农业的快速发展，相应的农业社会化服务也不应拘泥于传统的模式，应该鼓励各地、各类经营主体对农业社会化服务的具体方式方法进行大胆创新。

二、新型农业社会化服务的供给

（一）新型农业社会化服务体系的组织结构

农业是多部门服务的领域，农民是多部门服务的对象，农业社会化服务涉及多个部门和领域。在社会主义市场经济体制条件下，农业社会化服务不仅需要提供公益性服务，还需要提供经营性服务。因此，农业社会化服务应构建由各部门密切合作，各种社会力量广泛参与的运行机制。

从国家政府部门设置来看，农业领域包括农业、林业、水利、气象等农业行政部门；涉及农业的部门有科技、教育、发改、财政、金融、商务、工商、税务、人力资源与社会保障、卫生与计划生育、民政、工业与信息化、交通、电力、环境保护、动植物检疫、食品与药品监督等相关部门；党组织系统的组织、妇联、共青团、科协等相关部门也参与了农业社会化服务工作。各种社会力量有：科研、教育、技术推广、农业综合开发等事业单位；涉农企业、商业性金融机构、合作经济组织等企业性质的单位；各类协会、学会、基金会等社会团体。

新型农业社会化服务的范围很广，主要包括：农业科技服务、农业生产性服务、农业基础设施服务、农村商品流通服务、农村金融服务、农村信息服务、农产品质量安全服务等七个方面。

1. 农业科技服务的供给现状与组织结构。

农业科技服务供给主要来自农业科技、教育、推广三个领域，组织结构包括党和政府有关部门、农业科研机构、农业教育单位、农业技术推广机构、社会团体、农业企业、农业合作经济组织等，见下图 5.1。

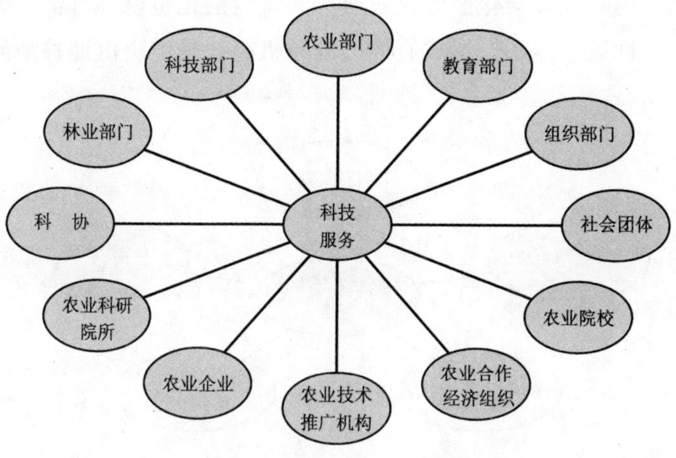

图 5.1　农业科技服务供给组织结构图

农业科技服务组织结构是一个复杂的组织系统，既有相对独立的农业科研体系、农业教育体系、农业技术推广体系，同时又融于农业社会化服务体系的各个领域。由于农业科技服务体系的业务分别属于不同的行政部门主管，各部门关心支持农业，对于农业发展起到积极的促进作用。但由于客观存在的部门利益，也出现了各部门自成体系、重复建设、资源利用不合理的问题。特别是在我国由计划经济体制转变为社会主义市场经济体制以后，需要加强农科教结合、产学研结合，充分发挥党和政府有关部门在农业科技服务中的组织领导作用，科技教育单位的科技支撑作用，构建以公共服务机构为依托、合作经济组织为基础、龙头企业为骨干、其他社会力量为补充，公益性服务与经营性服务相结合，覆盖全程、综合配套、便捷高效的组织结构。

2. 农业生产性服务的供给现状与组织结构。(见图 5.2)

农业生产过程是与生物打交道，受多种因素制约和影响。世界各国农业发展的经验表明，为了充分发挥生产者的积极性，一般以家庭农场或农户为基本生产单元。我国在国家工业化的背景下，随着农村劳动力转移，农业劳动者老龄化是必然趋势。如何在农业现代化步伐加快，农村劳动力结构和农业经营方式发生重大变化的新形势下保持农业生产稳定？如果农民在家里打个电话，发个短信，就有相应的服务组织提供机耕、排灌、植保、收割、运输等社会化服务，农业劳动者老龄化也就不可怕。因此，建立农业生产性服务体系，形成有效的服务机制，是解决由谁种地问题的根本之策。

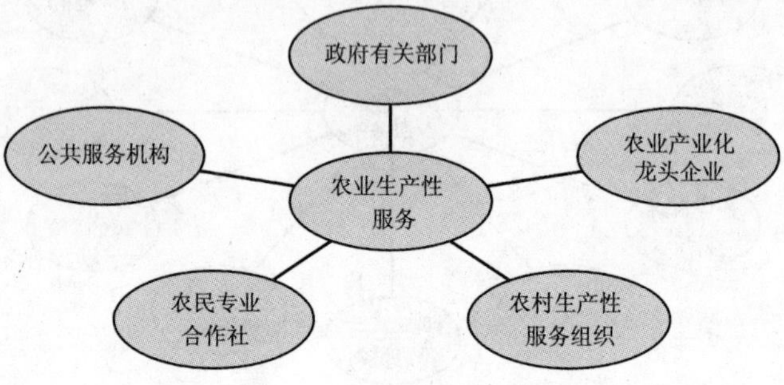

图 5.2　农业生产性服务供给组织结构图

建立农业生产性服务体系，需要国家和政府的支持。如动植物病虫害防疫、农业气象服务等，这是一家一户无法解决的问题，也是无法完全通过市场解决的问题，需要政府按照公益性职能予以扶持。还有一些农业生产过程中的社会化服务，虽然应该通过市场机制解决，但仍然需要政府给予支持和组织引导。如 1986 年山西太谷县五家堡村农民温廷玉买了一台东风牌联合收割机，与另五位村民一道，利用麦熟的时间差，从运城北上太谷沿途收麦，首先搞起了跨区专业。从 1996 年开始，由农业部联合有关部门组织农机跨区作业，有力地推动了这项工作。通过跨区作业，大幅度提高了农机的利用率，解决了“有机户有机没活干、无机户有活没机干”的矛盾，既提高了农机的利用率和农机手的效益，又满足了农民特别是外出务工人员对农机作业的需求，在生产方式上实现了规模经营，是一个具有中国特色的农机服务模式。

近几年来，国家实施了农机购置补贴政策，极大地促进了农业机械化发展，特别是农民专业合作社和各种农业生产性服务组织的发展，为农民提供生产服务提供了组织基础。

3. 农业基础设施服务的供给现状与组织结构。(见图 5.3)

随着我国农业现代化的不断推进，加快了用现代物质装备武装农业的步伐，农业基础设施条件和农业机械化水平得到大幅提升。2010 年，我国主要农作物的农业机械化水平已达52%；从“十二五”开始，国家将在10年内投入4万亿元，加强以农田水利设施建设为重点的水利基础设施建设；同时，设施农业、工厂化农业也将得到快速发展。农田水利设施、农业机械设施、农业生产设施以及农村沼气设施等农业基础设施，都需要相应的服务组织提供维护和管理服务。

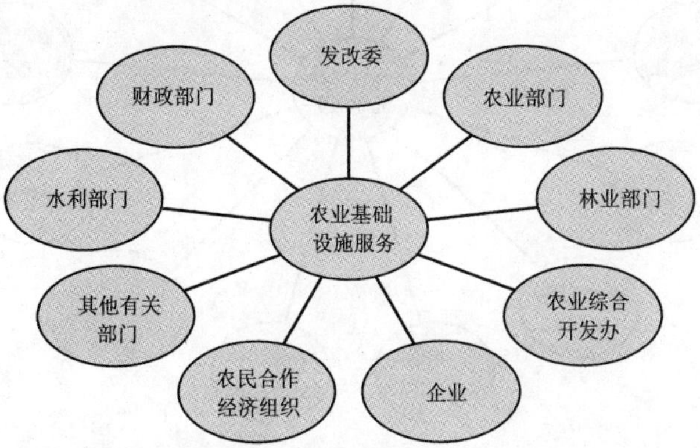

图5.3　农业基础设施服务供给组织结构图

目前，我国农业基础设施服务体系建设比较薄弱，重建设、轻管理的现象比较普遍。发改委及有关部门负责农业基础设施建设的投入和项目管理，财政部门对农业综合开发项目也有较多的投入。项目实施以后，需要进行管理与维护，如农田水利设施的运行与维护、农业机械监理维护及跨区作业的组织、农村沼气设施建设与维护管理等等。建立可持续的运行保障机制，才能充分发挥农业基础设施的作用。

4. 农村商品流通服务的供给现状与组织结构。(见图5.4)

在计划经济体制下，农业产前、产中、产后服务分别由不同的部门组织实施。在市场经济条件下，一方面农民有了生产经营自主权，购买生产资料和销售农产品有了选择权和决定权；另一方面，虽然打破了农业生产资料专营和农产品统购统销的体制，但农业生产资料现代经营服务网络还不完善，农产品销售市场发育程度还不高。

目前，农村商品流通已经成为影响农产品销售成本的重要因素。一是农村商品流通从产地（厂家）到消费者，商品流通中间环节多。二是公

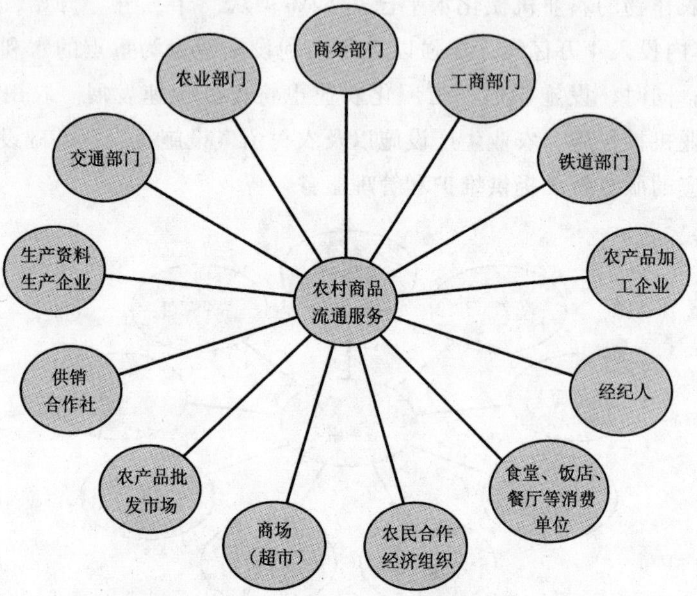

图 5.4　农村商品流通服务供给组织结构图

路收费多，汽车运输物流成本对价格影响较大。2011 年 9 月课题组到地处北京的新合作广盛园特产中心调研，该商场的负责人介绍，如果从黑龙江调运大米到北京销售，火车运输 0.04 元/500 克，而汽车运输 0.1 元/500 克。三是商场、超市经营农产品利润少、门槛高。因此，应当建立多层次、多渠道农产品流通机制，形成各方面支持农产品流通的社会环境。

5. 农村金融服务体系的现状与组织结构。

目前，我国农村金融服务机构中，政策性银行有农业发展银行，商业性银行有农业银行、邮政储蓄银行和农村商业银行（农村信用社），新型金融机构有村镇银行、小额贷款公司、农村资金互助社、保险公司、担保公司、期货证券公司等。此外，还有各类涉农的基金会，以及农民合作社内部的信用合作。（见图 5.5）

目前，金融机构的宏观管理归属人民银行；商业性银行和村镇银行、农村资金互助社管理归属银监会；证券、期货公司归属证监会；小额贷款公司、地方农业保险公司归属省级金融管理部门；基金会由民政部门登记，主管部门管理；农民合作社由工商部门登记，农业部门管理；农业担

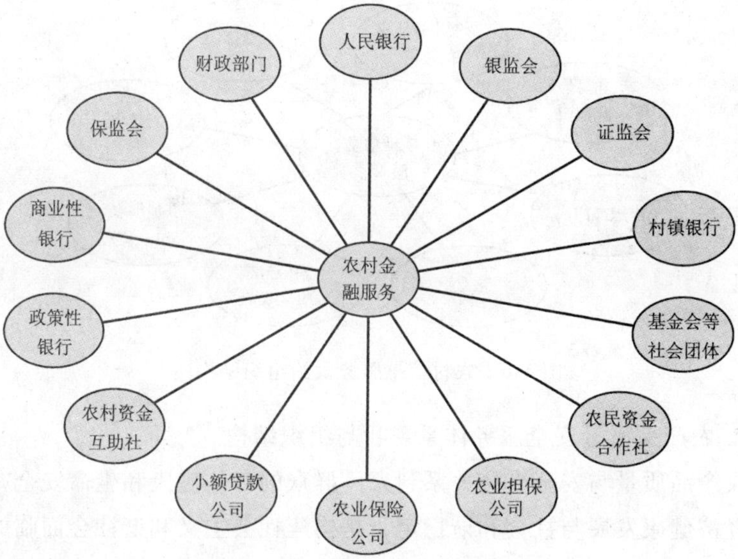

图 5.5　农村金融服务供给组织结构图

保公司是由出资人负责管理，目前大多数农业担保公司的主要出资方是地方政府。农村金融供给严重不足，已成为制约农业农村经济发展的重要制约因素。建立适应我国国情的农村金融服务机制，需要有关部门通力协作。

6. 农村信息服务的供给现状与组织结构。

随着科技进步特别是信息技术的快速发展，农村信息服务已由开现场会、出黑板报、发明白纸、大喇叭广播等传统形式与广播电视、报刊杂志、手机短信、固定电话、电子邮件等现代信息手段相结合。近年来，国家对农村及偏远地区通讯网络化的普及，带动了农村信息化的快速发展和应用。

农村信息服务既有公益性服务，又有经营性服务；信息内容包括政策、技术、管理、市场等多个领域，涉及面广；提供信息的渠道多；呈现出政府主导化、需求复杂化、渠道多样化、工作交织化、发展社会化的特点。农村信息服务的组织结构，涉及到党和政府部门，科研、教育、推广等事业单位，企业、社会团体等各类社会组织。(见图 5.6)

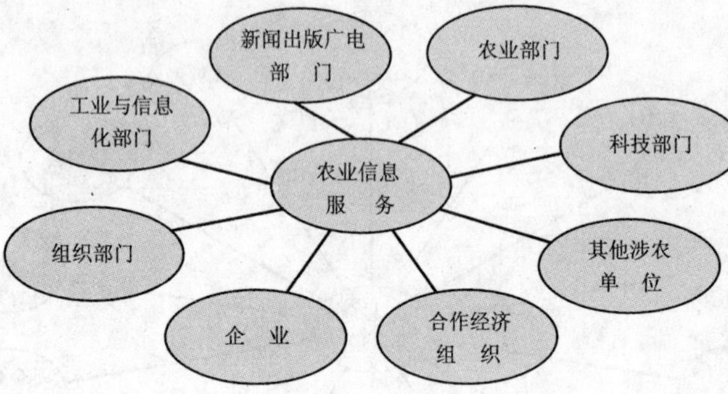

图 5.6　农村信息服务供给组织结构图

7. 农产品质量安全服务体系现状与组织结构。

农产品质量与安全直接关系到人民群众的身体健康和生命安全，关系国民经济健康发展与社会和谐稳定，是构建社会主义和谐社会面临的重大问题。根据《中华人民共和国食品安全法》规定，国务院于 2010 年 2 月 6 日设立了食品安全委员会，作为国务院食品安全工作的高层次议事协调机构。2013 年 3 月 10 日，根据第十二届全国人民代表大会第一次会议审议的《国务院机构改革和职能转变方案》，组建国家食品药品监督管理总局。为加强食品药品监督管理，提高食品药品安全质量水平，将国务院食品安全委员会办公室的职责、国家食品药品监督管理局的职责、国家质量监督检验检疫总局的生产环节食品安全监督管理职责、国家工商行政管理总局的流通环节食品安全监督管理职责整合，组建国家食品药品监督管理总局，不再保留国家食品药品监督管理局和单设的国务院食品安全委员会办公室。（见图 5.7）

（二）新型农业社会化服务供给的运行机制

《中共中央关于推进农村改革发展若干重大问题的决定》中指出，“建设覆盖全程、综合配套、便捷高效的社会化服务体系，是发展现代农业的必然要求。加快构建以公共服务机构为依托、合作经济组织为基础、龙头企业为骨干、其他社会力量为补充，公益性服务和经营性服务相结合、专项服务和综合服务相协调的新型农业社会化服务体系。”由于新型

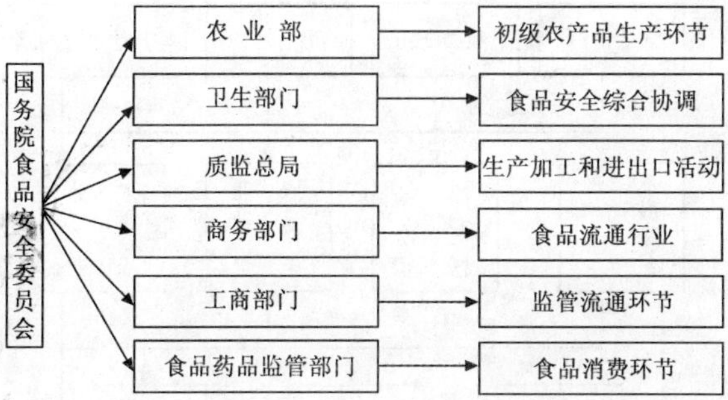

图 5.7　农产品质量安全服务体系组织结构图

农业社会化服务职能不同，服务内容和供给的机制也有区别。

1. 公益性为主导的多元化农业科技服务机制。

广义的农业科技服务融于农业社会化服务的各个领域，狭义的农业科技服务是指与农业生产直接相关的科技服务。由于本课题还要涉及与农业相关的其他领域，这里仅对狭义的农业科技服务机制进行分析。

农业科技创新周期长，农业科技成果转化受地域、气候等自然环境制约因素多，农业技术推广面向千家万户对象分散，农民科学文化素质低接受能力差，加之农业是弱质产业，农业科技服务具有鲜明的公益性特征。

在党中央把农业摆在党和国家各项工作重中之重的背景下，党和政府有关部门、农业科研机构、农业教育单位、农业技术推广机构、农业企业、农业合作经济组织、社会团体等都积极为农业服务。特别是由于农业科技服务的公益性特征，可以得到政府财政的支持，使之成为各部门服务农业的重点领域。从农业科技服务的组织结构可以看出，各方面在农业科技服务中发挥了重要作用。农业科技服务的运行机制模型见下图 5.8。

各级农业行政部门是农业农村工作的主管部门，有一支数量庞大的农业技术推广队伍。据农业部统计，到 2009 年底，全国共有基层农业技术推广机构 11 万个，其中县级 2.2 万个，乡镇 8.8 万个；共有农业推广人员 71.3 万人，其中县级 28.7 万人，乡镇 42.6 万人。农业技术推广机构上联农业科研、教育单位，下联村级服务站点、科技示范户、

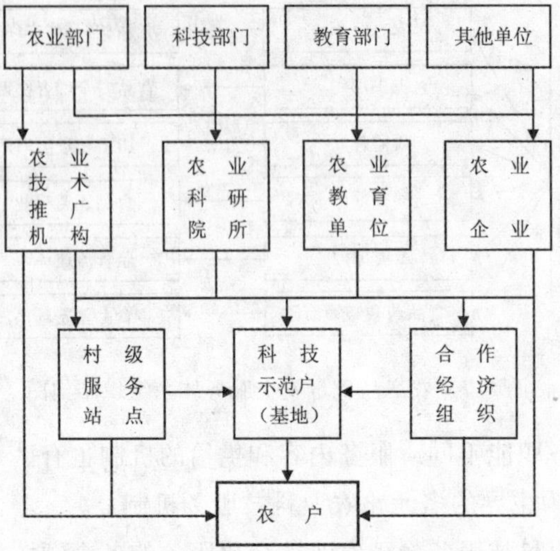

图 5.8 农业科技服务运行模型图

合作经济组织和农户，专职从事公益性农业技术推广服务，是将农业科技成果推广到千家万户、田间地头的主导力量。同时，农业部门与农业科研教育单位、农业企业等有着隶属关系或直接联系，在农业科技服务中发挥着主导作用。

科技部门通过农业科技项目，在组织农业科技攻关、农业新技术研发中发挥主导作用的同时，还面向农业生产第一线组织实施了科技特派员、专家大院、农业科技园区、农业科技超市、科技下乡等项目，为农业发展提供了科技支持。

教育部门通过高、中等院校，既为农业发展源源不断地输送人才，开展农业技术人员继续教育和培训，还为农业提供了大量的科技成果；同时，通过与地方政府或企业合作，组织科技下乡如河北农业大学的建立教学试验基地等，为农业发展提供人才和智力支持。

组织部门实施了农村实用人才培训，开展农村远程教育；人力资源与社会保障部组织农业技术人员继续教育，开展农业职业技能鉴定；宣传、广播电视等部门充分发挥媒体在传播农业技术中的作用；科协开展了全民科学素质行动计划、科技大篷车等活动，并通过农民专业技术协会开展农村科普工作；妇联、共青团等结合本部门的工作开展双学双比活动等等。各部门的大力支持和积极参与，在农业科技服务中发挥着非常重要的作用。

农业科研、教育单位具有人才、成果密集的优势，是培养农业技术人员的基地和技术成果的源头。农业科研、教育单位开展农业科技服务的主要方式，一是通过组织或参与有关部门的项目，开展公益性农业技术推广服务；二是围绕自身开展科研和教学工作的需要推广自身的研究成果，培养和锻炼人才；三是根据社会需求对推广机构、农业企业、合作经济组织和农户提供技术服务，是农业科技服务体系的主体力量。

农业企业是农业技术推广的骨干力量。他们通过自身的经营活动，既直接对农户提供技术与生产资料相结合的科技服务，也通过联系示范户或办示范基地有组织地开展技术推广工作。

村级服务站点和科技示范户是解决农业科技成果推广最后“一公里”的桥梁，是农业技术推广的重要载体，对农户应用新技术、新成果起到示范和带头作用。

农户是农业科技服务的受体。在社会主义市场经济的条件下，通过社会各方面力量的参与，形成多元化服务体系，满足农户公益性和经营性服务的需要。

随着农业科技进步和现代农业发展，农业科技服务呈现出服务内容专一化、服务主体多元化、服务手段现代化、激励机制市场化的特征。农业科技服务除国家财政支持农业科研工作，加强国家农业技术推广机构为主导的农业技术推广体系外，还需要在农技服务供给方和需求方之间建立一种“双赢”的利益机制，通过体制机制创新有效动员社会各方面的力量参与，促进农村技术服务市场的发育壮大，建立多元化的农业科技服务供给机制。

2. 分层次管理的农业基础设施服务供给机制。

农业基础设施投入既有政府资金，也有社会资金，涉及交通、电力、水利、农业、商务、农机、农村能源等多个部门。目前，政府资金投入由发改委和财政部门主管，项目建设主要由国家和地方相关业务部门主管。发改委主管基本建设项目投资是一次性投入，项目运行管理费用需要各级财政承担。由于项目的性质和内容差异很大，有的具有公益性的农业基础设施项目，由于运行费不落实，服务管理比较薄弱。从总体看，交通、电力等行业已经形成了比较规范的服务管理机制。当前的重点是加强农田水利、农田整治、畜牧业、草业、渔业、农村沼气、设施农业、农产品市场等基础设施的管理组织和运行机制建设。

建立新型农业基础设施服务体系要立足当前，着眼长远，既要充分满足项目当前发挥效益的要求，又要适应可持续运行的要求。因此，应当从项目自身的性质和特点出发，建立分层次、多渠道的运行机制。

一是主要由政府或国有企业投资建设的项目，由相关行业部门直接管理或政府委托有关单位维护管理和服务。乡村公路、电力、大中型水利设施、渔港等与农业相关的基础设施，资金投入量大，服务对象面广，一般以政府有关业务部门管理为主，纳入相关行业的管理职能，列入财政预算支撑运行；由社会力量投资建设的经营性项目，一般谁投资、谁管理、谁受益。

二是小型农业基础设施项目以租赁、承包经营为主。如小型水库、排灌站、渠道管理维护、大型农机具等农业设施，一般是政府出资，或政府出资与农民投工、出资相结合兴建或购置，具有公益性性质。因为农业基础设施项目公益性强，项目建成后的主要目的是改善农业生产条件，夯实农业基础，不是为了收回投入资金直接获取经济效益，所以建立服务机制的目标就是为了发挥设施的作用，实现可持续运行，并提供便捷、高效的服务。这些设施不宜拍卖，可实行有偿服务。可通过与管理者签订租赁、承包合同或协议的形式，由管理者实施社会化服务，政府有关部门实施监督管理。根据全国水利工作会议精神，要像建立农业技术推广体系那样，建立公益性水利服务体系。这个服务体系主要应承担管理服务的职能，经营性服务实行市场化运行，由社会力量承担。

三是分散到户的农业基础设施，实行自主经营管理，有偿服务。由政府补贴农民自筹资金建设的农业基础设施，如国家补贴购置的农机具、农村沼气设施、设施农业设备等社会化服务，由出资人自行管理，企业或各种服务组织提供有偿服务，政府部门在政策上予以支持。在有条件的地方，村集体可建立服务站点，为农民提供服务。

在加强农业大型基础设施建设的同时，要注重低产田改造，园艺标准园、规模养殖场、种植养殖小区、现代农业示范区、现代物流和农业信息化设施等基础设施的建设与服务；支持龙头企业开展基地建设、技术和设备改造；在农田水利和农田整治建设中，要重视机耕道路建设，提高农机化公共服务能力。

3. 政府扶持的农业生产性服务供给机制。

农业生产性服务主要是指农业生产过程中的服务，除公益性科技服务外，大量的生产服务是通过市场化运作完成。农业生产性服务应当在政府的政策、资金扶持下，进一步发挥农户、农民专业合作社、农业产业化龙头企业等主体作用。

农业机械是现代农业的物质装备基础，是现代化农业生产的重要手段。目前我国农机化整体水平依然较低，主要存在以下突出问题：一是农机装备和技术有效供给依然不足，基础性与原创性开发能力不强，许多关键环节机械化技术有待突破；二是农机农艺融合不够紧密，在水稻栽植、玉米收获、油菜收获、甘蔗收获、棉花采摘等环节，如果不解决农机农艺协调推进措施，机械化很难取得根本性突破；三是农业机械化发展基础设施不配套，农机作业条件较差，公共服务能力不强。

建立农业生产性服务供给机制应注意以下几点：一是适应我国农业生产小规模经营的特点，现有农资综合直补资金增量部分，要优先向种养大户倾斜，研究出台鼓励土地流转、引导扶持种养大户做大做强的政策；二是适应我国农民科学文化素质较低的现状，抓住农业生产中的共性问题，形成可操作的“傻瓜”方案和技术路线，使服务内容便捷明了，农民乐于接受；三是加强农机农艺融合，制定科学合理的机械作业规范和农艺标准，将机械适应性作为科研育种、栽培模式推广的重要指标，形成农机农艺集成应用的技术体系；四是大力发展农民专业合作组织，提高农民组织化程度和自我服务能力；五是发挥农业产业化龙头企业的带动作用；六是加强基层农业技术服务体系建设，为农业生产服务提供科技支持。

4. 市场化为主的农村商品流通服务供给机制。(见图 5.9)

为了保证国家粮食安全和农民利益，国家对稻谷、小麦等主要粮食作物实行最低保护价收购的政策，对部分生产资料如化肥、农用柴油等限制销售价格，这对稳定农业生产和保护农民利益发挥了积极作用。但是，完全依靠政府干预农产品价格已经不能适应市场经济体制的要求，大多数农产品价格涨跌已经是市场行为。目前，农产品经常出现“卖难”、“买贵”的现象，主要问题出在流通环节。经销者往往凭借自身优势，销售农业生产资料价格由卖方说了算，收购农产品价格由买方说了算，农产品价格涨了农民得不到实惠，农产品价格低了由农民承担损失。

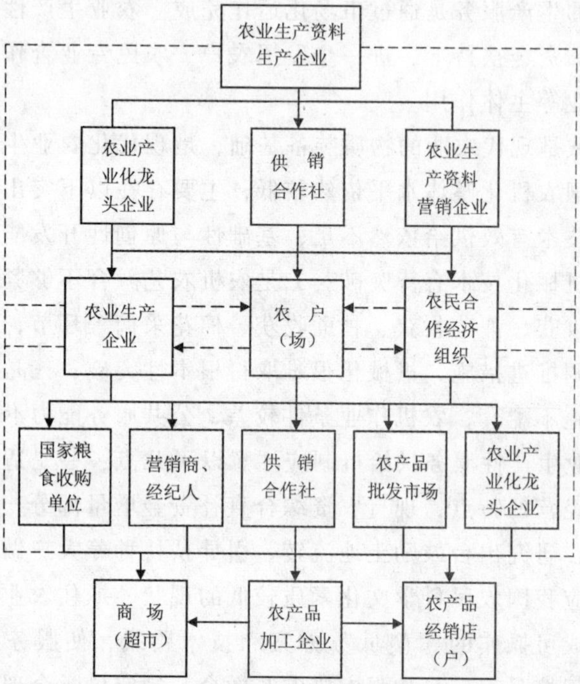

图 5.9　农村商品流通服务体系框架图

从图 5.9 可以看出，目前农村商品流通服务体系是按照实线标示的“生产—流通—农业生产—流通—市场”这个流程在运行。提高整个体系的活力和效率，需要在两个方面取得重大突破：一是提高农民的组织化程度，把分散的农户组织起来成立农民合作经济组织，增强农户与经销商谈判的能力和在市场交易中的话语权。二是帮助农民合作经济组织直接从生产企业购买农业生产资料，再通过合作经济组织把农产品销售到市场，把图中虚线标示变成实线，尽可能减少购销活动的中间环节和费用，实现流通体系高效运转。在欧盟各国，农村商品流通服务很多是通过各种合作社去做，农业合作社销售的农产品占当地市场份额的60%左右；在法国，通过合作社出口的谷物占45%，鲜果占80%，肉类占35%，家禽占40%。在美国，由合作社提供的化肥、石油占44%，贷款占40%，加工出口的农产品占80%。改变农民在农产品交易中的弱势地位，建立公平交易才有保障。现在，我国的农民专业合作社，大多数都把统一购买生产资料、统一销售农产品等作为合作的重要内容，降低了购买生产资料的生产成本，提高了农产品的销售价格。

5. 金融机构为主体、信用合作为补充的农村金融服务供给机制。

随着我国农村金融体制改革的推进，逐步形成了政策性金融、商业银行、新型金融机构和民间金融构成的农村金融体系。(见图5.10)

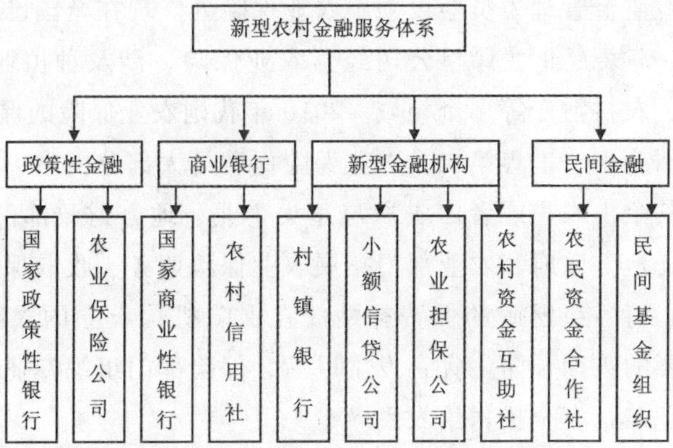

图5.10　农村金融服务体系框架图

然而，在商业化目标的推动下，商业性金融机构不能满足“三农”的金融需求。主要有三个原因：一是贷款额度小，经营成本高；二是农户自身经济薄弱，抵押品不足或缺少担保；三是农业产业受自然和环境因素影响大，贷款风险高。近年来，一些地区出现“高利贷”现象，既反映了金融监管和法律制度不完善，也反映了农村金融供给与需求的矛盾很突出。

小规模农户和农村中小企业资金短缺在世界各国具有普遍性。为了使农户和农村中小企业得到有效的金融支持，各国政府采取了一系列政策措施。不少国家选择建立专门的金融机构在农村开展金融业务，并将国家和地方政府的惠农金融业务委托给这些机构承担。如日本政府将农副产品收购和其他政策性贷款委托农协合作金融部发放和管理，农协合作金融部收取手续费；对农协合作金融部发放的农贷给予利息补贴，免征营业税、所得税和固定资产税；允许分红进入成本；对农村合作金融机构的存贷款利率、资本充足率实行优惠。此外，日本还建立了农业信用保证保险机构，对农协经营损失和债务进行补偿；建立相互援助制度和农业灾害补偿制度等等。美国法律1923年通过《农业信用法》并成立管理机构，规定农村金融机构在农村信贷的比例，调节和控制农业生产发展的规模和方向。

农业保险是中央强农惠农政策的重要组成部分。2007年中央财政开始为投保农民安排保费补贴20.5亿元，到2010年增加到80亿元。2009年，中国保险监督管理委员会设立了农业保险处。现在全国已有2家综合性保险公司、5家专业性保险公司经营农业保险，涉及种植业、养殖业、林业、农机、农村财产等多个领域。2010年我国农业保险的保费收入136亿元，居亚洲第一、世界第二。农业保险保费的大部分由中央财政和省级财政承担，其余由农户或者由农户与龙头企业、地方财政部门共同承担。保险机构依托地方政府和农业部门拓展农业保险业务、收取保费、上报保费补贴要求、将各级财政的保费补贴放在保险机构设立的农险专门账户上，开展必要的灾前预防。灾害发生以后，保险部门组织专业技术人员查勘、定损，把赔付资金拨付给农民。

6. 社会化农村信息服务供给机制。

目前，我国已初步形成包括工作体系、网络体系、信息技术开发应用、信息服务工作等方面的农业信息服务体系，呈现出农村信息服务内容多样化、服务手段现代化、服务渠道社会化的趋势。

（1）服务内容多样化。据中国人民大学农业与农村发展学院对农户社会化服务的需求调查，农民对信息的需求已涵盖到农业生产、加工、流通、科研教育、技术推广、消费等各个方面。其中需求超过20%的信息服务中，技术、市场和政策法律信息排在前三位；而农业社会化服务供给的主要瓶颈是市场、技术以及与金融相关的服务。（见表5.1）

表 5.1　　农户对社会化信息服务的需求情况

社会化服务项目	农户社会化服务需求情况		没有接受服务，但愿意接受有偿服务比率*（%）	供给瓶颈排序
	需求率（%）	服务项目需求排序		
提供技术信息	78.6	1	50.0	2
提供价格信息	69.3	2	51.5	1
提供政策法律信息	56.0	3	40.9	5
提供信息等级证明	34.2	4	49.4	3
提供信用（贷款）担保	31.9	5	39.8	6
介绍贷款渠道	31.6	6	43.7	4
组织农户集体贷款	24.5	7	37.4	7
组织农民外出打工	20.8	8	37.1	8

* 愿意接受比率是指在没有接受该项社会化服务的农户中，愿意有偿接受此项服务但由于各种原因并未接受的农户，占没有接受农户的比率。

（2）服务手段现代化。面向现代农业建设，农村信息服务不能还是靠农技人员“一张嘴、两条腿”。过去一个村只有一部电话，还不是什么人都能用。现在多数农民家里有电视，许多农户不仅安装了固定电话，个人有移动电话，有的农户可在家中上网。如江苏省不少农民专业合作社在科技推广中广泛利用短信、网络等手段，快速、及时地将科技信息、预测预报信息发布给社员。例如句容市丁庄葡萄合作社与电信部门协作，开通了语音短信平台。每到葡萄防病治虫之际，合作社在短信平台上一声令下，所有农户即刻作出响应，成为葡萄种植户们生产优质、高产、无公害葡萄的安全平台。

解决农业技术推广工作“最后一公里”的断层问题，必须充分利用地上和空中的信息网，将现代信息手段应用到农业社会化服务体系建设中来。成都市郫县在构建新型农业技术服务体系中，建立了县农村经济信息服务中心，每个基层农技站都安装了电话，配置了电脑并连接上网，农技人员人人有手机，为更好地提供信息服务创造了条件。

（3）服务渠道社会化。目前，农户获得信息的渠道已经非常广泛。据中国人民大学农业与农村发展学院的调查，农户获得政策和市场信息的

主要渠道是电视、亲戚朋友、其他社会组织和个人。(见表5.2)

表5.2　　农户获取政策和市场信息的主要渠道(%)

信息类别	亲戚朋友	村公告	报纸	电视	广播	杂志	村领导	互联网	其他
政策信息	18.6	6.5	5.4	45.8	5.4	0.5	3.0	1.6	13.2
市场信息	31.9	4.2	0.8	26.1	2.2	0.6	0.8	2.2	31.3

注：政策信息其他项主体主要有合作社、协会、供应商、下乡或在乡工作大学生；市场信息其他项主体主要是收购商。

便捷、准确的获取信息是农村生产摆脱盲目性的基础，也是提高生产效率、交易效率的有效途径。农村信息化的表现正在从单纯的被动接受型，向手机、网络互动型转化。农业生产技术信息、国家政策信息、农产品供求和价格信息的选择性获取，特别是随着3G和4G技术的应用和普及，手机上网功能的不断开发，这种可随时随地信息互动的便捷科技手段的应用，将对农业社会化服务产生革命性的影响。

从农户信息需求内容多样化、信息服务渠道多元化、信息服务手段现代化的实际出发，农村信息服务供给应当建立一个开放的系统，形成政府各部门、企业事业单位、社会团体和农民等各方面广泛参与的供给机制。

7. 政府主导的农产品质量安全服务机制。

农产品质量安全不仅关系到农业结构战略性调整、增加农民收入、促进农业可持续发展和提高农产品在国际市场上的竞争力，而且关系到人类身体健康、生命安全，事关国家经济发展和社会稳定。因此，保障农产品质量安全是政府的一项重要职能，应当由政府主导。同时，农产品质量安全不仅需要加强行政管理职能，还需要发挥企业、事业单位和社会团体的作用，承担一些社会化服务职能。

从农产品质量安全体系的构成看，农产品质量安全监管、农产品法律法规、农产品突发事件应急处理、农产品安全标准等属于行政部门的职能；农产品安全科技支撑、农产品安全检测、农产品质量安全认证、农产品安全信息等职能由科研、教育、推广等企业事业单位和社会团体承担。

建立“从田头到餐桌”的农产品质量安全服务体系，应当明确与食品质量安全有关的所有从事种植养殖、生产加工、原料供应、包装运输、销售消费等生产经营单位和个人的食品安全责任和义务。

农产品质量安全服务的供给，应当加强安全监管，完善安全标准，强化安全生产管理，加强质量检验检测，提高质检人员的素质和水平。从控制农业生产污染，加强农业投入品、生产、加工、储藏、运输、销售等影响农产品质量安全的各个环节进行风险点分析，突出抓好农业投入品监管，以及农产品生产、加工环节的质量安全管理和质量检测，建立上下联动、日常监管与专项整治相结合的行政监管机制。

农产品质量服务应当建立以政府为主导，各部门各司其职；社会各方面参与管理、认证、检测等社会化服务，实行委托制度或准入制度；鼓励社会力量参与相关的科技、信息服务；加强农产品质量安全预警和快速处理并接受媒体和社会监督，全方位构建保证农产品质量安全的有效机制。

三、农户对新型农业社会化服务的需求

改革开放后，家庭承包制的实行确立了农户的生产经营自主权，在农业技术供需均衡的动态过程中，农户无疑拥有最终的技术需求信息，掌握最终的技术采纳决策权。在“需求决定供给”的均衡法则下，与农户技术需求偏好多样化同时发生的是技术供给主体的日益多元化，政府系统农技推广体系独家垄断的一元化格局已打破，龙头企业、专业技术协会等科技服务组织开始涌现并不断发展壮大。为实现农业技术供需均衡，必须在了解农户技术需求偏好的基础上，确立有效供给主体，以最经济、最有效的方式满足农户需求。而现阶段的研究侧重于从宏观层面探讨建立新型农业社会化服务体系的必要性、作用、历史沿革及模式选择，而从微观层面所进行的实证性研究相对较少，尤其是从农户需求与农业社会化服务主体供给角度对如何建立新型农业社会化服务体系进行实证研究的成果更是鲜见，对现阶段农业社会化服务的农户需求意愿及诉求分析的研究也还显不够，这使得各地在进行新型农业社会化服务体系建设的过程中，农户权益

得不到充分保护。

农业作为一个完成的产业链，农户对农业技术的需求也覆盖产前、产中、产后等各个领域。本研究调查数据来自中国人民大学农业与农村发展学院 2008 年 10—12 月以及 2012 年 5—8 月间调查的农户（包括专业大户）问卷 332 份，主要选取了覆盖农业各个环节的 20 项技术，分别是产前环节的技术信息、购买良种、购买化肥、购买农机、租用农机、购买农药、播种，产中的施肥、打药、灌溉、机耕、农机修理，产后的收割、脱粒、采摘、包装、储存、运输、收购销售、加工等农业技术。从农户视角下，农户技术需求意愿可以分为不需要、无所谓、需要三个层次，考虑到调查的 20 项相关农业技术在三个不同需求层次上出现了不同的次数，为了给出农户技术需求的优先序，本研究在简单描述的基础上，利用聚类分析中分层聚类或系统聚类（hierarchical cluster）的方法，画出聚类树型图。在此基础上，结合表 5. 3 中的简单描述结果和图 5. 11 中的聚类分析结果，得出农户对各项相关农业技术的需求优先序。

表 5. 3　　农户的农业技术需求意愿

农业技术	需求状况			农业技术	需求状况		
	不需要	无所谓	需要		不需要	无所谓	需要
技术信息	50	20	262	机耕	195	4	128
购买良种	70	9	253	农机修理	261	1	66
购买化肥	53	9	268	收割	238	2	89
购买农机	190	8	132	脱粒	247	2	79
租用农机	220	7	103	采摘	242	3	84
购买农药	69	11	250	包装	293	1	35
播种	196	13	122	储存	297	2	30
施肥	214	14	103	运输	273	5	50
打药	213	12	105	收购销售	89	5	233
灌溉	73	10	245	加工	298	3	25

根据表5.3的调查结果，在调查的20项相关农业技术中，从明确回答“需要”的农户数量看，在调查的332个农户中，在“购买化肥”环节需要技术服务的农户数量最多，有268个农户回答需要，主要是测土配方、合理施肥等相关技术服务；其次是“技术信息”，有262个农户回答需要。回答“需要”的农户数量最少的是“加工”环节，只有25个农户回答需要该环节的技术服务；其次是“储存”环节的相关技术服务，只有30个农户明确回答需要。从回答“无所谓”的农户数量看，对于各个环节的各项相关农业技术，回答“无所谓”的农户数量都比较少，都没有超过20个农户，最多的是“技术信息”，有20个农户明确回答“无所谓”。从明确回答“不需要”的农户数量看，最多的是“加工”环节的相关技术服务，有298个农户明确回答“不需要”；其次是“储存”和“包装”环节的相关技术服务，明确回答“不需要”的农户数量都超过了290个农户。对于调查的20项相关农业技术，利用聚类分析方法具体的分类结果如图5.11所示。

由图5.11可以看出，调查的20项相关农业技术可以明显地分为4类，对于每类内部的各项技术，结合表5.3农户对各项农业技术的需求，按照农户需求程度，具体的分类结果如下：

第1类包括技术信息、购买化肥、购买良种、购买农药、灌溉、收购销售。这6项相关技术是农户相对最需要的技术服务，除了技术信息比较笼统外，化肥、农药、良种等都是农业生产所必须的生产资料，对农业产量都有显著影响。第1类内的6项相关技术需求之间，农户对“收购销售”相关环节的技术需求意愿最低，严格低于农户对其他环节的相关技术需求意愿；农户对“技术信息”的需求意愿最强，但不严格强于对其他环节的相关技术需求意愿；其次，农户对“技术信息”的需求意愿强于对“购买化肥”环节的相关技术需求意愿，对“购买化肥”的需求意愿严格强于对“购买良种”环节的技术需求意愿，依据加权求和的方法，农户对“购买良种”的需求意愿强于对“购买农药”环节的技术需求意愿，对“购买农药”环节的技术需求意愿严格强于对“灌溉”环节的技术需求意愿。这样，对于第1类内部的6项相关技术服务，根据农户需求意愿从强到弱依次是技术信息、购买化肥、购买良种、购买农药、灌溉、

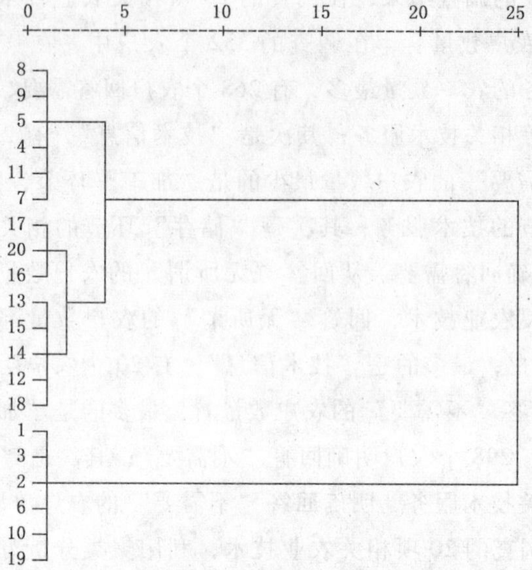

图 5.11　种植业农户技术需求的聚类树型图

注：1. 技术信息；2. 购买良种；3. 购买化肥；4. 购买农机；5. 租用农机；6. 购买农药；7. 播种；8. 施肥；9. 打药；10. 灌溉；11. 机耕；12. 农机修理；13. 收割；14. 脱粒；15. 采摘；16. 包装；17. 储存；18. 运输；19. 收购销售；20. 加工。

收购销售。

第 2 类包括施肥、打药、租用农机、购买农机、机耕、播种。在第 2 类内部的 6 项相关技术需求之间，农户对“购买农机”环节的技术需求意愿相对最强，严格强于对“机耕”环节的技术需求意愿，对“机耕”环节的技术需求意愿强于对“播种”环节的技术需求意愿，对“播种”环节的技术需求意愿严格强于对“打药”环节的技术需求意愿，对“打药”环节的技术需求意愿强于对“施肥”环节的技术需求意愿，对“施肥”环节的技术需求意愿严格强于对“租用农机”的技术需求意愿。这样，对于第 2 类内部的 6 项相关技术需求，根据农户需求意愿从强到弱依次是购买农机、机耕、播种、打药、施肥、租用农机。

第 3 类包括收割、采摘、脱粒、农机修理、运输。在第 3 类内部的 5 项相关技术需求之间，对“收割”环节的技术需求意愿相对最强，依据加权求和法，强于对“采摘”环节的技术需求意愿，对“采摘”环节的技术需求意愿严格强于对“脱粒”环节的技术需求意愿，而对“脱粒”环节的技术需求意愿严格强于对“农机修理”环节的技术需求意愿，对“农机修理”环节的需求意愿强于对“运输”环节的技术需求意愿。这样，对于第3类内部的5项相关技术需求，根据农户需求意愿从强到弱依次是收割、采摘、脱粒、农机修理、运输。

第4类包括储存、加工、包装。对于第4类内部的这3项相关技术需求，根据农户需求意愿从强到弱依次是包装、储存、加工。

这样，根据对332个农户的调查结果，利用聚类分析和加权求和相结合的分析方法，可以就农户对调查的这20项相关环节的技术需求意愿排出优先序。具体排序如表5.4所示。

表5.4 农户技术需求优先序

排序标准	排列顺序									
需求意愿	1	3	2	6	10	19	4	11	7	9
	8	5	13	15	14	12	18	16	17	20

注：根据对332个农户的调查结果，明确回答在“收割”和“播种”环节接受了相关技术服务的都是69个农户，但在“播种”环节回答没有接受服务的农户有74个，在“收割”环节回答没有接受服务的农户数量只有55个，因此，将“收割”排在了“播种”的前面。

表中代码具体内容同图5.11。

四、构建新型农业社会化服务体系存在的问题

总的来看，各类主体提供的农业社会化服务还不能充分满足广大农民的需求，公共服务能力还不够强，农业公益性服务能力特别是农业技术推广、动植物防疫、农产品质量监管等还很有待于进一步提高，农民专业合作组织的凝聚力、吸引力和服务能力也有待于进一步提升，农业产业化龙头企业与农户的利益联结机制还不完善、带动能力不强，市场体系中经营性服务组织商业化过于严重、服务也不够规范，各服务主体之间缺乏有效的协调。

（一）县、乡农业公益性服务机构体制、机制改革需要进一步深入

随着农村改革的不断推进，县乡（镇）公益性服务机构的体制不顺、

机制不活、人才队伍不稳、财政保障不足、服务手段落后等问题依然存在，甚至部分地方服务功能逐渐弱化。

县级机构具体问题主要表现为：（1）县级农业服务机构不同专业分属不同的部门领导，有的归农业局领导，有的归畜牧局领导，有的归地方特设的园艺局领导，降低了农业服务机构的工作效率。（2）县级农业技术服务人员结构不合理，主要表现为技术服务人员综合素质不高、知识断层与知识老化问题严重；由于工作环境及待遇不高，农业技术推广部门很难吸引、留住高学历、高层次人才，导致农业技术推广队伍不稳定，“在编不在岗，在岗不在编”的现象较为严重，到岗率低。（3）县级农业技术推广资金投入严重不足，大部分地方“有钱养兵，无钱打仗”，目前我国农业技术推广投资的体制为地方负责技术推广人员的工资与基本事业费，技术推广项目专项经费绝大多数来自省级与中央的投资（地市级的投资很少），有不到20%的县每年会下拨一定的技术推广专项经费。

乡镇农业服务机构存在的问题主要表现为：（1）管理体制混乱，机构职能不清，机构设置不能适应经济发展的需要、“双重”职能交叉混乱。（2）服务队伍冗员沉淀且非专业人员过多，农技服务队伍人员素质较低，知识断层、老化，知识更新缓慢，农技服务人员工作积极性不高，推广效率低下。（3）农技推广活动的服务功能弱化，农技推广服务内容单一、不能满足农民多样化的需求，传统的农技推广手段方式方法不能适应现代农业和市场经济的发展要求。（4）乡镇农技推广经费严重不足。

（二）村集体农业社会化服务力量需要加强

样本村集体经济组织为农户提供的农业社会化服务主要表现出以下几个特征：（1）村级集体经济组织为农户提供的社会化服务普遍较少，服务内容以综合性项目为主。（2）村级集体经济组织提供的社会化服务以产前和产中服务为主，农业产后服务比较薄弱。（3）村级集体经济组织提供的社会化服务大多是自发性的，收费性的服务项目比较少。（4）村干部比较重视农业社会化服务，但计划向农户提供服务的村并不多。

当前我国村级集体经济组织为农户提供的农业社会化服务还比较少，覆盖的生产环节还很不全面，提供农业社会化服务的可持续性较差。造成这种状况的原因主要有：（1）村级集体经济实力薄弱，无力向农户提供农业社会化服务。（2）村级集体经济组织涣散，难以有效承担提供农业社会化服务的职能。（3）村级集体经济组织在农业社会化服务体系建设中定位不明，主体功能不突出。（4）村级集体经济组织缺乏外部支持，开展农业社会化服务受到环境限制。

（三）新型农民专业合作组织的决策机制和运行机制需要完善

由于新型农民专业合作组织起步晚、总量少、层次还较低，其带动能力还远远不能满足广大农民和农业发展的要求。农民专业合作组织多为松散连接，在不同程度上存在着管理水平不高、服务不到位等问题，无论从数量还是质量上都不能满足农民的需求和新形势发展的要求。

农民专业合作组织从组织机制、决策机制、利益分配机制等方面看存在以下问题：（1）管理与决策上，缺乏高知识层次的领导人，这也将影响农民合作经济组织作用的进一步发挥；当前农民合作经济组织的重大决策未能体现合作经济组织的“一人一票”的原则。（2）经济利益上，合作经济组织的收入来源太少，收入来源不足，使农民合作经济组织职能的发挥大打“折扣”，同时也限制了农民合作经济组织的辐射范围。（3）技术力量上，技术人员的业务能力偏低，高学历文化的技术人员比重偏小且技术队伍规模偏小，严重制约其对农民进行技术服务的能力。（4）目前我国政府对农民合作经济组织的发展扶持力度还很小，实践证明，政府的引导和扶持有助于农民合作经济组织改变其弱势地位，并增强其技术推广的能力。有些地方的政府机关的介入不适当，有些则过了头，极易改变合作经济组织的性质，使其变为政府机构的延伸，在我们的调查中，不乏这样的案例。

从农民合作经济组织运行机制及运行情况看，主要存在以下问题：（1）农民合作经济组织的内部制度本身排他性不强，容易产生“搭便车”现象。（2）缺乏资金。具体表现为农业生产风险大，经济效益不高，不大可能吸收城市富余资金；农民收入增长不快，自身积累有限；作为农民专业合作经济组织成员的投入也非常有限。（3）内部管理不规范。具体表现为制度不健全；民主管理尚未真正落实；利益连接机制不够完善。

在农民专业合作组织提供的服务方面，与农户之间的服务供需对接存在结构性失衡。从参加合作社农户对服务需求意愿的角度看，农民专业合作社的服务供给类别与农户需求的匹配性有待加强；农民专业合作社技术服务供给机制、供给方式、供给内容的多元化必须加强，以应对农户需求的差异化。我们的调查结果显示，目前农民专业合作社产品销售服务的普及率约为80%，但农户最需要的也正是产品销售服务。随着农村商贩越来越多，农户农产品卖难问题得到有效缓解，与之相伴的是农户对获取产品高价格服务越来越重视，而这也正是农户参加农民专业合作社的根本动因。农民专业合作社的信贷担保功能受到严重制约，且自身资金实力非常弱，很难满足农户的融资需求，迫使陷入融资困境的农户不得不向亲戚、朋友或熟人借款和以农户联保贷款方式申请农村信用社贷款。

（四）农业产业化龙头企业尚缺乏全面的农业社会化服务意识

企业进行农业社会化服务供给不足、全盘意识不够、定位水平较低。主要表现为：首先，龙头企业对农民进行社会化服务的资金服务与技术、信息服务相比，明显不足；其次，从技术服务的内容上看，也没有覆盖产前、产中和产后的各个环节，整体存在的问题是目前企业提供产中社会化服务居多，产前和产后阶段的配套服务较少；第三，企业提供的社会化服务往往只针对某个特定的环节，其他的环节则放任不管；第四，企业进行社会化服务的定位水平较低。

针对企业进行农业社会化服务的政策缺位，表现为政府的相关优惠政策如政策扶持、资金补助或贴息贷款等并没有落到实处。

企业进行农业社会化服务的资金问题突出。主要表现在企业的信贷环节上，由于农产品加工业的特殊性和季节性较强，在生产旺季，企业每天需要投入大量的流动资金，而在原料农产品收购过程中，多为现金交易，故企业经常陷入流动资金紧张的境地。

企业进行农业社会化服务的人才开发支持力度不够。主要表现在：首先，同城市中的大型企业相比，我国农业产业化龙头企业的在职培训也要少得多；其次，在企业中进行农业社会化服务（比如农技推广人员）的人员学历和基本素质并不高，这也为企业进行农业社会化服务的效果打上了折扣。

“公司+农户”模式存在制度缺陷。由于自身固有的逐利动机，企业在对农民进行农业社会化服务的过程中，不论是服务的内容还是对农民服务的组织模式都带有明显的利益倾向；“公司+合作社+基地+农户”模式相对来说缓解了企业和农民之间的矛盾，但大多合作社都是企业牵头办理，企业和合作社的领导层合二为一，没有真正成为农民自己的合作社，固有的制度缺陷依然存在。

（五）民间服务主体承受风险较大，自身建设有待规范

1. 个体形式的民间服务主体难以承受多方面的风险。

农资供应商在经营的过程中存在诸多问题和困难，主要有：(1) 资金不足。主要原因在于农民赊账多，农资商贷款困难。(2) 农资市场竞争激烈。一方面，村级农资店的数量猛增，竞争不择手段；另一方面，农资供应主体越来越多样化，政府背景的农资商越来越多，引起不公平竞争。(3) 自然和市场风险大，风险保障能力弱。(4) 农资商自身的专业技术知识、信息掌握程度以及市场经营水平不高。

农村经纪人是促成农产品顺利进入全国乃至世界流通网络的一个群体，在农业社会化服务中重点在产后起到了至关重要的作用。但存在的主要问题是：(1) 农村经纪人难以控制收购的产品质量。(2) 农村经纪人难以保证农产品的产量，经纪人群体在总体上缺乏相应的技术和信息，更缺乏帮助农民引进技术支持的资金。(3) 自营经纪人往往亏本，从而逐步转变为中介经纪人的多。(4) 农村经纪人合作化进程较为缓慢，大部分经纪人对成立经纪人协会还缺乏必要的认识。

2. 农产品批发市场建设有待进一步规范。

从批发市场自身建设上看，主要存在以下问题：第一，从地域分布上看，批发市场的分布严重不均。首先是东部地区和中西部地区分布不均衡；其次是产销批发市场分布不均衡。第二，规范化、标准化程度较低。主要表现在：露天市场还很多；对农产品的农药含量进行规范检测的市场不是很多；在现行批发市场中，零售现象大量存在；批发市场主体繁杂，很不明确等。第三，组织化程度低。农产品批发市场中，经纪人等组成市场营销队伍人数庞杂，基本上是自发、松散、无序状态，经营手段落后，一对一的交易方式极其普遍，批发市场规模效率的优势体现不出来。

从社会化服务的公益性与批发市场赢利性的矛盾看，主要存在以下问题：（1）多数农产品批发市场的价格发现和信息发布功能缺乏。由于农产品批发市场的价格发布和传导功能不健全，利用批发市场对生产环节进行调节和引导功能难以发挥。（2）绝大多数农产品批发市场的食品质量安全管理保障功能缺乏。主要表现为：第一，由于检测的设备与技术等问题，检测结果很难在农产品交易完成之前得到，所以根据检测结果所能控制的往往只能是相同来源的农产品；第二，由于检测成本很高和检测人员的数量很少，随机抽样检测的比例很小，所能控制的农产品只能是交易对象中的很小一部分；第三，由于农产品批发市场本身不具有执法职能，对检测发现问题的农产品的处理也难以到位。

（六）信用社的资金供给能力和服务能力有待提高

农村信用社从农村吸收的存款，绝大部分投入到农村经济的发展中去了。各地农村信用联社也不断开辟与完善新途径，采取新办法来服务“三农”，有些地方已经取得比较好的效果。农村信用社是促进农村经济发展的重要力量。但是，在调查中也发现，农村信用社与农村中小企业的金融联系并不紧密，农民专业合作组织也难以得到农村信用社的金融服务。具体问题如下：（1）农村信用社难以满足农户的金融需求。总的来看，由于抵押品难题，农村信用社的借款不能满足农户的金融需求，信用社小额信贷覆盖面窄、额度低、手续繁琐，农户联保贷款覆盖面很窄。相比较而言民间借款更能有效满足农户的金融需求。（2）农村信用社难以满足农村中小企业的金融需求。农村信用社难以掌握企业资信和风险具体状况，一般不愿发放太多贷款；信用社由于担心发生违约后缺乏有效的制裁措施，更不愿放款。（3）农村信用社难以满足农民专业合作组织的金融需求。农民专业合作组织规模较小，组织比较松散，农村信用社往往认为不够“正规”，认为向这样的组织贷款具有较高的风险；有些地方的政府机构或者领导在农民专业合作组织的成立和发展过程中，或多或少起着一定的推进作用，直接导致信用社对农民专业合作组织的不信任。

(4) 农村信用社的信贷供给能力较弱。有些地方农村信用社网点减少，降低了信贷供给能力；信用社的内部管理制度也影响了信贷供给能力；信贷基础设施建设滞后导致信用社金融供给能力较弱。(5) 农村信用社面临的经营困境影响了为“三农”服务的质量。农村信用社的历史包袱沉重，不良贷款比例偏高；信用社面临为“三农”服务与盈利性经营目标之间存在着一定的冲突；信用社投向“三农”的资金不足；农村经济发展缓慢影响了信用社的业务开展。

五、加快建立新型农业社会化服务体系的顶层设计

十七届三中全会为新时期农业社会化服务体系建设指明了方向，就是要按照建设现代农业的要求，建立覆盖全程、综合配套、便捷高效的服务体系，形成多层次、多形式、多主体、多样化的新型农业社会化服务格局。新型农业社会化服务体系的建立，将有利于强化双层经营中“统”的功能，为农民生产经营提供便捷高效的服务，把千家万户的分散生产经营变为相互联结、共同行动的合作生产、联合经营，实现小规模经营与大市场的有效对接，提高我国农业的整体素质和市场竞争力。具体地，我们可以从三个方面来建立新型农业社会化服务体系。

（一）制度建设

制度建设要围绕十七届三中全会《中共中央关于推进农村改革发展若干重大问题的决定》指出的“加快构建以公共服务机构为依托、合作经济组织为基础、龙头企业为骨干、其他社会力量为补充，公益性服务和经营性服务相结合、专项服务和综合服务相协调的新型农业社会化服务体系”的要求展开，在农业技术推广服务、农业生产性服务、农村金融服务、农村信息与农产品质量安全服务等方面进行制度优化，形成长效机制。

一是在农业技术推广方面，由各级农业行政部门主管，上联农业科研、教育单位，下联村级服务站点、科技示范户、合作经济组织与农户，专职从事公益性农技推广服务。农业行政部门、农业科研单位、教育机构等要发挥技术优势，联系农业规模经营主体开展农业技术服务，提高技术

推广的有效性和覆盖率。各地人事部门要鼓励基层农技人员到新型农业经营主体工作或兼职，其工资待遇、职称评聘、考核任用等参照在岗农技人员。

二是在农业生产性服务方面，要发挥专业服务公司的作用，让农民可以随时找到与之相应的耕地、灌溉、植保、收割、运输等服务；要充分发挥供销社的流通功能和合作社的组织功能，切实提高农村商品流通服务水平。

三是在农村金融服务方面，推进小额信贷公司、村镇银行、农村资金互助社等农村金融机构的发展，要逐步建立由政策性金融、商业性金融、合作金融、民间金融组成的，相互配套、功能齐全、分工合理的农村金融体系。采取多种形式为新型经营主体提供多渠道的资金支持和金融服务，对于实力强、资信好、惠及当地农户的新型农业经营主体给予一定的信贷授信额度，简化贷款程序、实行优惠贷款利率。

四是在农村信息与农产品质量安全服务方面，要实现农村信息服务内容多样化、渠道多样化、手段现代化；农产品安全的监管、检测、法规、科技支撑、标准体系建设等都需要逐步建立与完善，鼓励各类新型农业经营主体进行农产品质量相关认证。

（二）主体建设

一方面，就政府主体而言，要加强农业公共服务能力建设，创新管理体制，提高人员素质，在全国普遍健全乡镇或区域性农业技术推广、动植物疫病防控、农产品质量监管等公共服务机构，逐步建立村级服务站点。这其中，县级技术推广机构的改革是建立新型农业社会化服务体系的重点之一。无论是农业公共服务能力建设、管理体制创新，还是乡镇农业服务机构健全、村级服务站点建立、高素质农技推广人才队伍的培养，都需要在县级技术推广机构的指导下进行。目前，县级技术推广机构还存在许多问题，如县级农业技术推广机构不同专业分属不同的部门领导，降低了农业技术推广的效率；县级农业技术推广人员知识结构老化、人员老龄化现象严重；县级农业技术推广资金投入严重不足等。我们对县级技术推广机构的改革定位是确定公益性农技推广的职能，构建公益型推广模式，主要推广以下几类技术：政府重大发展战略的相关技术，以及对整个国家、地区产生总体性影响的技术；难以保密的公益性技术；一些经济效益不太明显但公益性明显的技术。2009 年农业部出台的《关于加快推进乡镇或区域性农业技术推广机构改革与建设的意见》指出，深化改革、加强建设、因地制宜、鼓励探索；坚持公益性定位，在人员编制、财政经费、服务条件等方面加大支持保障力度，在运行机制和服务方式上不断创新，增强公共服务能力，切实增强为农服务实效；强化县级农业主管部门的管理指导职责，切实解决乡镇或区域性农技人员服务缺位和不到位等问题；与各地乡镇机构改革相衔接，统筹规划，综合建设，全面推进改革与建设工作。在政府主体建设过程中，还要坚持“多予、少取、放活”方针，理清政府与市场的界限；牢固树立全局观念，摒弃利益部门化；相信和依靠群众，充分尊重农民的经营自主权。①

另一方面，要支持供销合作社、农民专业合作社、专业服务公司、专业技术协会、农村经纪人、龙头企业等提供多种形式的生产经营服务。要切实加大对供销合作社改革发展的支持力度，妥善解决历史遗留问题，支持发展供销合作事业，加强供销合作社人才队伍建设，充分发挥供销合作社在活跃农村流通、完善商品流通体系、建设现代农业、拉动农村需求、推进社会主义新农村建设中的作用。按照服务农民、进退自由、权利平等、管理民主的要求，扶持农民专业合作社加快发展，使之成为引领农民参与国内外市场竞争的现代农业经营组织；允许有条件的农民专业合作社开展信用合作，满足合作社实体建设的金融需求与农户资金借贷需求。发展农业产业化经营，促进农产品加工业结构升级，扶持壮大龙头企业，培育知名品牌，优化龙头企业与农户的利益联结方式。继续发挥专业技术协会在信息传播、技术培训、生产服务等方面的作用。推进农村经纪人立法工作，规范农村经纪人队伍。鼓励农业专业服务公司的发展，扶持农村创业。稳定和壮大农业科技人才队伍，加强农业技术推广普及，开展农民技术培训。加快农业科技成果转化，促进产学研、农科教结合，支持高等学

---

① 农业部农村经济研究中心：《中国农村研究报告（2010）》，中国财政经济出版社 2011 年版。

校、科研院所同农民专业合作社、龙头企业、农户开展多种形式技术合作。

此外，还要认识到扶持新型农业经营主体与建立新型农业社会化服务体系是一个问题的两个方面。新型农业经营主体（如专业大户、农民专业合作社、农业产业化龙头企业等）的发展会促进农业社会化服务体系的配套，而农业社会化服务体系的配套反过来又会提高新型农业经营主体的建设水平，同时促进农业组织化、规模化、集群化的发展。

（三）市场建设

一要开拓农村市场，推进农村流通现代化。加快农村日用消费品和农业生产资料连锁经营网络建设；建设以绿色农副产品物流交易中心为龙头的农副产品流通网络，带动农业产业化发展，促进食品安全和农民增收。充分发挥信息网络在农村流通现代化中的作用，如商务部、中国农业银行、中国移动通信集团公司近期达成“万村千乡市场工程”信息化建设合作协议，该协议旨在以“万村千乡市场工程”建设的流通网络为载体，通过实施信息化改造，促进农村商流、信息流、资金流融合，加快农村流通现代化步伐。要加快推进供销合作社现代流通网络建设，支持社有企业参与“万村千乡”和“双百”市场工程以及农超对接、家电下乡、以旧换新等工作，鼓励社有企业积极利用农村物流服务体系发展专项资金、服务业发展专项资金、中小商贸企业发展专项资金开拓农村市场。

二要健全农产品市场体系，完善农业信息收集和发布制度，发展农产品现代流通方式，减免运销环节收费，长期实行绿色通道政策，加快形成流通成本低、运行效率高的农产品营销网络。要以加强产销衔接为重点，加快建设高效、畅通、安全、有序的鲜活农产品流通体系，深入推进农超对接工程；着力提高农产品流通的组织化程度和现代化水平；健全覆盖生产、流通、消费的农产品信息网络，完善储备调运制度；加强质量安全追溯体系建设，落实索证索票和购销台账制度；制定实施全国和地方农产品市场发展指导文件，促进合理布局，有效解决批发市场重复建设与零售网点不足并存等问题；通过发展农民专业合作组织尽可能减少购销活动的中间环节和费用，实现流通体系高效运转。

三要保障农用生产资料供应，整顿和规范农村市场秩序，严厉惩治坑农害农行为。认真组织好化肥等农业生产资料的生产，做好淡季储备工作，继续控制化肥出口，稳定种子、农膜、农药价格，依法严处农资价格违规行为，加强农用生产资料价格监测。要加强对农产品价格的监管，这两年出现的一些农产品价格上涨，有一些是由于成本上升等因素，也有一些确确实实由于"囤积炒作"；对恶意炒作的情况，相关政府部门要依法给予严惩，以保持市场价格的基本稳定。要营造客观真实报道农产品价格和食品安全的舆论环境，在报道的过程中，应该以新闻的真实性、客观性为基础，不做悬殊的对比，不以受关注度为主要目标。多客观报道，不引导受众做不合时宜的猜测。对于不同情况具体分析，不以点概面、以偏概全。针对故意扭曲、以假乱真的新闻报道要建立追踪制度，减少负面影响。

第二节　农业生产性服务业的发展模式与运行机制

近年来，我国农业生产性服务业迅速发展，成为发展现代农业、转变农业发展方式的战略引擎，也是现代农业产业体系建设中最引人注目的现象之一。"十二五"规划明确提出，"在工业化、城镇化深入发展中同步推进农业现代化"，是"十二五"时期的一项重大任务，要"坚持走中国特色的农业现代化道路"，"加快转变农业发展方式"，"完善现代农业产业体系"。可见，"十二五"期间，发展农业生产性服务业的重要性和紧迫性将会进一步凸显。探讨发展农业生产性服务业的模式、机制和政策问题，具有重要的理论意义和实践价值。

一、农业生产性服务业的概念

生产性服务业是指直接、间接地为商品或服务的生产过程提供中间服务的服务业，如物流服务业、信息服务业、咨询服务业、技术服务业、培训服务业、营销服务业、新产品开发和设计服务业、会展服务业等。生产性服务主要满足中间需求，系向外部企业和其他组织的生产提供的中间投入服务。现代生产性服务业提供的服务，通常具有知识密集或技术密集的特点，具有典型的高技术含量、高人力资本和高附加值等三高特征。生产性服务业能够把大量的人力资本和知识资本，引入到商品和服务的生产过程，是现代产业竞争力的基本源泉。

本课题的农业生产性服务业，准确地说是面向农业产业链的生产性服务业。迄今为止，相关研究在概念的使用和外延的界定上仍然存在较大分歧，大致有农业服务业、农业生产性服务业、农业社会化服务体系、农业现代服务业、服务农业的生产性服务业、现代农业服务业等方面。按照国家统计局的《国民经济行业分类标准》，农畜产品批发，食品、饮料及烟草批发，化肥批发，农药批发，农用薄膜批发，农业机械批发，经营食品等的超级市场零售，食品、饮料及烟草制品专门零售，花卉零售等在统计上属于批发和零售业；农业科学研究与试验发展，气象服务，与农业相关的技术检测和技术推广、科技中介服务等，在统计上属于科学研究、技术服务和地质勘查业；农业机械租赁、与农业相关的商务服务，纳入租赁和商务服务业统计，这些方面和与农业相关的金融业，与农业相关的水利、环境和公共设施管理业，大部分属于农业生产性服务业，但却不属于农、林、牧、渔服务业。可见，农业生产性服务业在外延上远远大于农、林、牧、渔服务业。用农、林、牧、渔服务业增加值来衡量农业生产性服务业，会存在严重的统计低估问题。

二、我国农业生产性服务业的典型模式及其运行机制

（一）公共农业生产性服务体系

公益性农业生产性服务，按其供给主体及是否使用了公共权力和公共资源，可分为公共服务和一般公益型服务。公共农业生产性服务通常是由

政府主导的，虽属公益性服务，却具有普惠式的特点。近年来，许多地方结合实施惠农政策和财政支农项目，着力加强公共农业生产性服务体系建设，强化公共服务能力。

1. 依托政府部门和涉农站所，加强或创新公共农业生产性服务。如依托政府部门，加强农田水利基本建设、组织农作物高产攻关、支持农村沼气建设、推动发展农业政策性保险和公共农机化服务，组织农机跨区作业等；按照“绿色植保、公共植保”的方针，实施绿卡行动计划、有害生物预警与控制区域站建设、病虫害预测预报、植物检疫，提供农业病虫害防治技术服务，示范推广病虫害绿色防控技术和良好农业操作规范（GAP）等；实施新型农民培训工程和农科教电波入户工程，组织农村致富带头人培训工作、农业科技特派员包村工作和农民科技书屋建设，开展病虫害鼠害防治技术指导、农业技术咨询、送科技下乡等；依托土肥站等，提供测土配方施肥及相关信息服务；依托种子站，提供农产品重点品种选育服务、农作物新品种示范推广服务，引导企业加强大田良种繁育基地建设。借此，增强公共农业生产性服务能力。近年来，许多地方还把举办农业展会和节庆活动，引导、组织农产品品牌认证、地理标志保护产品认证和农产品基地认证，开展农产品市场推介和营销促销活动，作为加强公共农业生产性服务的重要方式，引导企业、农户和合作经济组织等增强对农产品市场，特别是高端农产品市场的开拓能力。

2. 以加强公共服务机构或平台建设为载体，加强公共农业生产性服务网络建设。近年来，许多地方着力加强农业科技推广体系、动物防疫体系和农产品质量检验检疫体系建设。如安徽省淮北市在各乡镇（办事处）建立了农技综合服务站；在乡镇单独设立畜牧兽医站，在行政村配备了专职动物防疫员；并将乡镇农技站和畜牧站等上划县农委管理。市农产品质量监测站已成为皖北地区唯一的农产品质量监测站。有些市、县不仅开设了市（县）农业信息网，还在乡镇（办事处）建立了农业信息综合服务站；并结合加强电子政务、开展农业信息服务进村入户到企活动，开通农技咨询服务热线和农业系统公益服务电话等，全方位提供农业信息服务。山东省平度市政府承办的江北农业技术市场，按照“市场＋基地”的模式运作，已成为推进农业信息产业化和农业技术交易的重要平台。有些市县还通过创建农业科技示范园，为农业科技进步和发展方式转变提供示范平台。

（二）合作社、专业协会或行业协会

近年来，适应推进农业结构调整、发展现代农业的要求，许多地方的农民专业合作社、农民专业协会或农产品行业协会脱颖而出，在面向农业产业化提供公益性生产性服务方面，发挥了日益重要的作用。以农民专业合作社为例，许多农民专业合作社依托市场，发挥规模优势，向社员统一提供科技服务、信息服务、培训服务、防疫服务、储藏保鲜服务、农资供应服务、农产品营销促销服务等，帮助农户同龙头企业、超市或农产品市场建立稳定的购销关系，其作用领域已经覆盖农业产业链的大多数环节，成为公益性农业生产性服务的重要供给者，以及高产、优质、高效、生态、安全农产品基地建设的重要组织者。多数合作社还通过统购分销等方式，帮助社员降低农资采购成本和风险；通过统一组织良种引进和试验示范、统一开展品牌建设和标准化服务等，帮助农产品拓展销售渠道，开辟高端市场，提高产品质量和销售价格，甚至创建农产品品牌。有些农民专业合作社，还为社员提供短期借款或融资担保服务，组织社员开展信用合作或参与农业保险。还有一些农民专业合作社建立了技术服务部或化验室等，为农户提供农产品质量检验检测服务。至于通过“合作社＋农户”、“公司＋合作社＋农户”等方式，引导农民按统一价格或统一利润实行订单种养，帮助农户规避市场风险的现象，则更为普遍。

（三）农业产业化龙头企业

近年来，随着龙头企业的成长及其参与农业产业化程度的提高，龙头企业对农业生产性服务业发展的外部拉动和植入效应迅速显现。有些龙头企业结合加强农产品基地建设，创新发展农业生产性服务业，带动农业发展方式的转变，增强面向农户群体提供产业化服务的能力。如安徽大自然种猪育种有限公司已成为集生产、检测、加工、储藏、专营连锁、配送于一体的农业产业化龙头企业。该公司按照“公司＋基地＋农户”的方式运作，通过养猪协会和合作社，带动农户饲养土猪；对协会会员和合作社社员实行统一品种、统一供应精液、统一技术服务、统一饲料、统一用药、统一防疫、统一品牌、统一销售。到 2010 年 9 月，该公司已带动养猪协会会员 1685 个、带动养殖场户 2000 多个、规模种养农户 185 个。

（四）涉农市场和民营服务企业

近年来，许多地方结合推进农业产业化经营和发展农业主导产业，加强农产品产地批发市场建设，打造农产品销售平台和市场化农业生产性服务业发展平台。许多地方还注意结合区域主导产业的发展需求，加强对产地批发市场的改造，借此提升其服务功能，完善农产品流通服务体系。许多地方政府积极引导农村经纪人、农产品经销大户成立规范运作的企业组织，推动经纪人由个体分散营销向联合开拓市场转变；或结合招商引资、实行优惠政策，鼓励民营企业投资发展农业生产性服务业。在有些农业产业化水平较高的地区，强大的需求拉动，也是发展农业生产性服务业的重要力量。如总投资 5000 万元的青岛天地园育苗有限公司，实际上是一个集生产、销售、病虫害防治、田间技术指导、电脑远程诊断于一体的综合型服务企业。该公司年生产各种优质瓜果蔬菜种苗 1800 万株，经销化肥、农药等农资产品 1000 余种，实现产值 5000 万元、利润 600 万元。

（五）传统的农业生产性服务组织

供销社、邮政公司、国有粮食企业等传统的服务组织，是发展农业生产性服务业的重要力量。例如，近年来，把解决“三农”问题作为政府全部工作的重中之重，倡导工业反哺农业、城市支持农村，激发了邮政部门等传统服务组织向农业农村延伸服务触角的热情。消费结构升级和现代农业发展的需求拉动，也在不断强化着这些部门向农业农村延伸服务触角的动力。如山东省平度市邮政局积极利用自身的网络优势和信誉品牌优势，推进乡镇邮政物流配送中心和村级“三农服务站”建设；按照统一标识、统一服务、统一采购、统一配送、统一价格、统一核算的要求，引导其标准化、规范化发展，形成了邮政物流遍布城乡、覆盖全市的“市一镇一村”三级连锁经营网络。

（六）不同类型的农业生产性服务机构的联合和协作

近年来，在发展农业生产性服务业的过程中，不同类型农业服务机构联合和协作的趋势日益强化，许多传统的服务组织主动对接新兴、市场化的农业生产性服务组织，借此延伸服务能力。如中央储备粮淮北直属库拟在中储粮淮北直属库设立“三农服务总社”，在淮北直属库分库和较大乡（镇）设立三农服务中心社，分片区设立基层服务社。以协议入社的方式，吸收具有门面自主产权、经营条件好、诚实守信的经营者加入“三农服务社”，并将“三农服务社”的主要经营服务范围定位在粮食收购、农资销售和米面油等日用品的销售服务，为农民提供机播、机耕、机收等服务，从事土地流转服务和托管、半托管服务，邀请专业技术人员为农民提供产前、产中、产后技术指导服务，发展订单农业并实行优质优价，通过自身的种植试验推广优良品种，促进农民增产增收。通过三农服务总社，对基层服务社提供信息和资金支持，通过统购分销方式帮助其降低进货成本，帮助其争取政策支持，允许其享受中储粮的品牌和信誉优势。除不同类型农业服务机构的联合和协作外，许多地方不同利益相关者合力提供农业生产性服务、共同推进现代农业发展的格局，也在不断强化。

三、发展农业生产性服务业面临的主要问题

（一）农业公共服务机构职能定位过宽，容易出现经费少、人员缺、机构不健全、服务供求错位和供不应求等问题

当前，农业公共服务机构职能定位过宽的问题，在总体上比较普遍。如要求农机化公共服务机构深入田间地头，围绕粮食生产的主要环节，做好农机具检修和跟踪服务，直接从事农机化新技术、新机具的推广普及；主要依靠政府或准政府的培训机构从事农民培训。许多地方的乡镇农技站，多则十来个人，少则一两个人。名目繁多的农技工作，往往让其力不从心，甚至被迫“疲于应付”。目前，各地健全农业公共生产性服务机构的呼声很高，固然有多种原因，但一个重要原因是职能定位过宽，加剧了机构不健全、人员和经费紧缺的问题。目前，农业公共服务机构提供的部

分农业生产性服务，存在着“政府积极提供，农民消极接受”、“政府怪农民认识不够，农民怨服务意义不大”等问题，这与政府越俎代庖搞服务，服务供给不能满足服务需求有很大关系。

（二）基层农业公共服务体系运行机制改革滞后，队伍不稳、专业结构不合理、人员知识老化的问题比较突出

近年来，基层农业公共服务体系运行机制的改革，虽然取得积极进展，但在总体上仍然严重滞后于发展现代农业的需求，突出地表现为以下几个方面：一是县乡两级农业公共服务机构开展公共服务，缺乏持续的财政支持和配套经费，甚至其日常运转也要依赖有一定期限、有较强偶然性的项目资金，加大了提供公共服务，即公益性、普惠式服务的困难，有些方面的农业公共服务能力甚至出现大幅度萎缩。有些农业公共服务，待项目完成，即自动取消。与此相关的设备设施，哪怕仍处于半新状态，也被迫停用，形成大量浪费。二是对农业公共服务机构提供服务的激励和约束机制亟待健全，公共服务能力闲置、人才和资源浪费的现象比较严重；多元化融资机制尚待建立，收入主要依靠有限的财政支持资金，可持续发展能力建设亟待加强。三是县乡两级农业公共服务机构的人员待遇偏低，严重影响其工作积极性、主动性和创造性，甚至驱使部分人员主动转岗从事行政工作。四是农业公共服务机构与龙头企业、农民专业合作社或其他农村中介组织之间，在提供公益性服务方面的联合和合作机制尚亟待健全。与此相联系，基层农业公共服务机构普遍存在着队伍不稳、专业结构不合理、人员知识老化等问题。

（三）农业社会化服务机构规模小、层次低、功能弱、融资难，农业生产性服务业市场化、产业化、社会化发展滞后

近年来，我国在推进农业产业化的过程中，涌现了一批农村经纪人。但大多规模小、层次低，主要是小打小闹，服务能力有限。民营科技服务组织虽呈不断发展态势，但大多仅由几个人组成，技术力量以聘用少数退休或在职农技人员为主，服务内容较为简单，服务层次较低。有些较大规模的农产品产地批发市场，主要从事农产品原产品的批发交易，或者加上简单的初加工，服务设施简陋，交易方式传统，规范化、标准化、信息化程度低，市场秩序和诚信环境建设薄弱，农产品深加工、包装、分级和冷链物流系统尚未形成，难以提供及时有效的信息服务、物流配送服务和农产品质量检验检测服务等。不少产地批发市场由于规模小、层次低、功能弱，收入仅为入场费和房屋租赁费，长期以来一直是微利经营，甚至入不敷出，无力进行市场改造。至于因缺乏足够资金进行市场清扫和垃圾清运，导致市场脏、乱问题突出，融资难问题较重，更是比较多见。农业社会化服务机构规模小、层次低、功能弱，与支持这些机构提升服务能力的服务体系薄弱，也有很大关系。无论是从龙头企业、农民专业合作社，还是从农村经纪人或其他农村中介组织来看，面向其带头人的培训服务发展不足，加剧了相关企业家资源的短缺，为增强其服务能力增加了障碍。

（四）农业生产性服务业支持政策亟待健全，强化政策支持已成当务之急

近年来，国家支持农业生产性服务业发展的政策措施陆续出台，政策指向日趋鲜明；① 尤其是在支持农技推广体系改革创新、支持农机服务和农产品流通服务体系建设方面，新的支持政策亮点频现，政策含金量不断

① 早在2003年1月由农业部、中央编办、科技部、财政部联合发布的《关于开展基层农技推广体系改革试点工作的意见》就提出，要“推进国家农技推广机构的改革，发展多元化的农技服务组织，创新农技推广的体制和机制”，“逐步形成国家兴办与国家扶持相结合，无偿服务与有偿服务相结合的新型农技推广体系”。2006年农业部、国家发改委等8部委联合出台的《关于加快发展农业产业化经营的意见》，明确提出要“积极鼓励龙头企业、农业科技人员和农村能人以及各类社会化服务组织，创办或领办各类中介服务组织，培育和扶持专业大户和经纪人队伍，提高农民组织化程度”，“鼓励专业合作组织开展跨区域经营，壮大自身实力，增强服务功能”；“尽快建立并完善与基地生产相配套的信息化服务、动植物防疫检疫、农产品质量安全检测的社会化服务体系”。2009年《农业部关于加快发展农机专业合作社的意见》明确提出，要把发展农机专业合作社作为建设农机社会化服务体系的主攻方向，要求从落实扶持政策、加大投入力度、加快人才培养、加强示范引导等几大方面，“认真落实发展农机专业合作社的扶持措施”。2009年《农业部关于推进农业经营体制机制创新的意见》更是用很长的篇幅专门提出，要“大力发展农业生产性服务，建立新型农业社会化服务体系”。

提高。[①] 但仍存在以下问题：

1. 支持政策较为原则或抽象，甚至存在不少政策空白或盲区。许多支持政策较为笼统，缺乏明确指向或实实在在的配套措施；有的则较为零碎，缺乏明确的支持重点与方向；或在解决发展农业生产性服务业的实际问题方面，缺乏针对性和可操作性。如近年来，随着农业产业化和农村新能源建设的推进，农村环境服务和新能源服务能力薄弱的问题迅速凸显。农村生产、生活垃圾已成一大公害。有些蔬菜种植较具规模的地区，废弃的菜梗、菜根随意堆积，不仅严重影响农村景观，还容易加剧农村环境污染。有些地方建设的户用秸秆汽化炉很容易堵塞，妨碍其正常使用。对农村环境服务、农村能源服务问题虽然开始引起关注，但相关支持政策还很不健全，政策支持的覆盖面小更是一个突出问题。目前部分市场化农业生产性服务业的发展，存在着税费负担重，且政策畸轻畸重的问题。

2. 多数政策支持农业生产性服务业力度过小。如近年来，政府在农机补贴方面的投入越来越大，但在农机和农艺结合方面经费支持严重不足，很大程度上妨碍了农机补贴效果的发挥。[②] 近年来，动植物疫情变化很快，但防疫检测手段落后，也在很大程度上影响动植物疫病防控的效

---

① 如在国务院和农业部出台多项农技推广体系改革、发展政策的基础上，2009 年农业部又专门出台了《关于加快推进乡镇或区域性农业技术推广机构改革与建设的意见》。2006 年农业部、国家发改委等 8 部委联合出台的《关于加快发展农业产业化经营的意见》，明确提出“要研究制定农产品流通龙头企业的扶持政策，积极培育大型流通龙头企业，在大宗、重要农产品主产地、集散地，培育和发展一批有规模、有影响的农产品综合或专业市场，加快农村流通服务业的发展”。2009 年国发［2009］25 号文件，即《国务院关于当前稳定农业发展促进农民增收的意见》，提出要增加部分中央建设投资支持冷链物流设施建设，扩大社会冰鲜冷冻储藏能力；加强仓储设施建设、促进农产品流通发展，并加大相关财政支持力度。为进一步做强做大农村邮政物流，2009 年国务院办公厅专门下发了《关于推动农村邮政物流发展的意见》。2010 年，《国务院关于促进农业机械化和农机工业又好又快发展的意见》，提出要着力加强农机社会化服务体系建设，创新农机化服务组织形式，大力发展农机专业合作社，鼓励发展农机专业大户和联户合作，探索发展农机作业公司，促进农机服务主体多元化，完善农机社会化服务机制，为此出台了加大政策扶持力度的具体措施，要求到 2020 年基本建成现代化农机流通体系和完善的农机售后服务网络。

② 如对小麦实行精量播种，每亩仅需种子 15 斤，比常规播种每亩 40 斤可节约种子 60% 以上。但由于缺乏配套工作经费，农技部门难以面向农户开展相关示范和培训，严重影响精量播种覆盖面的扩大。

果。就农村沼气项目而言，目前乡村两级政府往往只有任务，没有工作经费，严重影响其工作积极性。至于因科研经费短缺，导致科技成果转化滞后，新技术难以及时得到全面开发利用的现象更是比较常见。近年来，许多地方乡镇农技推广部门几经改革，程度不同地存在着资产流失、仪器设备损坏的现象。与此同时，各级政府对农技推广部门的服务能力建设投入不足，导致其设施设备更新缓慢，严重制约其服务能力的提高。随着对农产品质量安全重视程度的提高，加强农产品质量检验检测机构建设已经日益引起重视，但县级农产品质量检测机构缺乏应有的检测设备，难以为农产品质量安全监管提供有效的技术支持，仍是一个突出问题。

四、发展农业生产性服务业的对策建议

（一）科学确定农业公共服务机构的职能定位，优化其服务供给方式

公共农业生产性服务，是公益性农业生产性服务的重要组成部分。公益性农业生产性服务，具有不同程度的公共品属性。公共品主要应该由公共部门来提供，但这并不意味着必须由公共部门来生产。至于准公共品的生产和供给，更应注意借助企业、市场乃至社会或非营利组织的力量。根据公共品理论，公益性农业生产性服务应该是分层次的，包括合作社或龙头企业层面的公益性服务、特定地区层面的公益性服务和国家层面的公益性服务。部分公共品属性较强的农业生产性服务，如动植物疫病统防统治和预测预报、面向区域农业主导产业的重大技术推广等，必须由公共农业生产性服务机构提供。大多数公益性农业生产性服务具有准公共品属性，特别是那些只对特定区域、特定产业的农户群体具有公益性的生产性服务，可以由合作社、龙头企业、农业公共服务平台和其他中介服务组织等提供，或通过培育各种类型的示范户、示范企业、示范基地、示范合作社等来实现；甚至可以通过政府采购公共服务的方式，引导市场化的农业生产性服务组织或非营利机构来增加供给。有些农业生产性服务，如面向区域主导产业的农机化新技术、新机具推广普及，通过以上不同类型的农业生产性服务机构合作提供，可能更具效率和比较优势。至于只是少数农户、少数企业受益的农技、农机推广或培训，则应该注意引导和鼓励民营企业、专业化的服务公司或服务大户提供服务。

（二）加快公共农业服务机构改革，大力加强其队伍和运行机制建设

1. 优化公共农业服务机构的职能定位。

（1）加强市、县两级公共服务机构和区域农业服务中心建设。通过加强市、县两级农技推广中心、农产品质量检验检测中心等公共服务机构建设，鼓励和督促其全面提高服务质量、增强服务能力，特别是引导、带动龙头企业、中介组织、示范典型又好又快地提供农业生产性服务的能力。结合区域主导产业或优势、特色产业的发展需求，加强县内区域服务中心建设。借此解决农业生产性服务业发展中市、县两级提供普遍服务“鞭长莫及”的问题，发挥其作为农业公共服务体系运行结点的作用。县内区域服务中心可作为县级农技推广中心或类似公共服务机构的派出机构，人、财、物纳入县级垂直管理；也可通过试点方式，探索按照政府采购公共服务方式，实行独立运转，单独核算，单独考核。

（2）将乡镇一级机构的服务职能严格限定为提供普遍服务。按照提供普遍服务的要求，每个乡镇农技综合服务站1—2人即可。乡镇农技综合服务站由县级统一管理、工作业绩由县农技推广部门和乡镇政府联合考核。确保乡镇农技人员的专业工作时间。

（3）在村级甚至跨村范围内“点燃一盏灯，照亮一大片”。注意发挥龙头企业、农民合作经济组织和各类示范典型的作用。

2. 加强机构和队伍建设。

（1）强化公共农业生产性服务机构的奖惩机制。在试点探索和广泛征求利益相关者意见的基础上，组织相关领域专家，分市、县、区域服务中心层次和乡镇层次，分别制订公共农业服务机构的考核评价指标，实行对公共农业服务人员的精细化管理，明确不同层次的岗位基本责任，并将考评结果与其工资保障、奖金分配、职务晋升、职称评定和解聘续聘挂钩。达不到岗位基本责任要求的，部分取消其工资保障，直至解聘。对乡镇一级农业公共服务机构的考评，主要考察其面向农业发展需求提供普遍服务的情况。对市、县和区域服务中心层面的考核，不仅考察其提供普遍服务的情况，还要考察其面向龙头企业、中介组织和示范典型提供引导服务和加强服务能力建设的情况。

(2) 完善公共农业服务机构的用人制度和经费保障制度。我国现行《邮政法》规定，与邮政企业的竞争性业务相比，邮政普遍服务具有法律强制性的优先权；为确保邮政普遍服务落到实处，邮政普遍服务实行财务统收统支，并在严格核算的基础上，依法获得政府的财政补贴和优惠政策。建立普遍服务基金已成为国际上开展电信普遍服务的重要筹资渠道。借鉴这些方面的经验，为了凸显重视"三农"工作，减缓基层公共农业服务机构的人员外流问题，建议让县、乡两级公共农业服务机构的从业者享受参公待遇，或直接纳入公务员管理。同时，从近年来迅速增长的土地出让收入中提取固定比例，作为农业普遍服务基金，面向农业产业链的生产经营，加强普遍服务及其能力建设。此外，为加强农业公共服务，减缓其人员素质的老化和退化，建议在建立农技人员定期轮训制度的同时，通过优先晋升职称职务、提高工资等级或鼓励志愿者加盟等方式，鼓励高等院校、科研院所的科技人员和研究生在一定时期内到基层参与公共农业服务。

(3) 加强农业公共服务投入稳定增长机制建设。第一，对动植物疫病统防统治、重大突发疫情防治，进一步加强中央和省级政府的投入支持。建议在中央和省级财政支农项目中，对动植物疫病统防统治设立经常性财政支持项目，对动植物重大突发疫情防治，在财政预算中设立应急机动资金以备不测，并将相关支持向农业主产区和优势、特色农业产业带倾斜。鼓励省级政府将相关临时性支持项目，转变为经常性支持项目。第二，通过增加财政投入或建立专项资金，以及加强同高等院校、科研院所合作等方式，定期不定期地加强对基层农业公共服务从业者的培训，支持基层公共农业服务机构完善配套服务设施，解决服务经费短缺和服务设施老化的问题。近年来，各级政府的农民培训投入增加很快，但培训效果与预期目标往往存在很大差距，这与缺乏适应农民需求的高水平骨干师资有很大关系。建议在农民培训投入中，切出固定比例用于骨干师资培训，并将县乡农技人员作为骨干师资的培训重点，形成通过加强农技人员培训带动提升农民培训的效果。第三，在加强政府监督、公众监督和技术监督的基础上，通过试点试验，加快农业公共服务运行机制的改革，探索允许其面向市场适度提供有偿服务的可能性。

（三）结合实施区域层面、产业链层面的农业重大项目或专项行动，突出加强相关农业生产性服务能力建设

近年来，各具特色的农业产业集群、农业产业区、优势特色农业产业带迅速崛起，成为农业产业化过程中最引人瞩目的景观。顺应这种趋势，整合资源，突出重点，连片开发，积极组织区域层面、产业链层面的农业重大项目和专项行动，可以整合集成农村金融、农业保险、农民培训、财税支持、科技支持、农资服务、营销服务、信息服务等资源，协调推动农业的市场创新、制度创新、经营方式创新和发展模式创新，促进公共农业服务机构和中介组织、各类示范典型乃至农户分工协作、优势互补，形成发展现代农业或特色农业的联动机制，从而整体带动区域层面或产业链层面的农业发展方式转变。在区域层面或产业链层面，要结合实施重大项目和专项行动，突出加强农业生产性服务能力建设，优先支持龙头企业、农民专业合作社等中介组织、各类示范典型等参与项目运作，增强服务能力；优先支持农业全程信息化建设、科技服务、质量检验检测服务、农产品市场升级改造、农业要素市场服务和农产品及其加工品的产后处理、冷链物流、配送中心、电子商务设施建设等，并加大投入力度。农业是经济再生产和自然再生产的统一，影响农业产业链运行的不确定因素较多，且近年来还在迅速增多。加之，通过加强农业技术的组装集成仍有很大潜力，激发、调动地方政府、相关部门和利益相关者的积极性至关重要。因此，实施区域层面、产业链层面的重大项目和专项行动，应像实施财政系统的项目一样，单列配套工作经费和引导示范资金，为促进良种良法结合、农机农艺结合等提供回旋空间。

（四）优先支持农业生产性服务业市场化、产业化和社会化，鼓励其组织创新和经营方式创新

鼓励农业生产性服务业的市场化、产业化和社会化，引导相关服务机构、服务平台加快功能转型和改造升级，促进其业态和经营方式创新。在放宽市场准入的基础上，加大对农业生产性服务业创新创业的支持力度。优先鼓励各类科技人员、乡土人才创办农业生产性服务企业或非营利机构。优先鼓励农产品流通企业做强做大，优先支持连锁经营等农产品现代流通方式。对于在优势、特色农业主产区，按照市场化、企业化或非营利等方式，兴办或联合兴办农产品质量检验检测机构，进一步加大政策支持和鼓励力度，优先鼓励民营企业和公共服务机构联合兴办。鼓励按照企业化或非营利机构的方式，兴办综合性或专业化的区域农业技术服务中心、区域农业服务中心等公共农业生产性服务平台。

支持农业生产性服务业组织创新，要注意创新对农民专业合作社和农产品行业协会发展的支持政策。为进一步发挥农民专业合作社、农产品行业协会等在发展农业生产性服务业中的载体和平台作用，着力解决其发展面临的突出问题，引导其加快发展方式转变，应该进一步完善对农民专业合作社、农产品行业协会的财政和金融支持政策、创新支持方式，加快支持政策的转变。

（五）健全发展农业生产性服务业的其他支持政策，加大支持力度并优化支持重点

为加强对服务业发展和现代农业建设的支持，建议增加各级政府服务业引导资金和服务业发展专项资金的规模，提高其中用于支持发展农业生产性服务业的资金比重。鼓励具备条件的地区，设立农业生产性服务业专项引导资金，或在服务业引导资金中切块支持农业生产性服务业发展。鉴于农业生产性服务业的发展在总体上尚处于初级阶段，亟待引导和扶持，建议在发展农业生产性服务业的过程中，允许其用水、用电、用气等要素价格和融资政策参照农业执行，促进其节本增效，增强可持续发展能力和抗风险能力。建议在农业产业化示范区、现代农业示范区建设中，把农业生产性服务业作为重要支持内容。

第三节

加快推进农业机械化发展

新世纪新阶段以来，党中央、国务院坚持把“三农”工作作为全党工作的重中之重，高度重视农业机械化发展，不断强化支持政策，持续加大投入力度，环境不断优化，发展速度加快，农业机械化取得了显著成就。与此同时，农机化发展也面临着新的制约因素，需要在发展过程中加以解决，进一步夯实现代农业发展和农产品安全的物质基础。

一、农业机械化发展现状分析

（一）农机装备数量与结构

2010年，全国农业机械总动力达到92780.48万千瓦，比上年和“十五”期末分别增长了6.04%和35.35%。“九五”、“十五”、“十一五”这三个阶段农机总动力的年均增长率（指数计算法）分别为6.31%、5.64%、7.94%，可以看出，在经历了“十五”期间的增长速度放缓，“十一五”期间农机总动力增长速度再次上升。

从动力能源结构看，以柴油为动力的农业机械所占比例不断增加，其他能源为动力的农业机械所占比例逐年下降，农业机械化对柴油依赖程度不断增加。石油价格的波动成为影响我国农机使用成本的重要因素，在石油价格波动较大，并且石油资源面临枯竭的背景下，今后应该继续调整优化农机装备结构，采用提高燃油利用率和开发新能源农机装备来降低农机对石油的依赖程度。（见表5.5）

从农机动力产业布局看，全国农机总动力中，种植业动力机械所占比例高达60.26%；其次是运输机械和农产品初加工机械，所占比例分别为24.49%、9.12%；农田基本建设机械、畜牧业机械、渔业机械、林业机械等其他机械所占比例均不足3%，分别为2.38%、1.96%、1.71%、

0.08%。(见图5.12)

表5.5　　全国农业机械动力能源结构现状与趋势　　单位:%

	柴油发动机动力	汽油发动机动力	电动机动力	其他动力
“九五”末动力结构	74.68	5.80	19.39	0.13
“十五”末动力结构	78.66	3.96	17.28	0.10
“十一五”末动力结构	80.40	2.80	16.73	0.07

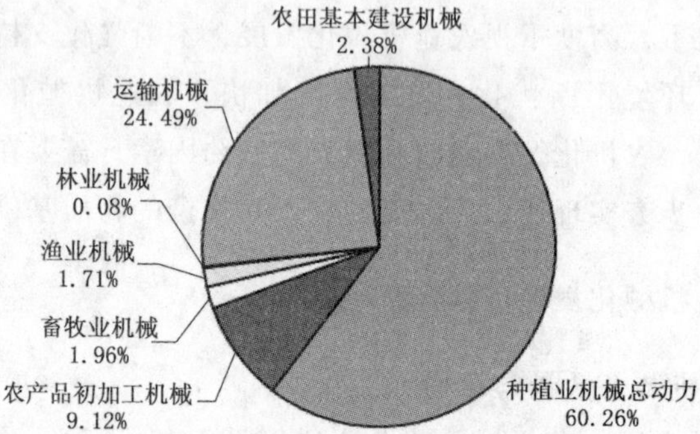

图5.12　2010年全国农机动力产业布局现状

(二) 农机作业水平

“十一五”期间我国农机作业水平得到了进一步发展，在相关政策的推动下，耕整地水平提升相当明显；主要粮油棉作物的种植环节机械化水平也得到较快发展。

1. 耕整地环节机械化水平。“十一五”期间机械耕整地水平的发展有了明显的进步，机耕面积逐年增加，年均增长率为10.45%，而“十五”期间增速仅为1.42%，这与我国目前对深松等作业补贴的政策密切相关。2010年机耕面积占播种面积为64.38%，比“十五”期末增加了53.51%。

“十一五”期间机械深耕深松技术推广得到了一定的应用，机械深耕深松面积年均增长率为2.69%，而“十五”期间增速仅为0.15%。与“十五”末机械深耕深松面积相比，“十一五”末增长了19.66%；“十一五”期间机械化秸秆还田面积不断扩大，年均增长率为8.25%。与“十五”末相比，“十一五”末增长了47.44%。

2. 种植环节机械化水平。“十一五”期间机播面积年均增长率为8.32%，“十一五”末比“十五”末增长了47.00%。2010年小麦种植面积为22551500公顷，机播面积为20696000公顷，机播水平达到了85.32%，基本实现了机械化；玉米的机播水平达到了76.52%，比“十五”末增加了23.83个百分点，机械化水平得到了较大的发展。“十一五”期间我国的水稻种植机械化水平也得到了飞速的发展，年均增长率高达30.09%，“十一五”末比“十五”末增长了301.08%。机浅栽水稻技术的适用性较低， “十一五”末比“十五”末作业面积减少了30.25%。

“十一五”期间，一些资源节约型、环境友好型农业机械化技术推广使用面积得到较快增加。特别是免耕播种技术推广面积增加较快，年均增长率为14.46%，与“十五”末相比，增长了109.66%；水稻工厂化育秧栽插面积增长也较快。其他“两型”农机化技术如精量半精量播种技术和机械铺膜推广应用面积增速较为平缓，机械化肥深施技术推广应用面积在“十一五”期间较为稳定，年均增长率为1.87%。

3. 机电灌溉面积。2010年我国机电灌溉面积为49358130公顷，占实有耕地面积的40.55%。“十一五”期间政府逐渐加大对农田公共水利设施投入，机电灌溉面积逐年有所提高，扭转了“十五”期间机电灌溉面积下降的趋势。另一方面，农田机械节水灌溉面积逐年上升，“十一五”期间增速为7.66%，与“十五”相比增速明显加快，“十一五”末农田机械节水灌溉面积比“十五”末增长了38.51%。这表明我国正逐步走向节约型农业，同时农田机械节水灌溉面积比例仍然不高，水资源节约型农业的道路还非常漫长。

4. 机械植保面积。2010年我国机械植保面积为57364210公顷，占当年年末实有耕地面积的47.13%。“十一五”期间，我国机械植保面积年均增长率为6.71%，高于“十五”期间的3.81%。总体而言，我国目前机械植保作业水平仍然不高，背负式手动喷雾器仍然占较大比例，作业效率低，劳动强度大。大力扩大机械植保面积，提高植保机械化水平迫在眉睫。

5. 机械收获作业水平。2010 年全国机械收获面积为 59846690 公顷，占耕地总面积比例为 49.17%。“十一五”期间机收水平得到了较快的发展，年均增长率为 11.64%，与“十五”末相比，增长了 75.29%。

“十一五”期间，玉米、水稻、油菜等作物的机械化收获水平增幅较快，特别是玉米，机械化收获水平年均增长率高达 60.79%，“十一五”末玉米的机收面积是“十五”的 10 倍左右。“十一五”期间，我国农业机械跨区收获仍然保持迅速发展，为提高主要粮食作物的机械化水平起到了积极的促进作用。截至“十一五”末，其中小麦跨区机收面积占小麦全部机收面积的 63.18%，“十一五”期间年均增长率为 6.05%，与“十五”相比，发展速度放缓；水稻跨区机收面积占全部机械收获水稻面积的 32.08%，“十五”期间年均增长率为 36.49%，“十一五”以来发展速度放缓，年均增长率只有 9.56%；玉米跨区机收面积占全部机械收获玉米面积的 16.40%，“十五”期间年均增长率为 40.85%，“十一五”以来发展速度加快，年均增长率达到 60.57%。“十一五”末跨区机收玉米面积是“十五”末的约 7 倍之多。玉米机械化收获最近几年发展较快，现在正是高速发展时期。

6. 脱粒、烘干、初加工等环节机械化水平。“十一五”我国机械脱粒烘干作业量增速有所加快，机械脱粒粮食数量年均增长率为 3.63%，高于“十五”2.13%；机械烘干粮食数量年均增长率为 5.52%，与“十五”相比，有了较大提高，“十一五”期末比“十五”末机械烘干粮食数量增长了 117.98%。

“十一五”期间，主要农副产品如粮食、棉花、油料的加工基本实现了机械化，但是这并不意味着农副产品加工的机械化水平已经发展足够。当前很多农副产品的加工都仅停留在初加工上，由于技术和资金的限制，进一步的农副产品深加工能力十分薄弱，深加工用粮不到粮食总量的 8%，大宗果品的商品化加工率不到 10%，因此农副产品的加工机械应进行结构调整，加强深加工能力。其中机械加工棉花数量虽然年均增长率为负数，但是考虑到我国是棉花净进口国，实际机械加工的棉花数量远远大于自产棉花数量，因此其加工量是否增长与纺织品国际贸易水平有很大关系，而不能说明其机械化水平升高或是降低。

7. 畜牧业机械化水平。"十一五"期间机械播种牧草数量有较快增长，年均增长率分别为14.22%，高于"十五"期间6.57%；机械化青贮秸秆数量年均增长率为7.66%，低于"十五"期间14.94%；机械收割牧草数量波动加大，自2008年有下降的趋势，年均增长率为-0.71%；机械化剪羊毛量呈下降趋势，2007年比"十五"末降低了10.38%。

8. 农机运输作业量。"十一五"期间农机运输作业量年均增长率为25.94%，期末农机运输作业量为4072.31亿吨公里，比"十五"期末增加144.97%，.可见"十一五"期间农机运输作业量增长非常迅速。

（三）农机化公共服务体系

"十一五"期间我国农机化迅速发展，对新技术示范、推广、培训、信息等公共服务的需求日益迫切。随着农村改革不断推进，一些基层农机事业单位的体制不顺、机制不活、队伍不稳、保障不足等方面的问题日渐突出，农机化公共服务能力日趋薄弱，特别是农机技术推广、质量监督、安全监理和信息服务的能力和水平远不能适应农机化快速发展的需要，严重制约了农业机械化健康发展。

截至2010年，我国农机化管理机构数量达到33155个，比"十五"末减少了3.81%，其中省级机构32个，地级350个，县级2777个，乡级29996个；从科技人员比例看，"十五"末科技人数的比例为49.06%，"十一五"末科技人员占机构人员总数的50.99%，科技人员比例有所增加。

1. 农机技术推广。农机技术推广工作是农机科技成果转化为现实生产力的必然途径，是实施科教兴农战略的重要载体。目前我国逐步形成了从国家到省（自治区、直辖市）、地（市）、县（市）、乡镇的五级网络体系。截至2010年底，全国共有省、地、县农机推广机构2555个；截至2008年底，全国共有省、地、县、乡农机推广机构3.25万个，其中省级站31个，地市级站296个、县级站2160个、乡镇级站30041个（其中，独立专业站占29.3%，区域站占3.2%，综合站占67.5%）。

2. 农机安全监理。截至2010年我国农机安全监理机构数量为2901

个，其中省级 31 个，地县级 2870 个；从机构人员数量看，截至 2010 年末有 33505 人，其中科技人员为 16573 人，占 49.46%。

2006 年农业部、国家安全生产监督总局联合开展“创建平安农机”以来，各省（区、市）创建“平安农机”示范县（区、市）440 个、示范乡（镇）4655 个、示范村 3.5 万个、示范户 35 万多个。各地把乡镇、村屯作为“平安农机”创建活动的重心，积极发挥基层组织的作用，进一步完善了以县农机监理站为龙头，乡镇农技站为骨干，各级农机协会、合作经济组织为依托、村农机安全员为基础的农机安全监理体系，我国农机安全监理体系逐步完善。2007 年农业部在全国范围内组织开展的拖拉机登记和驾驶证申领专项整治活动，农机监理业务逐步规范。

3. 农机教育培训。从机构个数看，截至 2010 年我国农机教育、培训机构数量为 1857 个，其中农机大中专机构 39 个，农机学校 1818 个；从机构人员数量看，截至 2010 年末有 20996 人，其中科技人员为 13659 人，占 65.06%。农机学校是农机教育培训的主要承办单位。据 2009 年对全国 173 个县级农机公共服务体系调研统计得出，2009 年县级农机教育培训工作年均财政拨款总额为 27.04 万元，农机教育培训总人次为 1467（其中：农机驾驶、操作 1342 人次，农机维修培训 125 人次），计算下来，人均每次培训投入的经费为 184.32 元。从产出结果来看，2009 年县级农机驾驶操作人员总数为 6652 人，平均一个机手每年接收 0.20 次培训；农机维修人员总数为 352 人，平均一个农机维修人员每年接收 0.36 次培训。对比来看，目前我国农机驾驶操作人员以及农机维修人员每年接收培训的次数偏低。

目前依托农机驾驶培训，“阳光工程”、“金蓝领计划”等培训工作和项目，年均培训农机人次 400 万人次以上。农机化职业技能鉴定和开发也迅速发展，累计培训并通过鉴定发证的农机技能人才 60 多万人。“十一五”末农机教育培训总人次比“十五”末增加了 23.11%，其中农机技术人员、农机管理人员和农机操作人员教育培训人次增加比较显著，分别增长了 27.21%、27.06% 和 22.76%。

4. 农机试验鉴定。近几年，为了从技术层面上科学规范农机试验鉴定内容、程序和方法，依照国家和行业标准，全国农业机械试验鉴定系统组织修订了农业机械推广鉴定大纲、选型鉴定大纲等技术规范，进一步规定试验鉴定报告格式，不断完善了农业机械试验鉴定技术体系。2010 年发布了农业机械推广鉴定实施办法，鉴定内容包括技术要求与性能试验、安全检查、可靠性试验、适用性评价、使用说明书审查、三包凭证审查、生产条件审查和用户调查等 8 项。可以看出，我国农业机械质量监督技术体系已经逐步形成。

截至 2010 年我国农机试验鉴定机构数量为 55 个，其中省级农业机械质量鉴定机构 30 个，地级 25 个；从机构人员数量看，截至 2010 年末有 1275 人，其中科技人员为 933 人，占 73.18%。鉴定机具范围由最初的拖拉机等少数农机具扩展到覆盖农业机械化发展全过程的所有大类农业机械。

二、我国农业机械化发展的新特点与新问题

（一）农业机械化发展的新特点

1. 农业生产对机械化的需求日益迫切。农业劳动力结构性短缺矛盾日益突出，农业劳动力人均土地面积将逐渐增加，同时经济发达地区土地规模经营趋势非常明显，劳均土地面积的增加必然需要农业机械化，提高劳动生产率。因此，农业生产发展趋势对农业机械化的需求越来越迫切。

2. 农机化发展环境持续向好，支持力度不断加大。近年来，《农业机械安全监督管理条例》以及《国务院关于促进农业机械化和农机工业又好又快发展的意见》先后颁布实施，与《农业机械化促进法》和地方法规共同构建起中国特色的农业机械化法律法规政策体系。农机购置补贴政策实施力度不断加大，中央财政农机购置补贴资金从 2004 年的 7000 万元增加到 2011 年 175 亿元。近年来，我国财政收入增长势头强劲，2010 年突破 8 万亿元，达到 83080 亿元，比上年增长 21.3%，而 2010 年 GDP 较上年增长了 10.3%，财政收入的增幅是 GDP 增幅的 2 倍。随着“十二五”国家财政实力的增强和国家强化提振国内市场需求，能够为农机化发展提供更加强有力的财政支撑。另外，农机化推进工程、保护性耕作工程、农机培训阳光工程等重大专项的实施，中央和地方在农机化科研、教育培训、购机补贴、作业补贴等方面的投入力度将持续加大。可以预见，

当前和今后一段时期内，我国农机化发展环境和扶持政策持续向好。

3. 装备结构不断优化，作业水平快速提升。“十一五”期间在农机购置补贴政策的带动下，农机装备总量较“十五”末有大幅增长，提前实现规划目标。2010年全国农机总动力达到9.28亿千瓦，农机装备结构逐渐优化，大马力、多功能、高性能及薄弱环节农业机械增长迅速。拖拉机保有量年均增长率为5.95%，其中大中型拖拉机保有量年均增长率为23.67%，小型拖拉机保有量年均增长率为3.43%。大中型拖拉机、插秧机、联合收获机年均增速分别达到22.9%、33.3%和15.8%，其中玉米联合收割机年均增长71.48%。经济作物、畜牧水产养殖、林果业及农产品初加工机械保有量快速增长，农业机械装备稳步发展。

主要粮棉油作物生产农机作业水平有了较大提高，其中水稻种植机械化水平取得了突破性进展，水稻机播水平达到了76.48%，玉米、水稻、油菜等作物的机械化收获水平增幅较快，特别是玉米，机械化收获水平年均增长率高达60.79%。“十二五”期间，水稻、玉米的机收水平将继续高位增长，特别是玉米机收水平处于飞跃时期，水稻机插秧水平将继续保持快速增长；马铃薯、油菜、花生等作物机械种植和机播水平都急需提高；华北区域和长江中下游区域棉花收获机械化水平有待突破。此外，受近年来政策刺激和国家对农机科研投入力度的加大，农机生产企业数量、规模都快速增加，预计“十二五”期间主要农作物关键环节的农机装备供给将大大增加。

4. 农机专业合作社发展迅速，农机社会化服务能力不断增强。“十一五”期间，农机社会化服务能力和效益明显提升。随着《农民专业合作社法》的颁布和农机购置补贴力度的不断加大，我国农机专业合作社得到了较快发展。自2008年以来，我国农机专业合作社年均增长率高达62.95%，农机组织化程度逐渐提高，农机服务专业化也相应有所提升。农机专业合作社不断涌现，服务领域拓展、服务形式多样化、总体经营效益提高，实现普通农户与农机经营者利益以及社会效益多赢，为立足家庭承包经营加快推进农业机械化创造了条件，可以有效解决农业小规模经营与大农机生产之间的矛盾。实践证明，在农机化快速发展阶段，发展好农机专业合作社平台，能够有效延伸农机公共服务载体，弥补乡镇公益性农机化服务缺失，完善基层公共服务体系。

（二）农业机械化发展面临的新问题

1. 农机化发展不平衡。农业机械化发展不平衡首先体现在西南丘陵山区和南方低缓丘陵稻区与全国其他地区的差距，这些差距存在逐年扩大的趋势。其次农机化发展存在较多薄弱环节，如水稻机械插秧、玉米机收、油菜机播和机收、马铃薯播种和收获、甘蔗收获、棉花收获、花生收获等环节，这些薄弱环节机械化问题如不尽快解决，不仅将制约农机化全面协调可持续发展，也必将影响农业现代化进程。

2. 农机农艺融合不够紧密。制约我国农机农艺融合的因素很多，主要包括：（1）精耕细作的传统农业生产模式与大规模机械化生产之间的冲突；（2）复杂多样的种植模式与机械化要求的标准化生产之间的冲突；（3）农机与农艺的行政管理、科研教学和技术推广部门缺乏协同推进的动力机制；（4）农业科技传统观念影响和机械化投入的长期不足，品种、栽培和机械化技术的同步推进，协调发展。

3. 农机专业合作社发展处于初级阶段，存在许多制约因素。目前我国农机专业合作社保持较快的发展速度，但是还存在很多制约因素，如合作社用地政策、金融政策、配套法律法规不完善问题等。合作社用地问题牵涉到土管、财税、农机等部门，用地审批门槛高，手续难办，政策落实仍然非常困难，存放农资、大型农机具的场库棚建设用地短缺仍然是合作社面临的最大困难。农机是一项较大的投资，部分刚发展起来的合作社都存在着机具少的问题，依靠合作社成员内部筹资无法得到满足，这在很大程度上制约了合作社发展。还有一些农机行业的配套法律法规，如农机用油问题、农机购置补贴如何向农机专业合作社倾斜等问题，这些往往都是制约合作社更好更快发展的重要因素。

4. 农机化公共服务能力不高。目前我国农业机械化正处于快速发展时期，对信息服务、安全监理、试验鉴定、科技推广、质量监督等公共服务的需求也快速增长，然而目前我国农机化公共服务能力的发展落后于农业机械化，出现了农机化管理体制不顺、投入保障不足、服务能力有待提升等问题。如何加强农机化公共服务体系建设，推进农业机械化又好又快发展，是各级农机化主管部门必须面对的重大而紧迫的战略任务。

三、加快推进我国农业机械化发展的政策建议

（一）加快基层农机化公共服务体系建设，不断提高公共服务能力

进一步完善基层农机化工作机构，理顺管理体制，安排必要的农机推广、监理、培训等工作经费，保障农机化各项工作正常开展；进一步加大资金投入，改善服务条件，特别是按照标准加强基层农机推广、质量监督、农机安全监理等机构场所建设及仪器设备、交通工具等条件建设，确保工作有场所，服务有手段；探索建立农机化公共服务考核指标和评价体系，加强对服务工作的评议考核，把是否有效履行职责以及发挥作用的好坏作为衡量公共服务工作实绩的重要指标，考核结果与工作人员晋升晋级、工作报酬等挂钩，与单位工作经费、项目经费安排挂钩，以此激励工作人员不断提高公共服务能力。

（二）积极制定有利于农机专业合作社发展的扶持政策和措施

加大政策扶持力度，增加对农机专业合作社的投入，优先支持农机专业合作社作为农机财政专项、基本建设、科研推广项目的实施主体，承担新机具、新技术的试验示范、培训推广工作任务；政策制定上要更多体现在合作社税收、金融方面上。政府应该在财政、税收、信贷、用电用油用地等方面对农机专业合作社予以支持，解决农机专业合作社购置农机具、建设机具场库棚、机具维修保养、烘干设施、加工和贮藏设施等问题，以促进农机专业合作社提高服务能力和拓展服务领域，增强农机专业合作社的凝聚力和带动力。

（三）积极制定推动农机农艺融合发展的扶持政策和措施

深入开展农机农艺融合的理论研究，不断探索符合各地区农机农艺结合要求的作物生产机械化技术模式和技术路线；积极培育农机农艺融合的典型，加强示范引导，提高农民应用农机农艺融合技术的自觉性，推动农业机械化科学发展。

在继续加强农机实用技术研发工作的同时，重视农业机械应用基础和

高新技术的研究，逐步改变农机技术研发滞后于农艺发展的状况。发挥国家和地方科研投入项目的导向作用，争取设立专项，重点扶持现阶段农机与农艺结合的重大问题，激励和支持农机与农艺科技人员合作研究，促进农机化学科体系建设。利用各级财政补贴推动农机农艺融合，加大对一些农作物的重点机械化作业进行补贴，如玉米收获、免耕播种、秸秆还田等。

第六章 深化农村经营管理体制改革

随着农村改革的深入和市场经济的发展，农业农村领域面临的深层次矛盾日益突出，发展现代农业，加快转变农业发展方式，迫切需要深化农村经营管理体制改革。本章从农村土地制度改革与创新、发展壮大农村集体经济、深化农场管理体制改革、创新农业经营体制机制研究等方面对新时期如何深化农村经营管理体制改革进行了分析和论述。

第一节 农村土地制度改革与创新

党的十七届三中全会提出，要进一步健全严格规范的农村土地管理制度，规范推进农村土地管理制度改革。“十二五”期间，科学、合理配置土地资源，是协调推进工业化、城镇化和农业现代化同步发展的基础。认真分析我国农村集体土地管理制度现状，理清思路，积极推进改革，进而形成符合国情的土地管理制度，对于落实最严格的耕地保护制度和最严格的节约用地制度，在快速推进的城镇化进程中维护好农民合法的土地权益，具有重要意义。

一、我国农村土地制度创新中的矛盾冲突与协调

“国家地权”与农民地权的冲突、集体地权与农民地权的冲突以及农民个体间地权的冲突是当前农村土地上地权冲突的主要形态，[①] 也是我国农村土地物权制度继续向前发展过程中必须解决的重要问题。

（一）“国家地权”和农民地权的冲突与协调

1. “国家地权”和农民地权冲突的界定与由来。

从农村土地上的基本物权配置来看，我国农村土地上存在的基本土地物权形态为集体土地所有权、土地承包经营权、宅基地使用权以及农村建设用地使用权。上述土地物权基本上都是农民集体成员、农民个体以及其他民事主体享有的物权，国家除了因历史原因对部分位于农村的土地拥有所有权与建设用地使用权外，不对农民土地拥有任何其他物权。“地权的法权安排，是最重要的国家制度，其之盈亏阴晴，是衡量特定国家人民幸福与否的重要指标，因而，构建成熟的地权体制，是一切国族走向政治成熟的必经之路。”[②] 因此，民法意义上的国家（各级政府）在农村的各种土地物权关系中都是承担着不得侵害农民土地权利义务的义务人，而非权利主体。但是，国家拥有公权力可以以公权力为依据而限制土地物权的行使[③]，可以通过设定土地税赋的方式取得土地税款，可以通过行使公权力的方式直接改变农村土地归属并进而获得土地利益，这就有可能形成国家

---

① 孙宪忠先生在对农村土地上的权利冲突进行研究后，发现农村土地上存在着“国家地权”和农民地权的冲突、农民的集体所有权和农民个人权利的冲突、农民个人地权的内部冲突等冲突与矛盾，并对上述冲突进行了分析与研究。研究报告在此沿用这一分析思路，对农村土地上存在的上述冲突进行拓展性研究。参见孙宪忠著：“中国农村土地权利制度研究”，《争议与思考——物权立法笔记》，中国人民大学出版社 2006 年版，第 517—548 页。

② 许章润：“地权的国家德性”，《比较法研究》，2010 年第 2 期。

③ 国家因行使公权力对公民的土地物权进行限制而导致公民土地物权的价值大量降低时，形成对公民土地财产的“准征收”。在此种情况下，国家必须给予公民合理的补偿。当国家对公民土地权利的限制达到使土地的财产价值完全丧失的时候，公民应当有权请求国家征收之，获得相当的补偿来弥补自己的财产损失。

通过公权力攫取土地利益的情形。

2. “国家地权”和农民地权冲突的原因分析。

(1) 历史原因。

“国家地权”与农民地权的冲突根植于我国的历史传统之中。从中国土地物权制度的发展历史来看，中国是一个中央集权制度异常早熟与发达的国家，国家的公权力异常强大。在中国历史上，很早就形成了专制主义的中央集权国家。同时，中国传统的封建社会又是一个小农盛行的社会，国家创建并维护小农的小土地所有权或准土地所有权，并将编户齐民的小农作为国家统治的基础。封建专制国家公权力的行使长期以来都没有受到应有的限制，国家公权力对个人的土地权利保护不足，而侵害有余。在没有宪政约束的制度条件下，公权力总会干涉到土地制度的建设进程之中，有时甚至肆无忌惮地剥夺私人的土地所有权将其转变为国家土地所有权。这就造成了中国农村土地物权的贫困。中国历史上每一个朝代建立之后，国家总会通过公权力的干涉形成大量的国有土地。通过公权力剥夺私人的土地物权将之变为国有土地的思维以公私之辨（公大于私）的简单逻辑流传下来，并为国家借助公权力侵夺集体地权孕育了潜在的社会文化背景。

如何将社会主义的传统理想与中国实际结合，是新民主主义革命胜利后中国农村土地物权制度建设的最重大实践问题。合作化运动后，为了防止农村土地物权状况自动向新民主主义理想回归，国家公权力全面嵌入集体土地所有之中，集体土地所有权处在了国家公权力全面的制约之下，集体土地所有权甚至沦为了国家公权力的附庸。改革开放后，虽然公权力已经逐步从土地私权利中抽身，集体土地所有权等物权的私法属性逐步显现，但是国家权力控制土地权利，行政权力干涉农民土地权利的状况并没有彻底改变，政府依旧习惯于通过征收等公权力的行使方式来实现农民地权向“国家地权”的转变。由于我国土地征收制度存在重大缺陷，随着国家城市化与工业化的发展，城市用地需求的增减，“国家地权”与农民地权的冲突也就日趋严重。在国有土地使用权有偿使用制度建立以后，土地出让的巨大收益给政府征收农民土地提供了新的动力。“国家地权”与农民地权的冲突也因此而加速。20 世纪 90 年代随着国有土地有偿出让制度的发展，国家垄断城镇一级土地市场的制度在实践中的形成与扩展，“国家地权”与农民地权的冲突成为了当前农村土地物权制度建设最为急迫的一个问题。

(2) 制度原因。

“国家地权”与农民地权冲突的直接根源在于制度安排的缺陷，是人们在实现自身利益过程中所依赖的社会制度本身造成的。从制度分析的层面来看，“国家地权”与农民地权冲突是由于农村土地确权规则不合理、土地征收制度存有重大缺陷、国家垄断土地一级市场、土地管理制度不完善与集体土地物权制度不完善、宪政体制没有有效运行等多种原因造成的。

首先，在国有土地使用权有偿出让制度建立之后，地方政府为了保证自己稳定的土地出让收益，就已经开始颁布相关的地方性法律规范，开始限制集体建设用地使用权的设定，特别是限制在集体土地上设定建设用地使用权投入到房地产开发。国家垄断土地一级市场制度表明，除了乡镇企业建设等用地外，各用地单位如果需要建设用地，必须向政府申请或者购买建设用地使用权，而不能从农民集体或者个人那里取得集体建设用地使用权。由于我国法律禁止土地所有权的买卖，因此，增量国有土地的获得并不是国家按市场价值对集体所有土地进行购买的结果，而是地方政府对集体所有土地进行征收的结果。

其次，我国目前对农村土地进行公法限制与管制的制度主要有农村土地用途管理制度以及与之相配合的土地利用总体规划制度、基本农田保护制度。除此之外，城乡规划制度也对农村土地物权的设置与行使造成一定的限制。理论上，上述制度的有效运作会在限制农村土地物权的行使的同时，起到保护农村土地物权的作用，但是事实上上述制度并没有有效运作，也难以有效运作。地方政府作为公共管理者的同时，也是管理领域逐利的“局中人”。地方政府在管理土地问题上，往往发生双重角色的混乱，甚至利用这种角色来谋取利益。地方政府以公共管理者的身份动用土地征收权，低价征收农民集体土地并将之变为国有土地，然后再将国有土地出让，从中获取土地增值收益充实地方财政，或者在征地后低价出让国有土地使用权以变相获得合法或非法的租金收入。

再次，“国家地权”与农民地权冲突的一个重要原因就是农村土地物权制度不够完善。农村土地上存在着集体土地所有权、土地承包经营权、宅基地使用权以及建设用地使用权等多种的物权，土地利用关系相对比较复杂。这些物权制度都是在新中国成立后，甚至是在改革开放后才发展形成的，因此，它们都不够完善与健全，与之相对应的尊重与保护农村土地物权的观念，也没有真正形成并为政府所始终秉承。就“国家地权”与农民地权的冲突而言，农村集体土地所有权制度与农村建设用地使用权制度不完善是促成“国家地权”与农民地权冲突的最重要原因。

（二）集体地权与农民个体地权的冲突与协调

1. 集体地权与农民成员权冲突概述。

集体土地所有权在本质属性上是全体集体成员共有的土地所有权，集体土地所有权集体共有属性决定了集体成员的意志必须经过一定程序统一为一个利用集体土地的共同意志。在集体共同意志的形成过程中，集体成员将会因各种原因而形成各种不同的主张，因此，集体意志的形成过程是集体共有人之间进行意志冲突的过程，也是一个民主决策的过程。在集体意志的形成过程中，可能因为种种原因导致部分成员参与决策的权利受到限制，也会最终排斥掉部分成员的意志，从而导致一定程度的集体地权与农民个体地权之间的冲突。

集体成员首先是作为集体土地集体共有人之一而存在，作为个体的集体共有人对集体土地享有一定的土地权利。这一土地权利并不能表现为个体成员自己独自支配集体土地的权利，集体土地所有权的本质属性决定了成员的个体意志必须集合成一个新的团体意志以后，才能借助于一定组织来行使或者集体地权必须个体化为农民个体的土地物权从而实现对全部集体土地或者部分集体土地的支配。集体地权与农民成员权的冲突既表现在集体意志形成过程之中，也表现在集体地权个人化的过程中。

2. 集体地权与成员权之冲突分析。

（1）农村土地承包中的集体地权与成员权之冲突。由于集体土地的范围有限，集体成员之间在集体地权个体化的过程中表现出了利益之间的相互排斥性，客观地表现为归属于我的土地权利不能再归属于其他人。形成纠纷诉讼到法院的集体地权与农民地权的冲突在农村中普遍存在，是一个相当难以解决的问题。现实中最经常出现的情况是部分集体成员因集体成员身份被否定，从而被排除出有权取得承包地的人员范围之外。土地承包经营过程中，未能获得承包地的人员的一个共同特征就是其集体成员身份的边缘性，即某些集体成员的成员权受到否定，他们所享有的与之相关联的取得承包经营权之权利也受到否定。

（2）宅基地使用权设定中的集体地权与农民成员权冲突。当前农村的现实条件下，宅基地使用权设定纠纷往往是伴随着乡村建设与乡村规划带来的拆迁问题而同步出现。乡村在进行公共设施建设时，可能会收回宅基地使用权，而给农民重新划定宅基地使用权。新设定的宅基地使用权往往是作为对农民原有宅基地使用权与房屋的补偿而存在。由于宅基地使用权存在着区位差异，因此，在集体成员与集体代行主体之间会产生纠纷。

（三）农民个体地权之间的冲突与协调

在现实中农民个体地权之间的冲突纷纭复杂、形态各异难以进行简单的类型化并进行概括、归纳与总结。但是现实中多发的农民个体地权之间的冲突中有三大类值得注意：一类多发生在农民个体的土地权利的设定过程之中；一类发生在农民土地流转的过程中；一类与农户的主体构造密切相关。

1. 因设定而引发的农民土地承包经营权之冲突。

因设定而引发的农民之间的承包经营权冲突与集体地权与农民地权之间的冲突密切关联，也与农村的税费负担存在着一定的关联性。在实践中，集体可能因人地矛盾突出等原因而调整农民的承包地或者因欠缴承包费、撂荒等原因而收回农民的承包地而再行发包。承包地调整与再行发包的结果导致了农村土地上会存在两个“承包经营权”——历史上已经存在的承包经营权与新设定的承包经营权，这两个承包经营权效力之间的同质性导致了两者之间存在着必然的冲突。同时，在实践中形成的并为《土地承包法》、《物权法》确认的土地承包经营权设立模式本身存在着缺陷也为多个承包经营权的设定留下了空间。《土地承包法》、《物权法》规定土地承包经营权在承包合同生效时设定，在实践中出现了发包方同时与多个承包方签订承包合同的事件。在通过协商方式设定承包经营权的过程中，承包方可能会与多方当事人通过分别协商方式签订多个农村土地承包合同。按照承包合同生效时，土地承包经营权设定的规则，农民土地上会出现因设定而产生的多个农村土地承包经营权。

农村土地承包经营权的流转在农村土地承包经营权制度建立起来以后，逐渐得到政策与法律的认可。现实中发生的土地承包经营权互换纠纷较多。经常出现的问题是双方当事人在将土地承包经营权互换后，一方当事人要求换回承包地。在农村土地承包经营权的转让过程，目前主要存在着因发包方行使同意权而导致集体地权与农民的转让权之间的冲突，最高人民法院 2005 年公布的《关于审理涉及农村土地承包纠纷案件适用法律问题的解释》已经对集体同意权的行使进行了一定的限制，对于这一冲突进行了有效的化解。土地承包经营权流转中的地权冲突还涉及到集体成员优先权行使的问题。2005 年最高人民法院的《司法解释》第十一条对优先权的行使进行了限制，要求该优先权应在流转价款、流转期限等主要内容相同的条件下行使。就优先权的行使期间而言，土地承包经营权流转经过书面公示的，须在公示的合理期限内行使；对于未经书面公示的，应在本集体经济组织以外的人开始使用承包地两个月内提出优先权主张。优先权虽具有保障原集体成员优先取得土地权利，保障集体成员的土地权利充分实现的优点，但是它带有形成权的特性，严重影响着土地承包经营权的流转秩序，对于该权利是否应当保留以及应如何行使应进行进一步检讨。

2. 因流转而引起的农民个体地权之冲突。

（1）土地承包经营权流转中的个体地权冲突。农村土地承包经营权的流转在农村土地承包经营权制度建立起来以后，逐渐得到政策与法律的认可。土地承包经营权的流转既包括物权性流转，如土地承包经营权的转让、互换与部分的转包；也包括债权性的流转，土地承包经营权的租赁以及性质相对比较复杂的土地承包经营权入股。现实中发生的土地承包经营权互换纠纷较多。经常出现的问题是双方当事人在将土地承包经营权互换后，一方当事人要求换回承包地。此外，土地承包经营权的流转过程中，流转的形式中大量存在口头形式。很多农民基于都是乡里乡亲的熟人观念或者是因为自己的文化程度不高等客观原因，而仅仅口头约定土地承包经营权的流转而未采取书面形式。口头形式虽然达成交易便捷，但也埋下了纠纷的隐患。

(2) 宅基地使用权流转中农民个人地权冲突。目前宅基地的流转主要是宅基地使用附随房屋的出租与转让。宅基地使用权的转让纠纷一般发生在跨村组转让的过程中，一般是附随房屋转让宅基地使用权的一方反悔，而以受让方不是本集体成员为由要求确认转让无效。目前发生的宅基地使用权转让纠纷多发生在城镇居民到农村购买房屋这一问题上。

宅基地使用权流转导致的个人地权冲突的另一个方面是宅基地使用权随房屋转让后，遇到宅基地及房屋的补偿款分配，该补偿款已经支付给谁。按照物权法原理宅基地及其房屋应当在登记的时候所有权转移，但是，我国目前未在农村建立起普遍的土地房屋登记制度。在这种情况下，单纯就宅基地使用权的转让而言，目前我国的宅基地使用权转移应当在房屋及宅基地使用权转让合同生效时实现。因此，宅基地使用权的补偿款在我国通常已经支付给卖受人。

3. 与家庭变动相关的农民个人地权冲突。社会学上一般将家庭分为传统的大家庭与现代意义的小家庭，传统的大家庭一般由几代人所组成，而现代意义上的小家庭则一般由夫妻和未婚子女组成，在传统的大家庭与现代意义上的小家庭之间存在着家庭成员差异巨大的中间形态。现在农村社会的特点是正在经历着由传统的大家庭向现代小家庭的转型，大家庭向小家庭的变动，家庭中子女成年结婚，造成了家庭的重组。在观念上与现实的生活关系中，家庭也存在着合并与重组的关系，很多情况下因为婚姻关系两个家庭可能会联系甚至组合在一起。现实中，分家析产、离婚、成年男女结婚、家庭合并一般都会带来家庭的变动，也最终带来土地承包经营权的变动。

二、案例研究：我国农村土地制度改革的地方探索

(一) 四川省成都市的城乡一体化综合配套改革

成都市提出，以市场化为导向，以还权赋能为核心，建立健全权属清晰、权责明确、保护严格、流转畅顺的农村土地和房屋产权制度，推动农

村资产资本化，为统筹城乡科学发展创造条件。

成都市的改革涉及六项内容：

1. 对农村集体建设用地使用权确权颁证。确权保证是赋予农村集体建设用地使用权具体权能的基础性工作，为农村集体建设用地流转奠定了基础。目前，成都市农村集体土地所有权和使用权确权登记颁证工作基本完成，集体土地所有权证、使用权证发证数量均占总数的90%以上。

2. 对农村宅基地使用权确权登记。成都市农村宅基地使用权确权以农户为单位进行，农户提供县级以上政府或县级建设、房管、国土部门等部门的批准文件，按载明的占地面积和范围，确定宅基地使用权。农户宅基地超出规定面积标准或有多处宅基地的，超标或多出部分作为集体建设用地确认。目前，96%以上的村民拿到了宅基地使用权证。

3. 建立城乡统一的房屋登记管理制度。在推进农村宅基地使用权确权的同时，成都市建立城乡统一的房屋登记管理制度，制定农村房屋登记管理办法，对合法取得的农村房屋登记造册，确认农村房屋所有权，并为所有权人颁发房屋所有权证书。目前，95%以上的农民领取了房屋所有权证。

4. 开展农村“两股一改”试点。成都市在对农村集体建设用地和房屋确权的同时，在温江区永宁镇、万春镇的6个村（社区）开展“两股一改”试点。“两股一改”，是指农村集体资产股份化、农村集体土地股权化，改造农村集体经济组织，即以原农村集体经济组织为基本单位，对集体经营性净资产进行股份量化，集体土地收益权进行股份量化，在此基础上，按照股份合作制原则，将原农村集体经济组织改造成为股份经济合作社，原集体经济组织成员以其持有的资产股和土地股成为合作社成员，享有集体资产和集体土地按股分配的权利。合作社作为独立的经济主体和民事主体，与村民自治组织分设，自主经营、民主管理、资源共享、风险共担。

5. 开展农村集体建设用地和农民房屋产权流转。对农村集体建设用地和房屋进行确权登记后，为适应生产要素在城乡流转，成都市建立了“农村产权交易所”，在各区（县）建立了农村产权交易服务中心或分所，在乡镇建立了农村产权流转服务站，形成了市、县、乡三级农村产权流转信息和组织交易的平台。合法取得并经过确权登记的农村集体建设用地使用权和宅基地使用权，可以通过出让、转让、出租、抵押、作价入股、合作等方式流转。

6. 设立耕地保护基金守住耕地红线。从2008年起，成都市通过设立耕地保护基金，力保耕地红线。其做法是，按照基本农田每亩每年400元，一般耕地每年300元的标准，由政府向承包耕地的农户发放耕地保护补贴，主要用于承担耕地保护责任的农民个人养老保险补贴、承担耕地保护责任的集体经济组织现金补贴、耕地流转担保和农业保险补贴。基金来源主要从国有土地出让收入、新增建设用地有偿使用费、耕地占用税中提取，市、县两级各占50%，不足部分由财政补充。

（二）重庆市的“地票”交易制度

作为全国统筹城乡配套改革试验区，在推进城乡建设用地增减挂钩试点基础上，重庆市探索建立“地票”交易制度。2008年12月，重庆市建立了农村土地交易所，开展土地实物交易和指标交易试验，除了为全市土地承包经营权、林权、农村集体建设用地使用权流转提供交易平台外，还开展“地票”交易。

1. “地票”含义和交易过程。“地票”是指农村宅基地及其附属设施用地、乡镇企业用地、农村公共设施和公益事业建设用地等农村建设用地复垦为耕地后可用于建设的用地指标。将农村集体建设用地指标以“地票”形式量化后，使固化的土地资源转化为可流动的资本，土地由空间上不可转的实物形态资产转化为可交易的票据，并可以通过农村土地交易所在全市范围内公开交易，在市域范围内实现远距离、大范围的土地流转。“地票”通过农村土地交易所交易后，取得者可用其作为年度计划指标申请新增建设用地，交易产生收益的90%返还给区县的产生地，主要用于补偿农民、平衡复垦成本、支付集体经济组织收益等，10%弥补新增建设用地土地有偿使用费的不足。

2. “地票”交易的依据。建立“地票”制度的基础是“城乡建设用地增减挂钩”政策。按照国务院《关于深化改革严格土地管理的规定》、国土资源部《城乡建设用地增减挂钩试点管理办法》的规定。重庆市开展的“地票”交易，与“城乡建设用地增减挂钩试点”的做法有所不同。常规的“增减挂钩”需要使用挂钩周转指标，采取“先用后补”方式，一边在建新区将周转指标落地，一边在拆旧区复垦农村集体建设用地，三年内项目结束后，实现城乡建设用地总量平衡。而“地票”制度是先对农村集体建设用地进行复垦，验收合格后增加的指标，通过“地票”在交易所进行交易，实行“先造地后用地”的方式。

3.“地票”交易的好处。重庆市认为，开展“地票”交易的好处在于：一是优化城乡建设用地空间布局。通过“地票”交易的方式，扩大了用地调剂的空间范围，增加了城镇建设用地，达到了节约集约利用土地的目的。如江津区通过整合农村居民点，将宅基地复垦为耕地，使农民户均宅基地面积由1.2亩下降到0.3—0.4亩，节地率达到60%—70%。二是有效保护耕地。“地票”制度实行“先造地后用地”方式，依据土地利用总体规划和城乡建设规划编制农村建设用地复垦耕地专项规划，确定农村建设用地复垦的规模和布局。农村集体建设用地复垦后严把验收关，确保耕地面积不减少，质量不下降。三是保护农民利益。重庆市规定，农村建设用地复垦耕地的，必须权属清晰，“地票”交易建立在农民自愿基础上，并经农村集体经济组织书面同意。由于“地票”将不同区域的挂钩指标打包交易，其价格高低与项目区和级差地租无关，实行指标价格的统一化，这有利于提升偏远地区农村集体建设用地的价格，远郊农民可以通过“地票”交易获得实实在在的利益。“地票”收益全部用于“三农”，也开辟了一条引导城市资源支农扶农、以城带乡的新途径。

（三）浙江省嘉兴市的“两分两换”土地使用制度改革

嘉兴市是浙江省统筹城乡综合配套改革试点市。自2008年以来，嘉兴市探索开展以“两分两换”为核心的土地优化使用制度改革，其目的是促进农业生产经营集约和农村人口居住聚集，探索发展现代农业，促进农民富裕，推进统筹城乡发展的路子。

1.“两分两换”的内容。“两分两换”是指宅基地与承包地分开、农房搬迁与土地流转分开，以承包地换股、换租、增保障，推进集约经营，转换生产方式；以宅基地换钱、换房、换地方，推进集中居住，转换生活方式。目前，嘉兴市在七星、余新、姚庄等14个镇开展“两分两换”试点，涉及农户8.37万户、32.14万人，宅基地面积7.39万亩，共流转土地承包经营权4.82万亩，签约换房或搬迁的农户1.16万户，已建成或在建安置公寓房1.34万套，入住4321户。

嘉兴市余新镇明星村开展“两分两换”的做法是：明星村农民将自己的承包地长期出租给村里组建的土地经济合作社（合作社由农民入股或换股组成），合作社转租给余新镇成立的“渔里投资公司”（由镇政府所属的资产经营公司和村镇开发公司组成），投资公司再通过统一招商出租给投资农业的企业。对于出租土地的农民，政府给予一次性现金补偿，每年享受固定的土地出租收益（土地经济合作社给农民为600元/年·亩，每三年增长10%，“渔里投资公司”给合作社租金为1200元/年·亩，农民作为合作社的社员享有分红的权利）。对于以租赁或入股形式长期全部流转土地承包经营权的农户，在参加城乡居民社会养老保险时，可选择按城镇居民缴费基数缴纳，政府给予相应的财政补贴。明星村农民用宅基地和原有农房置换住房，政府提供三种置换方案，即农民可选择货币补偿、自建排屋或集中居住点的标准公寓。集中居住点有多处可以选择，且配备了基础设施和教育卫生配套设施，其住房具有产权，农民可以自由买卖。政府对农民搬迁给予一次性补偿，并奖励一定数量的搬迁奖金。据嘉兴市介绍，农民对“两分两换”政策是支持的，在余新镇参与试点的5个村4200多农户中，承包地集中流转的签约率达到98%，拆迁置换住房签约率达到83%。

2. “两分两换”的支持措施。浙江省有关部门对嘉兴市开展“两分两换”中将宅基地复垦为耕地的给予相应的建设用地指标和一定的周转指标。为推动“两分两换”，嘉兴市政府还进一步加大对试点工作的财税支持力度，对农村拆迁安置房屋建设中有关新增建设用地规费、普通住宅建设工程费等实行免收、减收或缓交的优惠政策，支持“两分两换”试点。

“两分两换”实施中搬迁农民住房、集中居住点建设、配套的市政基础设施建设等需要大量的前期资金投入。嘉兴市通过土地市场运作来满足“两分两换”的资金需求。以余新镇为例，该镇实施“两分两换”后可节约土地 2950 亩，如果将其中 1500 亩转为建设用地使用，政府可利用这部分未来新增建设用地的资金收入实现收支平衡。余新镇“渔里投资公司”以未来新增的建设用地指标收益，向银行贷款融资 5.4 亿元，获得了农民集中居住所需的首期搬迁资金。

3.“两分两换”的延伸改革。在“两分两换”试点的同时，嘉兴市加快统筹城乡发展改革。主要措施包括：一是农村集体资产产权制度改革。嘉兴市出台了《关于进一步深化农村集体资产产权制度改革的意见(试行)》，按照“依法、自愿、民主、公正”的原则，将农村集体经济组织土地资产与非土地资产分离，对于集体经济组织所有的全部资金和非土地资产按一定标准折股量化到人，股权持有人对所持股份具有参与决策和享有收益、转让、继承的权利，并通过将原有的“农村土地流转服务中心”改造为“农村产权交易中心”，允许农民持有的资产产权按照市场化原则转让交易。二是农村集体建设用地使用权流转改革。嘉兴市对符合流转范围和条件的经营性集体建设用地，允许集体经济组织以出让、出租、作价出资或入股等形式进行流转；对农村宅基地，允许农户采取收购、退还、置换、转让等方式，实现有偿使用和交易流转。三是加强农村土地综合治理。在开展“两分两换”区域内农村宅基地复垦工作时，嘉兴市实施标准农田质量提升工程，确保复垦耕地的质量。探索建立耕地保护专项基金，用于农村土地综合整治项目。加大政府对土地复垦工作的绩效考核，建立复垦耕地项目后期管护补偿、土地复垦指标调剂交易、宅基地退出等机制。四是加强对“两分两换”的金融支持。嘉兴市针对试点镇投资开发公司融资规模较小的问题，探索建立县级统一的融资平台。加大土地收储力度，允许储备土地抵押融资，拓宽融资渠道。构建多元化的新型农村金融组织体系，引导规范农村民间金融活动。探索开展农村土地承包经营权和农房用地抵押贷款，扩大农户贷款规模。同时，积极争取建设用地复垦周转指标，通过城乡建设用地增减挂钩结余指标交易，增加对农房搬迁和建设用地复垦的资金支持。五是推进建设现代新市镇和城乡一体新社区。嘉兴市在新社区中推动建立城乡一体新社区管理委员会，在选举产生居委会前代行其职能，并建立健全居民代表会议制度，有序推进新社区居民依法自治。在“两分两换”试点过程中，嘉兴市还通过合理调整镇、街道行政区划，适度撤并小规模市镇，并编制“1+X”的村镇规划布局（“1”指每个新市镇镇区，“X”指镇区以外的新社区数量）等措施，推动现代新市镇建设。为推动新市镇建设，嘉兴市进一步下放县级经济社会管理权限，不断深化新市镇行政管理体制改革，开展综合行政执法试点，探索与新市镇管理相适应的体制机制。

（四）河南省新乡市新型农村住宅社区建设

自2008年开始，河南省新乡市针对该市村庄布局存在规模小、居住散，基础设施建设和公共服务建设效率较低的问题，开展了新型农村住宅社区建设，即通过城中村改造、旧村完善、村庄合并、整体搬迁以及产业带动和服务共享等模式，打破原有村组界限，依照城市市区标准规划建设新型农村住宅社区，对农村实行社区化管理，从而实现人口、产业、生产要素集中，集约利用土地资源。新乡市开展新型农村住宅社区建设的做法是：

1. 编制新社区规划。新乡市按照“规划指导、以县为主、乡镇协助、村为基础”的原则，在尊重民意、民风、民俗基础上，编制新型农村住宅社区建设规划，并结合城镇化建设要求，适度超前规划，留有发展空间。新型农村住宅社区建设坚持宜合则合、宜搬则搬、宜改则改、宜建则建，不搞一刀切。对一般村继续完善基本的基础设施，实施环境综合整治，严格控制发展规划，改善生产生活环境；对暂没有列入先行启动范围的重点村，按照规划进行控制，不允许新划宅基地建房；对确定的重点区域内有一定产业支撑的重点村，在搞好规划的基础上，分期分批启动新型农村住宅社区建设。

2. 出台优惠政策。新乡市加大对新型农村住宅社区建设的扶持力度。在土地政策方面，将建设用地总量指标的10%作为新型农村住宅社区建设的周转指标。参与新型农村住宅社区建设的开发企业，在同等条件下可以优先取得新社区建设中腾退出的集体建设用地使用权。在税费政策方面，凡是在新型农村住宅社区内建房或从事房地产开发形成的相关税收，属县级留成的部分，由县财政确定一定比例用于社区的基础设施建设；属市级留成的部分，按照同等比例由市财政打捆安排用于对社区的以奖代补。对于承担新型农村住宅社区建设的开发企业，其各类相关行政事业性收费，市、县两级政府在其可支配范围内全部免征。对于工商企业捐赠社区公益性事业建设的，对企业在年度利润3%以内，给予在计算应纳税所得额时扣除；个人捐赠未超过申报应纳税所得额30%的部分，可以从其应纳税所得额中扣除。农民在办理其安置住房的房产证时，减免测绘费和登记费。在金融政策方面，金融机构对符合贷款条件的参与社区建设的开发企业，简化贷款手续，给予利率优惠，优先发放贷款，降低贷款成本。对部分农户提供一定的政府贴息贷款用于建房。在社区服务政策方面，按照“谁投资、谁经营、谁收益”的原则，鼓励农民、个体工商户、企事业单位等参与社区服务管理，社区公共服务设施在用水、用电、通讯、燃气等方面享受优惠价格。对于投资开办托儿所、幼儿园、敬老院等服务项目的，免征营业税。

3. 加大资金投入。为解决基础设施建设资金问题，新乡市政府整合政府资源，将中央和省政府有关农村道路项目、扶贫项目、安全饮水等项目资金向新型农村住宅社区建设倾斜。市直相关部门也将70%至80%的可用归口资金用于新社区建设。市、县每年在财政预算中安排一定数额的专项资金，市级财政每年按不低于财政支出总量的1.5%提取，县、乡财政根据财力安排。在2009年至2013年的五年中，新乡市计划市、县、乡财政共安排资金20.6亿元。新乡市预计到2015年，重点规划区内新社区的道路、电力、安全饮水等基本设施全部到位；到2017年，学校、卫生、垃圾和污水集中处理等公共服务设施基本到位。

4. 尊重农民选择。从规划编制、建设模式、户型选择到成本核算等，注意征求农民群众的意见，在得到群众的同意后再组织实施。在实践中，政府对新型农村住宅社区建房的农民，免费提供住宅户型图样，并给予一定的资金补贴或建筑材料补助；为入住农民办理城镇居民户口，办理养老保险和城市低保；为每个社区选配一定比例的中小学优秀教师，配备财政全额供给的全职医生；充分考虑群众生产习惯，集中规划建设养殖小区、耕作区、农机具堆放点等，最大限度地维护和保障农民权益，切实解决农民进入社区居住的后顾之忧。

5. 严格保护耕地。在推进新型农村住宅社区建设过程中，新乡市重视耕地保护，要求新社区建设所占土地应利用建设用地周转指标解决，整合出来的农村集体建设用地首先用于复垦，对于暂时不具备复耕条件的，在一定期限内用于植树或发展养殖业。在推动新社区建设过程中，鼓励在农村宅基地原址上采取拆旧建新方式“滚动”发展，不占或少占耕地，并通过整理复垦拆旧区实现耕地面积不减少、质量有提高。首批329个新型农村住宅社区全部建成后，预计可节约土地24万亩，新乡市将其中的10%，即2.4万亩用于复垦为耕地。在首批新社区建设项目中，采取“滚动”方式建设的新社区有158个，占总数的48%，全部建设后预计可节约土地11.5万亩。此外，新乡市推进新社区建设过程中，还加大对耕地后备资源的改造和整理，目前已通过“空心村”改造、砖瓦窑厂、工矿废弃地“三项治理”，增加耕地面积4.82万亩。

新乡市对节约出来的土地，有以下考虑：首批新社区建成后节约出的24万亩土地，除了2.4万亩用于复垦耕地，4.2万亩征为规划区范围内的国有土地外；剩余17.4万亩土地置换为集体建设用地，其中50%归集体所有，通过作价出资入股等形式，推动集体建设用地流转，50%调配到城区、县城周边，征收为国有土地，出让后产生的收益除用于补偿失地农民外，专款用于新型农村住宅社区基础设施和配套公共服务建设。

（五）苏南地区的“两置换”、“三集中”改革

1999年，国土资源部将江苏省苏州市作为全国集体建设用地使用权流转试点，2002年江苏省将昆山、海门作为省级试点。近年来，在推动集体建设用地流转过程中，江苏省的无锡、常州等苏南地区实施“两置换”、“三集中”政策，即以农民的土地承包经营权置换社会保障、以农民宅基地和农房置换城镇住房，积极引导和推进农民居住向村镇集中、耕地向适度规模经营集中、产业向园区集中，调整优化土地利用结构，实现农村土地节约集约利用。

1. 规范农村宅基地流转。近年来，苏南地区结合城乡建设用地增减挂钩和土地综合整治，通过“双置换”措施，探索推进宅基地退出机制，加快推进农民宅基地从分散、粗放向集中、聚集流转。苏州市出台了《农村住宅置换商品房实施意见》，规定以乡镇、行政村或自然村为单位，以农民自愿为前提，开展宅基地置换工作。对于农民自愿退出依法取得的宅基地使用权的，政府采取现房安置、货币补偿和全部或部分到工业集中区置换厂房三种方式进行安置。

2. 推动农村集体建设用地流转。自上世纪70年代初期开始，苏南地区的乡镇企业蓬勃发展，集体建设用地使用面积面广量大，90年代乡镇企业产权制度改革后，集体建设用地的市场价值凸显出来，不少被兼并企业已将原有的集体建设用地抵作固定资产作价入股，对集体土地进行事实上的流转。苏州市1996年出台了《农村集体存量减少用地使用权流转管理暂行办法》，建立农村集体建设土地（不含宅基地）使用权的有偿、有期限的流转制度，允许存量集体建设用地通过转让、出租、作价入股等形式进行流转。流转期限与项目经营期限一致，但不能超过国有土地使用权出让的最高期限。常州市出台了《关于加强集体建设用地使用权管理的意见》、《集体建设用地使用权流转管理暂行办法》，逐步建立集体建设用地有形市场，允许依法取得的集体建设用地使用权，通过出让、转租、出租等方式进行交易和抵押。无锡市也制定了《集体建设用地使用权流转管理暂行办法》，允许集体建设用地使用权以出让、出租、转让、转租及抵押等方式流转。集体建设用地使用权出让、出租的，土地使用者必须按照合同约定的土地使用条件、期限等开发使用土地。集体建设用地使用权转让、转租、抵押时，其地面建筑物及其附属物随之转让、转租、抵押，反之亦然。截至2010年5月，无锡市农村集体建设用地共流转13.19万亩、涉及金额13.57亿元。

3. 建立耕地保护考核责任制。苏南地区作为经济发达地区，对于建设用地的需求量是巨大的。在处理保护耕地和保障发展的问题上，苏南地区在积极盘活农村建设用地的同时，建立起严格的耕地保护责任制，做到耕地面积不减少、质量不降低。常州市规定，辖市、区行政区域内的耕地保有量、基本农田保护面积不得低于市政府下达的耕地保有量考核指标，各类非农建设用地经依法批准占用耕地和基本农田后，补充的耕地和基本农田面积、质量不得低于已占用面积、质量。各区、市、县政府必须每年从耕地占用税、新增建设用地土地有偿使用费、土地出让金纯收益等可用于农业土地开发的资金中，安排一定数量用于提高耕地质量、基本农田建设及管护。

三、完善农村土地管理制度的建议

目前，土地使用中工业与农业、城市与农村争地矛盾十分突出，耕地保护形势十分严峻。然而，土地管理中存在着用途管制不严，违法违规用地经常发生；土地利用规划约束力不强，土地征占用过程中纠纷频发；土地确权、登记、颁证步伐缓慢，集体建设用地流转不够规范；农村土地利用效率不高，浪费严重；土地管理制度不够完善，法律、法规与政策规定在一些方面不够协调等问题。对土地管理中出现的新问题，需要尽快采取对策加以解决。

（一）规划问题

土地利用规划、城乡总体规划和城镇体系规划，是确定我国国土、人口、产业布局的基础性规划，对国家及各地的经济社会发展走向具有重要作用。三类规划在编制和实施中，应解决四个问题：

第一，各类规划要有机衔接提高其科学性。《城乡规划法》和2004年的《土地管理法》中，对土地利用总体规划与城乡总体规划相衔接作了明确规定。但在编制中，由于两个规划在范围、时限、技术标准、数据来源、审批程序及管理方式等方面存在差异，两者在衔接一致方面还存在一些问题。鉴于种种原因，土地利用总体规划难以准确把握各类土地供给的最优需求量和最优顺序，难以准确把握和预测经济发展速度、城镇化发展进程与土地需求量的关系。频繁调整规划，盲目扩大城镇范围，给优化配置有限的土地资源和用地结构提出了严峻挑战，是土地管理中十分头疼的问题。

在层级上，土地利用总体规划高于城乡总体规划，前者对后者在用地规模、用地结构上具有指导作用，因此，两个规划的时限应一致；两个规划在数据来源、土地分类、人口统计等技术方面应一致；两个规划与各专项规划及各类功能区发展规划应一致；两个规划与国民经济和社会发展五年规划应一致。

第二，编制规划应公开提高公众参与的广泛性。规划是为了有序发展，是为人民办好事，办好事应鼓励公众参与，这样会提高规划的科学性和公众的认同感。因此，上述三类规划在最终审定前，编制机关应将草案予以公告并作出说明，采取多种方式征求公众和专家的意见。公众高度认同的规划，落实起来也会顺畅。

第三，规划应提请本级人大审议提高其权威性。为了维护土地利用规划的权威性和约束性，需要完善规划编制和实施的约束机制。建议：省、自治区、直辖市的土地利用总体规划，在报国务院批准前，报本级人大常委会审议并按审议的多数意见作出修改；省会城市和其他较大市的土地利用规划，在报省、自治区人民政府审查前，报本级人大常委会审议并按审议的多数意见作出修改；上述两种情形以外的土地利用总体规划，也应报本级人大常委会审议。土地利用年度计划的执行情况，应向本级人民代表大会报告，并按审议中形成共识的意见认真整改。上级政府对下级政府违反土地利用总体规划及土地年度计划的处理情况，也应向本级人大常委会报告。自觉接受各级人大对土地管理问题的监督，有利于改变一些地方实际存在的执法不严及执法中的“无奈”，有利于遏制违法用地。

对于城市总体规划，也可以比照上述作法完善有关程序。如直辖市、省会城市以及较大城市（100万以上人口为宜）的总体规划，在省、区、市人民政府审查同意后报本级人大常委会审议，按照审议中的多数意见对规划进行修改，再报国务院审批。按照目前的规定，是对本级人大常委会的审议意见“研究处理”，缺乏约束力。将“研究处理”改为“进行修改”，是尊重民意的体现。其他城市、镇的总体规划，也应引入人大审议机制。

对于城镇体系规划，建议在修改有关法律时作出修改：全国层面的城镇体系规划，建议由全国人大常委会审议；地方的城镇体系规划，报本级人大常委会审议，按照审议中的多数意见修改，再报上一级政府批准。对于新农村建设和村庄规划，应当经村民会议或者村民代表会议讨论同意，未经村民会议或者村民代表会议讨论，上级政府不要越俎代庖。

第四，严格执法使规划真正具有约束性。规划的实施，要法律手段、行政手段和技术手段并用，确保耕地保有量、基本农田保护面积、城乡建设用地规模、新增建设占用耕地规模、整理复垦开发补充耕地量等约束性指标的落实，防止约束性指标变成概念上的东西。要严格执法，同时认真解决在土地使用权审批和出让环节中发生的腐败问题，规范土地管理中的权力运行，实施有效的监督机制，遏制“权力寻租”。

（二）征地制度改革问题

我国宪法规定，“国家为了公共利益的需要，可以依照法律规定对土地实行征收或者征用并给予补偿”。

党的十六届六中全会《关于构建社会主义和谐社会若干重大问题的决定》指出，“实行最严格的耕地保护制度，从严控制征地规模，加快征地制度改革，提高补偿标准，探索确保农民现实利益和长期稳定收益的有效办法，解决好被征地农民的就业和社会保障”。党的十七届三中全会决定指出，“改革征地制度，严格界定公益性和经营性建设用地，逐步缩小征地范围，完善征地补偿机制。依法征收农村集体土地，按照同地同价原则及时足额给农村集体组织和农民合理补偿，解决好被征地农民就业、住房、社会保障”。在完善土地管理制度时，应体现中央的上述要求。

一是缩小征地范围。为了公共利益的需要，是土地征用的前置性条件。《物权法》第四十二条规定，“为了公共利益的需要，依照法律规定的权限和程序可以征收集体所有的土地和单位、个人的房屋及其他不动产”。由于现行法律没有界定公共利益的范围，实践中出现了无论是公益性用地还是经营性用地，都普遍使用征地权的现象，这是征地范围难以缩小的症结所在。在修改有关土地征用的法律制度时，应认真研究解决这个问题。

从程序上解决“公共利益”的界定，是解决这一难题的一个切入点。2011 年国务院出台的《国有土地上房屋征收和补偿条例》，对公共利益的范围作了原则规定。按此规定，公共利益的需要是指：为了国防设施建设的需要；国家重点扶持并纳入规划的能源、交通、水利等公共事业的需要；国家重点扶持并纳入规划的科技、教育、文化、卫生、体育、环境和资源保护、文物保护、社会福利、市政公用等公共事业的需要；为改善低收入住房困难家庭居住条件，由政府组织实施的廉租住房、经济适用住房等建设的需要；为改善城市居民居住条件，由政府组织实施的危旧房改造的需要；国家机关办公用房建设的需要；法律、行政法规和国务院规定的其他公共利益的需要等七种情形。这是一个非常大的进步，为进一步从根本上解决这个问题打下好的基础。在实践中，除上述七种情形外，凡对征用土地是否涉及公共利益有争议的，增加听证或公示程序，在广泛听取公众意见后，再由政府作出界定。如争议较大仍无法界定，由于征地审批、管理主要在市、县两级，由政府报本级人大常委会界定。

将公共利益需要的公益性用地与非公共利益需要的经营性用地分离，可实行不同的用地方式。公益性用地，可依法征用集体土地，解决土地所有权问题。经营性用地既可使用国有土地，也可采取租赁、协约、股份制等方式使用集体建设用地，只解决使用权问题，这样将大大缩小征地范围。当然，这涉及一系列的制度衔接，需要试验。

二是规范征地程序。现行法律规定，征用土地依照法定程序审批后，由地方政府予以公告并组织实施，安置补偿方案确定后应予公告，并听取被征地的农村集体经济组织和农民的意见。实践中，各地普遍存在征地公告不到位，不认真听取被征地农民意见的问题，集体经济组织和农民在征地中缺少话语权。解决这个问题，一是完善法律法规，对尊重和保护农民在征地中的话语权作出硬性规定；二是加大执法力度，对程序有瑕疵的用地申请暂缓审批；三是加强人大和舆论监督。

三是提高补偿标准。现行法律规定的征地补偿标准是以土地年产值的一定倍数确定的，没有体现出土地所承载的生产资料和社会保障的双重功能，也没有反映出不同土地区位条件、人均耕地数量、区域经济发展和土地市场供求关系等因素变化引起的土地价值变化。合理确定征地补偿标准，应按照土地对于农民既具有生产资料功能，又具有社会保障功能以及考虑土地增值收益的思路，并参考土地的市场价格，确定补偿标准。土地补偿标准提高后，要防止出现另一种倾向，即村集体面对诱惑而高价违法卖地，应未雨绸缪，提早防范。《国有土地上房屋征收和补偿条例》已经出台，应结合集体土地和产权的特点，抓紧研究制定集体土地上房屋拆迁补偿的规定，明确农房拆迁的管理、程序、补偿标准和法律责任等，为农村房屋拆迁提供法律保障，保护农民合法的财产权益。

四是落实安置政策。被征地农民失去土地后，失去了其赖以生存的基本生活资料，需要的不仅仅是货币补偿，还要安置好以后的就业、住房、社会保障等。当前，由于被征地农民的社会保障体系不够完善，被征地农民丧失土地后的长远生计问题，需要统筹考虑，否则，会形成社会隐患。有些地方落实征地安置政策，采取了多种安置方式，如通过预留发展经营用地或经营用房、部分征地补偿款作价入股参与经营等多种方式，解决被征地农民的长远生计，应认真总结。

（三）集体建设用地流转问题

目前，各地探索的农村集体建设用地流转，是指在确保农村集体建设用地集体所有性质不变的基础上，以出让、租赁、转让、转租、作价入股、抵押等形式，将农村集体建设用地使用权在一定范围内，有条件、有期限地流动的行为，其中宅基地仅限于在集体经济组织内部流转。目前，已有广东、天津、湖北、河北、安徽等地以及成都市出台了农村集体建设用地流转管理办法。

党的十七届三中全会指出，“在土地利用规划确定的城镇建设用地范围外，经批准占用农村集体土地建设非公益性项目，允许农民依法通过多种方式参与开发经营并保障农民合法权益。逐步建立城乡统一的建设用地市场，对依法取得的农村集体经营性建设用地，必须通过统一有形的土地市场、以公开规范的方式转让土地使用权，在符合规划的前提下与国有土地享有平等权益。”十七届三中全会的这一决定，对于实现农村集体建设用地享有与国有土地平等的权利，实现集体建设用地的资本化和市场化具有重大意义。对此，应积极推动实施，在充分实践的基础上，进一步完善有关法律法规。目前，要做好三件事：

第一，加快农村集体建设用地确权、登记和颁证步伐。农村集体土地确权、登记和颁证，是建立明晰的农村集体土地产权制度、推进农村集体建设用地流转的基础性工作，在总结试点经验基础上积极推动。同时，政府应依法建立统一的土地登记系统，依法规范证书发放。

第二，建立城乡统一的建设用地流转市场。按照城乡统筹的思路，建立城乡统一的建设用地流转市场，发挥市场在土地资源配置中的基础性作用。对依法取得的农村集体经营性建设用地应当在土地市场采取招标、拍卖、挂牌的方式进行出让，实现“同地、同权、同价、同场交易”。依法公开规范取得的农村集体建设用地，在入股、抵押等方面，与国有土地享有平等权益。要推动发展地价评估、交易信息服务、争议调处等中介服务，完善土地出让监督机制。按照土地收益向农民倾斜的原则，规范集体建设用地流转的收益分配。

第三，设立土地制度改革试验区。2010 年，国家确定了新一轮征地制度改革试点的 11 个城市。可考虑在其中选择 1 至 2 个城市，进一步探索农村集体建设用地流转的范围。基本思路是：在符合土地利用总体规划和城乡总体规划，严格土地用途管制的前提下，无论城镇规划区内外，只要取得了集体建设用地使用权，可允许其自愿、有偿流转。通过试验，检验四个问题：一是对城镇建设带来的影响；二是对保护农民土地权益带来的影响；三是对“土地财政”带来的影响；四是对抑制高房价带来的影响。当然，集体建设用地入市的前提是土地的用途管制，划定的农业用地、生态用地、环保用地等不能变相入市，土地用途管制不能突破。这项探索，可严格限定在国家批准的改革实验区内进行，局部试验、封闭运行、结果可控。

（四）宅基地流转和抵押问题

农民的宅基地属于农村集体建设用地范围。按照相关法律规定，农村宅基地实行无偿、无限期使用，并严格执行“一户一宅”制度，农村一户只能申请一处符合规定面积标准的宅基地，农民宅基地不得抵押，并禁止向集体经济组织以外流转，农民出卖、出租住房后，再申请宅基地的不予批准。

由于近些年我国城镇化进程加快以及历史遗留、管理等多方面原因，一些地方的农户宅基地面积超标、一户多宅、房屋闲置等现象较为普遍。据浙江省调查，全省 81 个县（市、区）农村居民点面积 532.1 万亩，户均用地 354.7 平方米，人均用地 116.5 平方米。全省闲置农村住宅 46.29 万宗，面积 13.58 万亩；废弃住宅 23.45 万宗，面积 7.51 万亩；私搭私建住宅 24.35 万宗，面积 20.18 万亩；多置住宅 72.91 万宗，面积 23.72 万亩。全省一户多宅的农户约有 66 万户，平均每十户就有一户农户是多宅的。一户多宅农户用于出租的农村住宅 16.63 万宗，面积 3.62 万亩，在城市已购房农户用于出租的 4.52 万宗，面积 1.49 万亩。

在坚持宅基地集体所有制性质的前提下，如何既体现宅基地和农房的资产价值，避免农村闲置房地产资源浪费，又不使农民失去住所，保持农村社会稳定，是需要进一步探索的问题。为此，应积极稳妥地推进宅基地抵押、流转试验，试验可围绕三个问题进行：第一，宅基地的确权、登记、发证。第二，宅基地的抵押试点。允许农村房屋抵押时宅基地一并抵押，规范宅基地抵押的申请、审批、登记等程序。第三，允许宅基地有偿退出。在城镇有稳定职业和住房且已落户的进城务工人员，或全家已迁入城镇且已享受城镇居民待遇的人员，允许其有偿退出宅基地。目前农民取得宅基地是福利性分配，这种分配方式导致了宅基地需求的无限扩大，不利于耕地保护和集体建设用地的节约使用。禁止宅基地在集体经济组织外流转的规定，是当时城乡二元结构大背景下的规定，现在城镇化加速推进，两亿多农民工在城镇就业，城乡生产要素互动已经常化。禁止宅基地在集体经济组织外流转的规定，事实上已被突破，只是成为隐形的市场交易，隐形交易又产生了产权混乱和纠纷。一方面一些宅基地闲置造成浪费；一方面进城农民又无足够资金获得城市住房，不利于进城农民彻底市民化。如果能赋予农民宅基地的资产属性，在严格管理的前提下允许其合理流转和有偿使用，在退出宅基地时能获得相对合理的收益，这将是农村建设用地管理上的一个建树，对农民土地权益的保护将是一个有力推动。

（五）“土地财政”问题

目前，涉及土地的税费有城镇土地使用税、契税、耕地占用税、土地增值税、新增建设用地有偿使用费和土地出让收入等，土地收入已成为许多地方政府收入的重要来源。1999 年，全国土地出让收入 514 亿元，2003 年为 5211 亿元，2007 年为 11947 亿元，2009 年为 15900 亿元，2010 年为 2.9 万亿元。土地出让收入相当于地方财政一般预算收入的比重，2001 年是 16.6%，2003 年是 55%，2010 年是 76.6%（2007 年后按照《房地产管理法》规定，土地出让收入要纳入地方政府基金预算管理）。征地越多，地方收入越多，土地财政成为刺激地方政府过度征地的诱因。

“土地财政”背后还有“土地金融”，地方政府把储备的土地作抵押，向银行贷款融资，又是一笔巨大的资金，各种地方融资平台亦由此产生。

上世纪90年代初期开始实行的有偿使用土地制度，是土地使用制度上的一大进步，方向无疑是正确的。但是具体制度和实施效果需要评估。土地出让金是土地使用权价格，政府按30年、50年或70年一次性收取，是一次预收了未来几十年的收益。土地使用者一次性交纳土地出让金，是透支未来利润，即负债经营。由于企业大多是用贷款支付土地出让金，如果经营不善，风险会转嫁给社会。但房地产开发是个例外，开发商通过出售房屋把负债一次性转移给消费者，普通消费者要为一套住宅数十年还债。从资产负债平衡角度看，政府获得的土地出让收益，都有企业或个人的负债与之对应。也就是说，地方政府卖地是以透支用地者的未来收益为前提的，房地产商卖房是以透支消费者的未来收益为前提的。与国外不同的是，国外卖地，土地所有者是最大的收益者，我们是以公共利益名义低价从农民那里征地，然后再高价出让，获得高额土地出让收入。再进一步分析，国有土地出让后，房地产商事实上已垄断了土地，土地的稀缺性、住宅的刚性需求、货币流动性过剩以及通货膨胀预期、存款负利率等，都促使房价居高不下且调控异常艰难。事实告诉人们，对于稀缺性资源，在市场不完善的条件下，用市场化办法解决其占有和使用问题，带来的是更多的投机。若调控不力，会出现稀缺资源占有、使用上的“马太效应”，产生严重的公平失范，乃至酿成社会问题。这是“土地财政”派生出来的、并对经济社会发展产生重大影响的制度性问题。目前，一线城市对住房采取的“限购”政策，是对这一制度漏洞的修正，是一个好的信号。

总之，在我国，土地是极度稀缺的资源，耕地是13亿多人口赖以生存的基础，农村土地收益涉及数亿农民的切身利益。土地征用如何处理好城市与农村的利益关系，占用耕地如何处理好发展经济与保持国家粮食安全的关系，土地收益如何处理好在政府、企业与农民间的分配关系，以及可持续发展的城镇化推进路径等，都需要对现行制度进行科学评估，系统研究并尽快完善制度。尽管这是一个非常复杂的问题，但不能因问题复杂而久拖不决。

（六）"耕地红线"问题

我国是人多地少的国家，保护耕地的任务是十分艰巨的。近些年，受城镇化加速、农业结构调整、生态退耕、自然灾害损毁等因素影响，耕地数量逐年减少。耕地面积自1996年的19.5亿亩减少到2010年的18.18亿亩，平均每年减少面积千亿亩，其中生态退耕约占60%、建设用地约占20%、农业结构调整占8%、灾毁占6%。目前，我国人均耕地面积为1.36亩，仅相当于世界平均水平的40%左右。全国有660多个县的人均耕地面积低于联合国粮农组织划定的0.8亩警戒线。在耕地资源十分紧缺的同时，耕地质量总体偏差，中、低等地分别占全国耕地面积的50.5%和16.7%，耕地后备资源中可开垦为耕地的也仅有约7000万亩，通过开发补充耕地的潜力有限。

《全国土地利用总体规划纲要（2006—2020年）》确定了到2020年耕地保有量18.05亿亩、基本农田保护面积15.6亿亩的目标。实现这一目标，要以建立耕地保护补偿制度为核心，全面提高保护水平。

第一，建立耕地保护补偿制度。建立耕地特别是基本农田保护补偿机制，是通过经济手段保护耕地的又一有效举措。目前，四川省成都市、广东省佛山市、浙江省临海市等地，探索耕地保护经济补偿试点，建立耕地保护基金制度。从成都市的做法看，建立耕地保护基金，调动农民保护耕地的积极性，有利于遏制违法占用耕地，效果明显，应认真总结其成功经验，对耕地保护机制的定位、资金来源、补偿对象、支付方式等加强研究，并做好制度设计工作，尽快在条件具备的地方实施。从长远看，应全面建立基本农田保护基金制度，使承担永久基本农田保护义务的农民得到经济补偿和永久保障。

建立耕地保护制度的做法，在国外一些国家较早也采用了。如美国加强耕地保护，其中一个措施是政府通过向农场主购买土地发展权的方式保护耕地，农场主自愿向政府申请出售土地发展权，联邦政府通过预算拨款向农场主支付相应的费用购买土地发展权，政府购买土地发展权后，土地所有权不变，仍为农场主所有，但政府限制其土地使用用途，不得进行非农开发，达到了保护耕地和生态的目的。自实施这项制度以来，美国已有

303.5万亩耕地得到保护。

第二，耕地“占补平衡”要数量质量并举。长期以来，我国耕地“占补平衡”政策的着眼点主要是针对耕地数量，对耕地质量保护缺乏考核。在严格执行“占补平衡”的同时，应把耕地质量有提高或不下降作为重要考核指标，建立健全补充耕地质量验收和考核办法，包括耕地质量验收的技术规范及验收的操作规范等。补充耕地质量验收应由国土、农业等各方面的专家组成，不受制于行政部门，验收数据应公开，最大限度限制“腐败官员”的随意裁量空间。对达不到要求的，从土地出让收益中提取资金，专项用于项目后期管护和提高土地肥力。

第三，耕地保护要形成管理合力。目前基本农田保护实行地方政府分级负责，国土和农业部门共同管理，但实际上农业部门很少涉及管理。水利部门农田水利建设、农业综合开发部门土地整理等，都与耕地保护、提高土地质量有直接关系。在强化地方政府分级负责的同时，应统筹各部门职能，形成以国土部门为主，农业、水利、林业、农业综合开发等部门共同参与的基本农田保护管理体系，形成管理合力。

第二节 发展壮大农村集体经济

在我国进入着力破除城乡二元结构、形成城乡经济社会发展一体化新格局的重要时期，农村集体经济组织作为上世纪50年代顺应我国社会主义公有制创建发展和农业经营体制改革创新的宝贵遗产，如何按照新时期改革与发展需求，重新定位，激发活力，完善“造血”机能，增强服务功能，继续为发展农业农村经济、促进社会和谐稳定发挥难以替代的作用，势在必行、刻不容缓。因此，通过农村集体经济组织的发展创新完善，增强壮大集体经济实力、提高生产经营组织化程度，促进农业发展、农民增收、农村繁荣，显得尤为重要和必要。

一、农村集体经济组织的组织属性与法律地位

（一）基于政策取向与法律规定探讨农村集体经济组织的组织属性与法律地位

发展壮大农村集体经济，无论在改革开放前，还是改革开放30多年以来，都是中国共产党长期坚持、坚定不移的政策取向。中国现行经济制度的基础是生产资料的社会主义公有制，即全民所有制和劳动群众集体所有制。我们通常所说的“集体经济”是劳动群众集体所有制经济的简称，是生产资料归部分劳动者共同所有的公有制经济。以行政村、组为基础的农村集体经济组织（改革前称生产大队、生产队，改制后一般称经济联社、农业合作社），是在1956年基本完成农业的社会主义改造，农村土地和其他生产资料逐步从农民个人所有转变为集体所有后，逐步建立、完善、发展的。因此，农村集体经济是以土地等生产资料集体所有制为基础的公有制经济。然而，1984年以来，由于各地认识上的模糊、政策上的摇摆和举措上的软弱，当“三级所有，队为基础”的人民公社体制解体后，呈日趋弱化或边缘化趋势。到2009年底，据全国农经统计调查的近62万个行政村中，建立村级集体经济组织的有25万个，占40.5%。

早在1954年制定的新中国的第一部《宪法》第七条即规定：“合作社经济是劳动群众集体所有制的社会主义经济，或者是劳动群众部分集体所有制的半社会主义经济。劳动群众部分集体所有制是组织个体农民、个体手工业者和其他个体劳动者走向劳动群众集体所有制的过渡形式。”现行《宪法》从多方面对农村集体经济组织进行了规定：在产权上，第十条规定，“农村和城市郊区的土地，除由法律规定属于国家所有的以外，属于集体所有；宅基地和自留地、自留山，也属于集体所有”；在经营制度上，第八条规定，“农村集体经济组织实行家庭承包经营为基础、统分结合的双层经营体制”；在权益保障上，第八条规定，“国家保护城乡集体经济组织的合法的权利和权益，鼓励、指导和帮助集体经济的发展”；在市场主体地位上，第十七条规定，“集体经济组织在遵守有关法律的前提下，有独立进行经济活动的自主权”。此外，《民法通则》规定，“集体所有制企业有符合国家规定的资金数额，有组织章程、组织机构和场所，

能够独立承担民事责任，经主管机关核准登记，取得法人资格”。

（二）基于资产拥有和管理运营探讨农村集体经济组织的组织属性与法律地位

对村集体经济组织的经济组织属性与法律地位的置疑，是基于有大量所谓的“空壳村”，而无视农村集体经济组织资产的存在，以及由此可能带来的资产性收益。无论是有集体统一经营收入的村，还是无集体统一经营性收入的所谓“空壳村”，集体经济都是客观存在的。这除历史延续因素外，根本的是有集体所有的资产，包括土地、森林、草原、水面等自然资源在内的资源性资产，是村集体经济组织具有经济组织属性和法人地位的重要条件。

应当强调，我国农村基本经营制度是以家庭承包经营为基础、统分结合的双层经营体制，其组织基础是农村集体经济组织作为资产所有者和管理经营者，将包括土地等自然资源在内的集体资产发包或承包给其成员或外来人员、企业经营，统一经营与家庭经营的有机结合，是现行制度安排、政策导向的出发点和落脚点。中共十七届三中全会决定要求，完善统一经营首先要发展集体经济，增强集体组织服务功能。

在工业化、城镇化进程中，土地日益升值，并呈资本化趋势。不仅城郊经济发达的村，一些“空壳村”也凭借其集体所有的土地，逐步获得来自土地征用、租赁、入股等收入。换言之，并不存在所谓的“空壳村”，农村集体经济组织拥有大量的集体资产，问题是没有很好地盘活这些资产，实现集体资产的有效利用，使集体资产保值增值与健康营运。

（三）基于经济职能与社会职能探讨农村集体经济组织的组织属性与法律地位

村集体经济组织首先是发展经济的职能，而社会职能是后来附加的。在20世纪50年代前期，初级社和高级社的职能主要是发展生产。自1958年的人民公社化起，在工农兵学商一体化的美好社会构想和政社合一体制下，农村集体经济组织的职能定位，不仅赋予其发展经济的职能，还赋予其社会职能。改革开放以来，尽管强调政社分设，但这种职能定位几乎没有改变。

赋予村集体经济组织的社会职能，起因是对农村社会结构的美好构想，而后来则是一种在城乡二元制度下不得已而为之的选择，乡村治理结构又保障了这一职能的发挥。为保障国家工业化战略的实施，改革前国家将农村基础设施建设和社会事业发展的责任，强加由农村集体经济组织承担。农村集体经济组织的这种附加职能，是依赖政社合一的行政方式得以完成的。1983 年开始实行政社分设，乡级实行了政社分设，但村两委与村集体经济组织未有效分开，一些地方为精简机构由村民委员会代行村集体经济组织职能。这种乡村治理结构，对村集体经济的发展有一些负作用，主要体现在村集体经济组织更多地发挥社会功能，而发展经济的功能基本难以发挥。

当前，村集体经济组织承担政府应当负责的社会职能的前提条件已发生了转折性变化，即我国已进入工业反哺农业的经济发展阶段，由此开始实施城乡一体化制度，开始建立覆盖城乡的公共财政，并提出了基本公共服务均等化的政策目标。更令人欣慰的是，党的十六大以来，在实施工业反哺农业和城乡一体化改革的进程中，村集体经济组织的社会职能已开始剥离。主要体现在：（1）开始剥离村集体经济组织承担的应由政府承担的社会公益事业职能。在推进城乡一体化进程中，公共财政开始覆盖农村，加大了农村基础设施和社会事业发展的财政投入，并在农村实行了“一事一议，筹资筹劳”财政奖补政策，这使得应由政府承担的社会公益事业职能已开始从村集体经济组织中剥离。（2）开始剥离村集体经济组织提供村两委组织正常运转费用的职能。在农村税费改革后，对村级组织正常运转实施了政府财政转移支付政策，这在一定程度上剥离了村集体经济组织提供村两委组织正常运转费用的职能。

（四）基于与党政两委会的关系探讨农村集体经济组织的组织属性与法律地位

农村集体经济组织与两委会（村级党组织、村民委员会）属于性质不同、权能不同的组织。村级党组织（含村党委、村党总支部和村党支部）是执政党在农村的基层“党务性”组织，是党在农村全部工作和战斗力的基础，是村级各种组织和各项工作的领导核心，肩负着组织发展经济、维护社会稳定、改善民生的任务，具有讨论决定本村经济建设和社会发展的重大问题的职责任务，但不能以党组织领导取代村民委员会、村集体经济组织的民主管理。村民委员会是以“村民”为对象，通过选举产生的基层“政务性”组织，是村民自我管理、自我教育、自我服务的基层群众自治组织，实行民主选举、民主决策、民主管理、民主监督。其主要职责是：办理本村的公共事物和公益事业，调解纠纷，协助维护治安，向人民政府反映村民的意见、要求和提出建议等。也就是说，主要职能是提供本村的公共管理与服务。

村集体经济组织与村民委员会的关系，法律界定既有清晰之处，也有相矛盾之处。《宪法》第十七条的规定是非常明确的，即“集体经济组织在遵守有关法律的前提下，有独立进行经济活动的自主权”。然而，《村民委员会组织法》第八条的规定既与《宪法》不一致，又自相矛盾，即：一方面规定两个组织的独立权利和利益——“村民委员会应当尊重并支持集体经济组织依法独立进行经济活动的自主权，维护以家庭承包经营为基础、统分结合的双层经营体制，保障集体经济组织和村民、承包经营户、联户或者合伙的合法财产权和其他合法权益”；另一方面又规定村民委员会对村集体经济组织财产的管理——“村民委员会依照法律规定，管理本村属于村农民集体所有的土地和其他财产，引导村民合理利用自然资源，保护和改善生态环境”，即与《宪法》规定不一致，与《村民委员会组织法》第八条第三款矛盾，也与村民委员会组织性质与职能不一致。

二、农村集体经济组织资产的形成与经营状况

农村集体资产是归村组集体经济组织全体成员集体所有的资产，包括集体所有的土地和法律规定属于集体所有的森林、山岭、草原、荒地、滩涂、水面等自然资源；农村的宅基地、自留地、自留山的产权，通过公共积累、投资投劳所兴办的集体企业资产和兴建的建筑物、构筑物以及购置的交通运输工具、机械、机电设备等资产，集体及其企业所拥有的现金、银行存款、有价证券等。集体资产是发展农村经济，促进社会主义新农村建设的重要物质基础。

（一）农村集体经济组织资产形成过程

农村集体经济组织经营性资产，形成于解放后的合作化运动，发展于改革开放后的社（队）乡镇企业异军突起之时，进入20世纪90年代中后期，以明晰产权、促进保值增值为标志，村集体经济组织资产进入了规范管理的新阶段。

1953年2月，中央发布《关于农业生产互助合作的决议》，农村开始进入合作化时期。在高级农业生产合作社阶段，农民把土地、水利设施、面积较大的成片林木等交给高级社集体所有，把耕畜、大中型农机具作价归公。从此，中国有了农村集体资产。1958年8月，中央通过《关于在农村建立人民公社问题的决议》，并最终确立了“三级所有、队为基础”是人民公社的根本制度。到1962年底，中央通过《关于改变农村人民公社基本核算单位问题的指示》、《农村人民公社工作条例修正草案》等一系列文件，明确了土地、宅基地、山林、水面、草原、水利设施、耕畜和农机具等生产资料等归生产队所有，村集体经济组织的资产得到了充实和发展。1978年，党的十一届三中全会后，针对各种形式的生产责任制实行过程中出现的集体资产流失问题，中央多次提出保护农村集体资产的政策措施。随着20世纪80年代中后期，乡镇企业的蓬勃发展，村集体经济组织的实力不断发展，集体资产的积累也越来越多。

上世纪末，农业部在财政部和各级人民政府的支持下，开展了新中国成立以来的第一次账内外农村集体资产清产核资工作，主要是搞清农村集体资产的存量、结构、分布和运用效益情况。至1998年3月，全国乡（镇）村集体经济组织账内外农村集体资产（不包括土地、山林、水面、草原等资源性资产）25776.4亿元，相当于当时国有资产总额的35.7%，其中村级资产占农村总资产的47.5%。进入新世纪，随着中央决定在农村普遍实行村务公开和民主管理，以及农村党风廉政建设的深入推进，农村集体资产管理也逐步从单纯抓财务管理向民主管理、民主监督转变，从重点抓资金管理向全面加强资金、资产、资源管理转变，由注重指导集体直接经营集体资产向承包、租赁、股份合作等现代经营方式转变。

（二）农村集体经济组织资产状况分析①

截至2009年底，全国村级集体经济组织账面资产总额1.6万亿元，村均270.6万元。从资产构成看，流动资产6449.3亿元，占资产总额的40.3%；农业资产214.2亿元，占资产总额的1.3%；长期资产9330亿元，占资产总额的58.4%。分地区看，东部地区资产总额1.2万亿元，约占资产总额的76.4%；中部地区资产总额2728亿元，约占资产总额的17.1%；西部地区资产总额1044.4亿元，约占资产总额的6.5%。对比从2004年到2009年六年间的资产变化，村集体经济组织资产状况呈现以下几个特点：

一是资产总量大体呈上升趋势，构成比例基本保持不变。全国村集体经济组织资产总额从2004年的11324亿元增长到2009年的15994亿元，年递均增幅7.15%；村均资产总额从2004年的179万元增长到2009年的271万元，年递均增幅8.65%。在资产构成中，流动资产和长期资产所占比重基本保持不变，分别占到总资产的40%和60%。在全部资产中，货币资产的增幅最大，从2004年的1417亿元增长到2009年的2731亿元，年递均增幅14.02%。分析原因，随着工业化城市化进程加快，农村土地被大量征用，一些村集体经济组织得到土地补偿费后，没有马上对被征地农民进行分配，暂留集体的土地补偿费导致货币资金不断增加。

二是东、中、西部地区间资产分布严重不均，差距不断拉大。按东、中、西部地区划分，东部地区资产所占比重远高于中、西部地区，从2004年至2009年的六年间，东部地区的资产占全国总资产的比例始终维持在75%左右，而西部地区的资产占全国总资产的比例始终不足10%，且呈现逐年递减的趋势。另外，东部地区资产年均增幅也明显高于中、西部地区，东部地区资产总额从2004年的8375亿元增长到2009年的12134亿元，年递均增长7.70%；中部地区资产总额从2004年的1902亿元增长

① 由于目前国家统计局没有对全国村集体经济组织资产状况进行全面的调查统计，本分析的数据来自农业部农村合作经济经营管理总站的全国农村经济情况统计。该项统计依托各级农村经营管理部门（主要是乡镇农村经营管理干部），每年对全国所有村集体经济组织进行全面调查。

到2009年的2728亿元，年递均增长7.48%；西部地区资产总额从2004年的1023亿元增长到2009年的1044亿元，年递均增长0.41%。

三是发达地区拥有大多数集体资产，比重在进一步增加。2009年，全国村集体经济组织资产超千亿的省有五个，分别为广东、山东、浙江、北京、江苏（2009年五省市农户数合计6225.2万户，占全国农户总数25643.2万户的24.28%），以此为划分，定义上述五省为发达地区，其余省份为欠发达地区，则发达地区村集体经济组织资产合计9726.3亿元，占全国村集体总资产的60.8%，村均620.2万元，而欠发达地区村均资产仅为144.3万元，两者差距比为4.30：1，对比2004年至2008年间发达地区与欠发达地区间资产总额的差异比，总体呈上升趋势，表明地区间资产分布差异进一步拉大。

（三）农村集体经济组织经营状况分析

截至2009年底，全国村级集体经济组织经营性收入1290.5亿元，村均21.8万元；发包及上交收入556.4亿元，村均9.4万元；各级财政补助收入355.2亿元，村均6万元。经营支出902.9亿元，村均15.3万元；管理费用502.7亿元，村均8.5万元。村级集体经济组织本年收益862.6亿元，年终可分配收益总额为1025.4亿元，村均17.3万元。对比从2004年到2009年六年间收益及收益分配的变化，村集体经济组织经营状况呈现以下几个特点：

一是经营收益总体呈上升趋势，主要归因于补助收入显著增长和经营支出持续下降。从2004年到2009年，村集体经济组织本年收益从647亿元增长到863亿元，年均增长5.9%。

二是村集体经济组织经营状况地区间差异明显，中、西部地区自身发展能力严重退化。2009年村集体经济组织东、中、西部地区，村均本年收益分别为27.8万元、6.2万元、5.3万元，东部地区收益分别是中部和西部地区的4.5倍和5.2倍。从收益增幅情况看，与2004年的东、中、西部地区村均收益19.1万元、5.3万元、3.2万元相比，年递均增幅分别为7.8%、3.2%、10.6%。但由于财政补助的逐年显著增长，各地区村均真实收益情况被严重粉饰。如果扣除补助收入，各地区村均收益的年均增幅仅为1.8%、-19.3%、-7.8%。特别是中、西部地区，村集体每年年终收益主要依赖财政转移支付来实现，自身发展能力严重退化，经营状况日益恶化。

三是农村集体经济收益62%集中在少数发达地区，发达地区与欠发达地区间差异较大。2009年底，全国村集体经济组织本年收益在60亿元以上的省份有四个，分别是广东、山东、江苏、浙江（2009年四省农户数合计6084.9万户，占全国农户总数25643.2万户的23.73%），若以此四省定义为发达地区，则发达地区本年收益占到全国总收益的61.6%。从村均情况看，发达地区本年收益从2004年的22.3万元增长到2009年的34.7万元，年递均增长9.2%；而欠发达地区本年收益仅从2004年的6.0万元增长到2009年的7.6万元，年递均增长仅4.8%。

三、新时期发展壮大农村集体经济的对策建议

（一）健全村级民主自治机制，为各司其职理顺关系

农村集体经济组织，是党领导的村级民主自治机制的重要组成部分。实践证明，在农村基层，就村组织而言，村级党组织、村民委员会、集体经济组织“三驾马车”应当并行不悖，既不可或缺，又不能相互替代。按照十七届三中全会的要求，抓好以村党支部为核心，领导和支持村委会、集体经济组织开展工作的村级组织配套建设。进一步明确集体经济组织及其成员的权利义务，明确村级党组织、村民委员会、村集体经济组织三者的职能关系，依法保障其运行，建立“分工协作、各司其职、合谐共处”的村级组织治理结构，为集体经济组织的发展提供良好的生长环境。在保证村党支部的领导核心地位和村委会依法独立行使村民自治职权的同时，尊重村集体经济组织的经营管理权，既独立运作、相互合作，又相互制约。

农村集体经济组织须按照法律政策赋予的职能和要求，着重加强自身组织建设，切实巩固和完善土地承包管理，加强集体资产监管和运营，不断增强服务功能，为经济发展、社会稳定提供有力的物质保障。在已经建立集体经济组织的地方，要着重完善和厘清与党支部、村委会的关系与职能定位，逐步研究提高增强自身的服务功能；在没有建立集体经济组织但

具备建立条件的地方，要稳妥推进组织建设，明确集体经济组织的组织结构、成员构成、资产状况和发展规划等，着力发展集体经济；在尚不具备集体经济组织建立条件的地方，可暂由村民委员会代行其职能，但要尊重集体经济组织成员的权益，切实完善好民主管理。

（二）恢复健全集体经济组织，为维权发展提供保障

1. 加快农村集体经济组织建设。新时期以行政区划为特征的农村集体经济组织，是农村基本经营制度统一经营层次的经管主体和维护农民基本经济权益的组织保障，无论从维护劳动群众集体所有制和社会主义公有制考虑，还是从保障农民基本权益和农村社会和谐稳定出发，还是从切实提高新时期现代农业组织化程度着眼，都必须强化农村集体经济组织的基础地位和主体作用，不断增强服务功能和组织带动能力。建议结合贯彻落实新修订的《村民委员会组织法》，在进一步组织开展深入广泛的调查研究和理论探讨的基础上，尽快统一认识，提出恢复健全村级集体经济组织的实施意见，分类指导、规范运作、落实到位。根据现实情况和各地经验，权衡利弊得失，实行村级党组织、村民委员会负责人经民主选举到村级集体经济组织交叉任职，不失为较好的选择。

2. 推动农村集体经济组织立法。农村集体经济组织立法问题事关广大农民的基本民事权利，事关农村基层群众自治制度的建立健全，属于民事基本制度的范畴。按照《立法法》第八条和第四十二条的规定，涉及基层群众自治制度、民事基本制度等事项，只能制定法律；且法律解释权属于全国人民代表大会常务委员会，法律的规定需要进一步明确具体含义的，由全国人民代表大会常务委员会解释。因此，明确农村集体经济组织法人地位，建议从以下五个方面着手推进。

一是积极开展立法研究，制定、出台《农业部农村集体经济组织管理办法》，研究制定发展扶持政策和集体经济组织成员资格认定标准；时机成熟时升格为《国务院农村集体经济组织管理条例》。力争在尽可能短的时期内，制定并颁布《中华人民共和国农村集体经济组织法》。

二是协商修改《民法通则》关于法人的分类规定，明确合作社（集体经济组织）法人。民法的规定应与国外接轨，与日益发展的市场主体立法相适应，将社团依组织形式分为公司法人、合作社法人和其他法人，从而解决合作社法人无所适从的难题。

三是由国务院或有关部门联合制定农村集体经济组织登记规定。参照浙江省、北京市等地的经验和农民专业合作社作法明确登记程序，解决其进入市场的法人地位问题。

四是支持由各省人大、省政府制定条例或规定。目前，浙江、湖北、广东已制定了地方法规规章，为其他省等出台规定积累了经验。

五是从实际出发，支持由县、市地方政府出台相关规定。

（三）界定集体经济组织成员资格，为明晰权属奠定基础

确认农村集体经济组织成员资格，是确保农民基本权益的前提条件，是完善组织建设、确保“成员”权益的基础工作，尽管情况比较复杂，有的乡村可归纳为二三十种类型，政策性很强，但宜早不宜迟，必须知难而上，根据各地实际、特别是结合集体经济产权制度改革，及早提出实施办法。

鉴于我国农村集体经济组织所具有的自然共同体的特征，集体经济组织成员资格的基本原则：以是否在集体经济组织所在地形成较为固定的生产、生活并依法登记常住户口作为重要依据。或用通俗易懂的表达方式：开始实行农村双层经营体制时原生产大队成员及其子女，与本社社员有合法婚姻关系落户的，以及社员依法收养落户的和政策性移民落户的人员等。考虑到农村富余劳动力向城市转移的大趋势，以及农村承包土地对未丧失集体经济组织成员资格的人所具有的唯一且有力的基本生活保障功能，还应对一些特殊情形作出特别规定。通过对集体经济组织成员资格取得、丧失的原则规定和特殊规定，划定成员资格的保有期间，并确立资格取得的唯一性原则。

（四）推进集体产权制度改革，为机制创新激发活力

推进集体产权制度改革，是破解损害农民基本权益问题的重要举措。按照“归属清晰、权责明确、运行规范、管理高效”的原则，以村股份合作为主要形式，以“清产核资、资产量化、股权管理”为主要内容，

理顺村级集体经济组织产权关系、分配关系，建立符合社会主义市场经济发展要求的农村集体资产管理体制和运行机制。完善内部监管运营机制，建立和完善股东大会、董事会、监事会“三会”制度，逐步形成激励与约束有机结合的现代管理运行机制。

探索构建农村产权交易市场，以农村土地承包经营权流转服务中心或者集体“三资”服务中心为依托，为集体资产、资源的发包、出租和集体资产变卖处置、集体工程项目购建等，提供正规的公共交易平台，促进优化配置。

（五）完善集体资产制度建设，为保值增值创造条件

加强农村集体资产管理和经营，是维护劳动群众所有制的基本保障；科学有效的制度体系建设，是加强农村集体资产管理和监督的重要前提和根本保障，而只有严格执行完备适用的制度，做到用以制度管权、管事、管人，才能确保实现集体资产保值增值。

一是推动《农村集体资金资产资源管理条例》立法工作，界定集体资产的范围和权属、经营与使用、管理的主体、指导监督的部门、法律责任等，保障农村集体经济组织成员对“三资”占有、使用、收益和分配的知情权、决策权、管理权、监督权，推动形成产权明晰、权责明确、经营高效、管理民主、监督到位的农村集体资金、资产、资源管理体制和运行机制。

二是修订《村集体经济组织财务制度》、《村集体经济组织财务公开暂行规定》，规范农村财务管理，完善农村民主管理。结合农村综合改革、新农村建设和发展现代农业的需要，规范和完善新时期村级财务管理以及财务公开的时间、内容、程序、形式等。切实完善民主理财民主监督工作，严格民主理财小组的产生条件，切实保障民主理财小组权利，认真履行民主理财小组义务，充分发挥民主理财民主监督的作用。

三是抓紧研究出台《村级会计委托代理服务工作规范》。在坚持民主自愿和集体资产所有权、使用权、审批权和收益权“四权不变”的前提下，稳步开展村级会计委托代理服务。村级会计委托代理只是村级财务管理的过渡形式，最终形式应该是由村集体经济组织自行管理。因此，应在条件成熟、特别是村集体经济组织比较健全的地方，研究村会计人员参与财务管理的运行机制，逐步提高村会计的素质和能力，最终实行村账自管。

四是部署开展全国农村集体资产清理工作，争取用两到三年时间，摸清底数、建立台账，健全数据库、实现电算化管理。

（六）推动各项扶持政策出台，为持续发展创造环境

制定壮大集体经济政策法规，是完善创新经营体制机制的应有之举。农村集体经济组织及其成员首先应具有全部国家强农惠农政策的“首享权”，凡给与农民专业合作社的政策都应给与之。

一是加大财政扶持力度。探索建立扶持经济薄弱村财政发展补助资金制度，对当年村集体无经营收益的村提供财政发展补助资金；探索建立产权制度改革村扶持发展资金制度，解决改革过程中遇到的问题，提供改革后的经济发展启动资金；多措并举化解村级债务，建议中央进一步扩大村级债务化解补助范围，增加补助额度，化解历史遗留的政策性、公益性债务；加大农村公益事业财政投入力度，建议尽快全面推行财政奖补制度，按照建立公共财政和统筹城乡发展的要求，将农村道路、大中型农田水利等基础设施建设和农村文化、教育、卫生等公共事业，纳入财政投入范围；建立健全村级债务监管机制，建议国务院综改办与农业部联合建立村级债务动态监测点，把村级债务动态监测经费纳入同级财政预算，及时掌握村级债务增减变动情况和化解债务情况；建议改革基层干部考核体系，将制止和化解不良债务工作情况列入对基层政府政绩考核和村干部任期目标、工作实绩考核的内容，建立村级债务管理和责任追究制度；探索建立完善农村会计从业人员统一培训制度。

二是加大金融支持力度。出台豁免村级金融债务利息政策；对村级欠金融部门债务实行本息分离、息不转本、息不计息和挂账停息及豁免部分村级金融债务政策。适度调整和放宽农村地区银行业金融机构准入政策，降低准入门槛，强化监管约束，加大政策支持，形成投资多元、种类多样、覆盖全面、治理灵活、服务高效的银行业金融支持农村服务体系。进一步丰富金融机构向村集体经济发展提供的金融服务，特别是加大对经济

薄弱村发展项目的信贷支持力度，实行优惠利率。探索研究集体资产、资源和依法取得的集体经营性建设用地等确权登记后使用权质押贷款的有效途径，进一步加大对村集体经济组织发展的小额贷款贴息力度，进一步完善集体贷款风险补偿政策。允许村集体经济组织参股农村信用社、村镇银行等，允许有条件的村集体经济组织组建村级资金互助组织。

三是加大征地补偿力度。土地是农村集体经济组织最重要的资产，完善征地补偿和安置制度，是切实维护农民土地权益的重要保障。农村集体经济组织土地等资产的增值收益应取之于农、用之于农。健全征地程序，探索引入村集体经济组织参与土地征收征用及补偿方案制定机制，加快建立完善征地补偿安置争议协调和裁决机制。完善征地补偿办法，依据土地补偿费主要用于被征地农户的原则，抓紧制定土地补偿费在农村集体经济组织内部的分配办法。妥善安置被征地农民和村集体经济组织，抓紧研究完善并实施留地安置等长远稳定的安置措施，实现经济来源有保障。

（七）强化农经监管服务机构，为指导调控提供支撑

强化农经监管服务机构，是确保国家对农村经济运行的宏观调控指导的需要。农村集体经济产权制度特点、成员经济活动与利益诉求多元化、农村经济社会发展状况等因素，决定了对集体经济组织经济活动的监督管理和必要的指导服务，在相当长时期内都将是政府在农村经济社会管理方面非常重要的职能，特别是在当前城镇化加快推进、农村资源要素日益资本化的情况下，要把民主管理、民主监督与加强行政监管有机结合起来，进一步加强对农村集体经济运行的管理和服务，实现农村集体经济运行高效、安全，维护农村社会和谐稳定。

一是科学配置监管职权。发展需求和各地实践表明，落实强农惠农政策、土地承包经营管理、农民负担监督管理、集体资产财务管理、农村金融体制改革、农民专业合作组织、农业社会化服务体系建设、农业产业化和“一村一品”、政策性农业保险、农业和农村信息化，这十项涉及完善创新农业经营体制机制和保障农民合法权益的农村经济运行监管服务任务，应当成为新时期基层农村经管机构的工作职能。

以确保农村集体经济组织管理民主、运行规范、资产增值为目标，在保障集体经济组织经营自主权的前提下，为保障成员民主权益、资产运营安全，在明确农村经营管理部门对农村集体经济组织运行指导服务职能的同时，进一步强化监督管理权，赋予对投资规模较大的新上项目和追加投资等经济决策的事前审核权、日常经济活动的审计监督权、违规行为的纠正权和对违规违纪责任人的经济处罚权。同时，按照有权必有责的原则，明确对农村经营管理部门失职渎职责任。

二是优化监管机构设置。按照深化行政管理体制改革的要求，将加强农村集体经济组织运行监管服务作为当前和今后一个时期政府对农村经济社会管理的基本职能，明确为行政管理职责，科学设置机构、合理核定编制、理顺管理体制，充实强化农村经营管理机构力量。

建议中央和地方政府从深化农村改革、保障农民权益、确保粮食安全、发展现代农业、促进社会稳定的高度，重新审定农村经管系统的工作职能、机构设置和手段保障问题，健全从中央到省、地、县、乡、村的农经管理体系，将上述重要改革与发展内容列入监管和服务范围，及时纠正不利于发挥政策导向作用的做法，为国家的宏观调控和科学管理奠定基础。

三是加强监管能力建设。加强县乡级两级农村经营管理部门对农村集体资产管理能力建设。把加强基层农村经营管理队伍建设，作为提高政府对农村集体经济发展管理服务水平的关键，围绕党的农村基本政策、集体资产管理、集体经济经营管理等方面组织开展有针对性的培训，提高基层农经队伍的业务素质。建议将基层农村经管体系建设，纳入国家农业公益性服务机构建设项目范围，以推进农村集体经济组织运行和监管信息化为主要目标，加强对农村集体资产管理的设施条件建设，以信息化推动农村集体经济组织资金资产资源管理规范、公开、透明和高效，提升对农村集体经济组织运行管理的水平。

第三节
深化农场管理体制改革

国有农场是集农、林、牧、副、渔、工、商、运、建、服于一体，多门类、多行业、多元化、多层次综合经营的国有农业企业，是以国有土地为基本生产资料，以农产品生产、加工、销售为主营业务，具有区域性、社会性特征的农业经济组织。虽然建国以来我国农垦经济快速增长、产业结构不断优化、企业效益明显提高，但在农场管理体制改革方面仍然存在一些突出问题亟待解决，本节将从我国农场管理体制改革的特点出发，为我国农场管理体制改革提供建议参考。

一、农场及农场管理体制改革的特点

国有农场的土地是由国家投资开荒获得的，土地所有权归国家所有。农场受国家委托经营国有土地，通过将农业用地发包给职工家庭农场进行生产经营而获得经营收益，并且仍然承担着部分社会职能，既不同于农村中的普通农户、乡镇企业和农民创办的民营企业，也不同于一般意义上的国有企业。国有农场以土地为基本生产资料决定了农场的区域性，以家庭承包经营为基础决定了农场的社会性。因此，农场管理体制改革虽然借鉴了农村联产承包责任制和国有企业转换经营机制改革的经验，但又具有其自身鲜明的特点，是一项涉及层面广、涉及人员多、全面的综合性的全新的改革，其主要特点如下：

（一）农场管理体制改革是一项全新的改革

土地所有权归国家所有是农场的根本特征，这使得国有农场区别于历史上存在的大多数私有制农庄和社会主义国家建立的集体农庄，农场的管理体制没有现成的模板可以借鉴。各地区在建立农场时都是结合当地实际情况，设置符合时代和区域特征的管理体制。

在农场管理体制改革过程中，各地农场及管理机构同样也面临着没有现成模式、没有历史经验可以借鉴的困难，立足于思想解放，自力更生、积极探索，在实践中发现问题，在实践中解决问题，是各地农场改革的共性。

（二）农场管理体制改革是一项综合性的改革

农场管理体制改革分为两个层面：第一层面是农场经营机制的改革，第二层面是农场主管部门的体制改革，各地区两个层面的改革几乎都是同步进行的。

农场经营机制的改革如果没有农场主管部门的改革进行相应的配套就难以持续，但农场主管部门所辖区域内各个农场之间客观存在的自然、经济和社会差别所导致的改革进度的不均衡又使得其体制和职能改革工作变得非常复杂，与农场经营机制改革进度相比出现了较为明显的进度滞后，影响了改革的效果。许多地区在农场主管部门的体制改革，特别是在设置农垦局和农垦集团公司的过程中出现了反复。

（三）农场管理体制改革是一项涉及多方面利益主体的改革

农场经济与地方经济的发展普遍存在着共同促进共同发展的关系。但是由于各级政府的利益诉求点存在差异，在农场管理体制改革过程中存在地方政府与农场之间进行利益重新分配的现象，由于地方政府在行政权力和资源分配上占据明显优势，这种重新分配的结果基本上是有利于地方政府的。各级地方政府从各方面积极介入改革进程，更加大了农场管理体制改革的复杂程度。

（四）农场管理体制改革是一项涉及多层面人员的改革

农场大部分位于农村，但是农场职工和当地农民之间的收入分配方式却存在着比较大的差异。在城乡户籍差异依然存在的前提下，身份的变换和收入分配方式的改革不仅对农场内部职工有很大的冲击，对与农场毗邻的农民，特别是长期在农场工作的编制外务工人员也有很大的影响。

二、农场管理体制改革取得的主要成就

（一）农垦经济快速增长、产业结构优化、企业效益明显提高

农垦生产总值增速从2003年到2010年连续八年增速超过12%，仅在“十一五”期间，农垦经济总量和实现利税就翻了一番多。

农垦系统第二、三产业发展迅速，“十一五”期间年均增速超过17%，第二、三产业的利润占农垦系统的总利润比例超过70%。通过企业兼并重组有效整合资源，打造了一批优势企业集团，截至2010年底农垦集团拥有上市公司22家，中国企业500强4家，光明食品集团和北大荒集团分别排名第79位和第83位。

一些农场还抓住当地加快推进工业化、城镇化的契机，利用农垦系统的土地优势，建设农垦产业园区，集聚产业发展。到2010年底，全国农垦规模以上产业园区达100多个。

（二）现代农业建设取得明显成效、产业优势和辐射能力明显增强

现代农业建设是国有农场的中心工作。2010年全国国有农场粮食总产588.6亿斤，亩产864斤，比全国平均产量高200斤；农业基础设施和物质装备条件明显改善，2010年农垦系统农业综合机械化程度达84%，比全国平均高32%；农田有效灌溉率59.7%，比全国平均高11%；农业科技推广水平较高，出现了一批高产典型；高效特色农业有了较快发展，出现了一批知名畅销品牌；农产品质量在农业标准化生产的基础上通过农产品质量追溯体系建设，得到了明显改善。

通过新品种新技术推广、机械化作业、标准化生产、产业化经营和示范“窗口”建设等方式，国有农场为周边农村农业现代化提供了良好示范，截至2010年底农垦系统创建各类示范区577个，黑龙江垦区被列为国家现代化大农业示范区，广东湛江垦区和湖南屈原农场被列为首批国家现代农业示范区。仅2010年一年，全国国有农场共为周边农村培训农民200多万人次，发放技术资料300多万份，输出技术480多项，推广面积4100多万亩，供应良种近16亿斤、雏禽近4000万羽。

（三）人均收入大幅增加、民生明显改善

农垦系统人均纯收入在“十一五”期间年均增长9%，职工和退休人员的养老、医疗保险参保率均高于90%，积极推进养老保险覆盖范围向非职工从业人员拓展，医疗保险向多元化保障形式拓展，社会救助向低保、住房、医疗和教育等多层面扩展，保障水平有了新的提高。河北、吉林等垦区抓住新型农村社会养老保险试点的有利时机，解决了绝大多数职工配偶和子女的养老保险问题。山西、安徽、江西、湖北、云南等垦区，通过争取将农场纳入关闭破产困难企业退休人员医保政策范围，解决了退休人员的医保问题。

垦区道路、饮水安全、职工住房和以场部为中心的小城镇建设取得显著成效，居民生活环境得到明显改善，全国国有农场1.2万公里未通畅道路建设任务和493万人安全饮水建设任务基本确定并纳入国家新一轮建设规划；纳入危房改造先期实施的部分垦区累计完成危房改造30万户，建设住房2000万平方米，全国农垦危房改造“十二五”规划明确的117万户改造任务，也初步纳入国家保障性住房建设“十二五”规划。民生的改善为垦区和谐稳定奠定了坚实基础。

（四）重点领域改革有新的进展

国有农场结合税费改革完善农业经营体制，推进“两田制”，加强土地承包管理。江苏垦区积极探索模拟股份制经营，推进土地规模经营，更好地调动了农工生产经营积极性。少数有条件的垦区着手完善集团化垦区母子公司体制，加强现代企业制度建设，加大资本运作、产业整合力度，上海、北京等一批垦区在体制创新和产业整合中实现跨越式发展。

各地农场多种形式推进国有农场体制改革和分离农场办社会职能，理顺政企关系，农场社会职能分离和内部机构精简力度进展顺利。到2010年底，已有31个垦区进行了普通中小学的移交，其中20个垦区实现全部移交。30个垦区进行了医疗卫生机构的移交，其中5个垦区实现全部移交。各垦区累计精简农场内设机构5071个，减少管理人员36139人，工勤人员12944人。

（五）对外开放步伐明显加快

一些垦区敞开农场大门，积极招商引资，加强与地方的经济合作，在垦地融合发展上取得较大突破。一些垦区不断优化出口结构，开拓海外市场，加快国际合作开发，在“走出去”发展上迈出较大步伐。“十一五”期间农垦出口商品总金额翻了一番，境外农作物种植面积增长5.1倍，境外农业总产值增长11倍，所承担的五个非洲农业示范中心建设基本建成。

（六）农场地位作用明显提升

“十一五”期间全国国有农场累计提供商品粮2150亿斤，商品率87.1%，为保障国家粮食有效供给、稳定粮食市场发挥了重要作用，特别是在汶川特大地震等关键时刻，有力地保障了应急需求。

一些农场利用独特的区位优势和土地优势，通过推进农场小城镇建设，为推动农村城镇化发挥了桥梁、纽带和示范作用。

在边疆和少数民族地区，农垦继续在屯垦戍边、建设边疆、繁荣边疆特别是化解和平期各种不稳定因素中发挥了独特的作用。

三、农场管理体制改革面临的主要问题

农场管理体制改革虽然已经取得了很大进展，但是由于影响农垦发展的体制性障碍尚未根本消除，历史遗留问题一时还难以彻底解决，产业间、垦区间和垦地间发展差距扩大的状况没有明显改变，各地农场在改革中都出现了不同程度的困难。目前存在的主要问题有：

（一）改革目标方向仍不清晰，农场定位模糊

农场管理体制改革的核心和关键是农场未来在国民经济中的角色定位。农业部一再强调和重申改革的方向是坚持企业化，国有农场最基本的属性和定位是企业，最主要的职能是经济职能，最根本的任务是发展经济。

“农场企业化”的发展道路作为农场长期的发展方向已经成为共识，但是在农场短期的战略定位和发展方向上，还存在多种不同观点，比较有

代表性的观点有“弱化说”、“国情说”和“实践说”。“弱化说”认为随着我国市场经济体制的不断完善，农场区域性、社会性的特征将逐步弱化，继续坚持政企合一既不利于农场改革发展，也不符合市场经济运行的规律，农场改革的目标方向是建立现代企业制度，反对简单地搞“农场变农村、农工变农民”；“国情说”认为由于国家行政管理体制改革相对滞后，中国特色行政主导经济的状态短期内很难改变，农场坚持政企合一、企社合一的体制是适应国情的必然选择；“实践说”则认为由于各个农场经济社会发展阶段、管理体制和运行机制都存在较大差异，改革发展处于不同的阶段，因此在体制机制创新上会有不同的探索和实践，无论是实行现代企业制度，还是维持政企合一，或实行其他模式的改革，只要符合“三个有利于”，都要允许去探索、去实践。

（二）农场干部职工思想解放程度、观念创新意识仍有待于进一步加强

农场由直属管理改革成为行业指导、相对独立的发展模式，隶属关系发生了重大变化，原有的体制机制束缚被打破，改革过程中各种新问题新事物不断涌现，这都对农场干部职工提出了更高的要求。

部分农场干部职工思想观念过于保守，与发展市场经济的要求不相适应，存在“等靠要、因循守旧、怕担风险、不思进取、小富即安”等思想，既缺乏改革竞争意识和开拓进取精神，没有考虑长远发展，也缺乏改革动力和发展思路，没有解决现实问题的能力。

部分农场干部职工思想观念较为单一，不能适应市场经济发展的要求。有些农场改革发展的战略方向和思路出现明显的偏差，在发展方向、目标和模式方面，理论与实践脱节，改革改制的方案或缺乏科学的论证，或脱离实际，或缺乏群众基础，重大改革措施特别是涉及利益调整时出现失误，挫伤农场和职工的积极性，失去广大职工的支持；有些农场在改革时照搬农村改革模式，一哄而上，淡化国有土地和集体土地区别，以“招商引资、加快发展”等名义违法出让土地特别是优良农田，致使国有资产流失；有些农场没有充分考虑到改革的长期性、复杂性和艰巨性，不考虑农场职工的实际承受力和农场工作的特殊性，将国有企业改革的模式硬套在国有农场上，强行推进，幻想靠行政权力硬性推进来完成改革，特别是在利益调整的过程中，忽视了国有农场多年行之有效的基本管理模式，过多损伤被改革者的利益，又无及时有效的补偿；有些农场盲目投资，造成重大损失；有些农场将场办企业“改光、卖完、退尽”，使得国有资产、生产装备、技术力量和规模优势逐步丧失，国有经济规模总量有较大幅度的下降；个别农场将自己定位为收取管理费的行政机构，成为阻碍改革的负面因素。

（三）农场国有土地的使用和管理缺乏系统的规划和统一的管理

对于农村集体土地的使用管理，国家有一套完整的法规，而对于国有农场的土地，土地性质是明确的国家划拨的国有土地，但由于土地确权尚未完全覆盖整个农垦的国有土地，目前“权属不清、重复确权、私占乱占、土地闲置”等现象在局部垦区和农场还非常突出，农场土地国有性与劳动力结构利益的不均衡现象较为突出。

由于农场土地的国有性质，地方政府在统一开发时往往将农场土地列入优先划拨的对象，农场的国有土地成为部分地方政府低成本招商引资、扩大城镇规模、解决财政困难的重要资源。少数农场出现了地方政府直接收储或开发土地，而将原农场改制，企业职工下岗的做法，部分年龄大、技能单一、再就业困难、收入缺乏保障的农场职工成为这一措施的利益受损者。

现行的农垦省市县三级管理体制对农场只是业务指导，缺乏有效的管理手段，与各地方政府的合作尚处于磨合期。而地方政府对现代农业建设工作重要性的认识还有待深化，对农场土地确权工作认识不足，一方面对农场扶持力度不足，管理机构缺位、管理职能不配套不细化、使其陷入“政策边缘化”，另一方面又经常直接干预农场管理体制改革过程，以利于其划拨和征用农场土地。

（四）历史欠账太多，影响改革的进一步深入

计划经济时期，农垦担负着安置城镇富余人员、屯垦戍边、开垦荒地、围垦滩涂、保障城市农副产品供应等国家赋予的重要任务。随着经济的不断发展，保障供应和开荒种田的任务大大弱化了，因此国有农场的地位和作用也发生较大变化。农场面临的任务已经转为为了生存、为了提高竞争力的内在经济发展任务。国有农场既要不断发展经济，促进就业、提高企业经济效益和职工的收入，又要不断改善生产设施和生活环境，促进垦区各项社会事业协调发展，还要努力增强示范作用，促进周边农村农业增效和农民增收，促进现代农业发展。

农场承担的职能发生了改变，但是其地位特别是经济地位仍然处于相对弱势的状态。农场的转移支付资金是2005年国有农场税费改革时根据2004年企业收缴实物价格确定的，近年来各种资费不断上涨，使得本就不高的转移支付资金更是捉襟见肘，在许多中小农场出现了即使将全部转移支付资金用于缴纳拖欠的职工养老保险金仍存在很大缺口的现象。而结构较为单一、经营风险较大、回报率较低、市场竞争力较弱的国有农业企业又很难得到资本惠顾，许多农场由于上世纪90年代兴办的第二三产业破产被列入银行的“黑名单”，难以得到新的贷款，生产力水平较低和产品缺乏竞争力导致社会资本也不愿意进入农垦，国家虽然加大了投入，但主要用于农业、水利、危房改造、生态环境、道路、教育等公益性和基础性建设方面，用于新项目开发、结构调整、新产品研发、产业技术升级等方面的投资严重不足，创建农垦现代农业示范园区需要高标准的农田基础设施建设、高水平的栽培技术措施和规范化的农机作业装备、综合配套的产前产中产后服务体系都需要一定规模的资金投入，资金的缺口严重影响了改革的进一步深入。

尽管在改革中进行了社会职能的剥离，但是由于农场工作的特殊性，许多本应由社会和地方政府承担的职能仍然未能剥离，已经剥离的职能中如学校、医院，农场仍然需要向其支付部分费用，这就给进一步的改革设置了障碍。

（五）外部环境复杂多变，挑战与机遇并存

关税壁垒时代的结束使得占有资源相对有限的国有农场和亿万小型农户一起，直接面对人均资源占有量超出自己百倍且同时享受政府巨额补贴的欧美农民的竞争。不仅在资源占有、财政补贴上处于劣势，在诸如农业技术水平、劳动力素质、资金实力、产业经营组织等方面也存在巨大的差距。欧、美、日等国家和地区提高我国农副产品的检测项目和标准，使我国传统的农副产品出口受到空前的“技术打压”，国有农场的出口项目蔬菜、肉鸡、水果等产品也受到较大影响。

国内居民生活水平的提高也使得国内市场的需求由粗放转向精细，而国有农场的产品普遍更新升级慢，许多大宗农副产品依然停留在原材料或初级产品供应的层次，技术含量低，附加值低，缺乏享誉国内外、拥有自主知识产权、技术含量高、附加值高的名优拳头产品，企业和产品的市场适应性与竞争能力亟待提升。近年来气候变化较大，影响农业生产的自然灾害时有发生，对“靠天吃饭”的农场影响也很大。

（六）人才短缺和劳动力素质低下

农场干部职工的工作性质与农村乡镇类似，但待遇却有所差别。农场所处区域生产生活环境艰苦、待遇不高、缺乏发展机会，限制了大专院校毕业生前往农场从事技术和管理工作，农技人员后继乏人的现象在各地都比较突出。目前农场不仅缺乏急需的市场营销、项目管理开发、金融与资本运作、农产品深加工、仓储与物流等各类专业人才，一般大学生也很难留住，一方面缺乏外部人才的流入，另一方面随着系统内专业人才年龄和知识结构的老化，人才短缺和流失已成为制约农场管理体制改革和加快发展的刚性因素之一。

管理体制改革过程中市县各级农场领导更换频繁，造成农场工作缺乏连续性，不仅阻碍了农场的发展，也使得农场缺乏引进和留住中高级人才的吸引力。许多农场多年来未引进人才，农场本身的能人和人才也纷纷外出，出现了“十年后谁来当场长”的问题，国有农场参与市场经济竞争后，人才断层和人才短缺的矛盾更加突出。

改革开放以来国有农场职工的总体素质与建国初期没有明显的提高，众多农民工、外来工维系农场的农业生产，其较低的素质难以适应集约化、规模化和现代农业建设的需求，也使许多引进的先进项目、技术、品种难以发挥产业产品优势，成为制约农场发展的“瓶颈”。

（七）农垦系统内部发展极不均衡

“十一五”期间全国农垦系统60%的赢利由黑龙江垦区、新疆兵团和上海垦区贡献，而二十多个中小垦区贡献的赢利不足40%，其经营水平、赢利能力、发展后劲亟待提升。

部分农场由于地方偏僻、规模偏小、人力不足、管理水平低，在当地的地位不高，发展慢、效益差，得不到资本人才支持，得不到要素支持，陷入“发展的更慢、效益更差”的怪圈。

各地的农场间客观差距较大，但在宏观调控能力受限的情况下，农场间无法有机地调配相应的资源，导致部分农场的农田水利设施、道路、河道河堤治理、电力设施改造等无法满足现代农业发展的需要。个别农场处于经济发展滞后、政策难以落实、职工收入水平下降的边缘化状态，甚至还在一定程度上存在不和谐不稳定的因素。

四、深化农场管理体制改革的政策建议

农场管理体制改革问题既关系到与国计民生相关的粮食安全问题，又关系到1300万农垦系统职工的未来的发展道路。中央和各级地方政府应当根据农垦经济发展的特点，有针对性地制定有助于农场管理体制改革的政策和措施。

（一）统一思想，明确农场管理体制改革的目标和方向

思想是行动的先导，各地国有农场在改革进度和力度上表现出的差距，与当地国有农场及其主管部门领导对于农场管理体制改革的目标和方向的不同认识是密切相关的。在农场管理体制改革的总目标和方向上，农业部提出农垦改革要按照“生产经营市场化、企业组织集团化、社会管理属地化、公共服务均等化”的思路加以推进，解决制约农垦发展的内外部问题。在这一发展思路的指导下，农业部应当引导各地农垦主管部门和各地国有农场，深入细化地研究制定自身改革的目标和方向。

在制定改革和方向的过程中，应当围绕国有农场的特殊性质。国有

农场的根本性质是企业，但又不同于一般企业，所以建立的现代企业制度也会有别于一般企业的制度。应当通过经验总结和改革试点，总结出一套既符合现代企业制度建设原则，又符合国有农场特点的制度并推广实施。

（二）通过制定实施改善农场经营环境的政策和措施，推动农场经济发展

发展是改革的保证，要制定政策推动国有农场大力发展现代农业和调整优化农业结构，抓好农场的资产经营、基础设施建设和标准化生产工作，加强农产品质量安全工作，提高农业生产质量，重视科技推广工作，提升农场的科技贡献率、成果转化率、农业机械化率、劳动生产率和农业标准化率。

在国有农场大力推进农业产业化经营和优化产业结构工作。发展壮大现有的龙头企业，发挥龙头企业的带动作用，推进国有农场的第二、三产业持续稳定发展。在改革中既鼓励民营企业和民营经济的发展，也重视国有经济成分的增长。

加快实施“走出去”战略，以境外农业资源合作开发为重点，鼓励有条件的农场建设域外垦区，推进境外农产品基地建设。

（三）支持农垦系统的体制改革与制度创新，巩固农场税费改革等多项改革的成果，全面提升农场经营的质量与效益

通过制定政策和措施，巩固现有的农场税费改革等多项改革已经取得的成果，深化农场内部管理体制改革，全面提升农场经营的质量与效益。

农场内部管理体制改革，关键是解决好分离企业办社会职能的工作。为适应市场竞争的需要，国有农场应当加快分离社会职能的步伐，为此需要中央和地方政府制定相应的财政、人事和其他相关的支持政策。

在体制改革中，要特别重视农垦系统员工的社会保障问题。由于农垦系统员工长期从事农业领域的工作，部分年龄较大、技能单一的员工转岗和接受再就业培训存在一定困难，部分农场位置较为偏僻，使用常规方式难以解决这些员工下岗后的工作和生活问题，应当针对这类职工制定特殊政策，以使其利益在改革中不会受到较大的损害，让职工分享改革成果，保证改革工作的顺利进行。

（四）继续加大支农惠农和解决民生问题的力度

针对国有农场政策落实难、历史问题解决难等实际问题，制定相应政策，在落实支农惠农、社保、扶贫政策和增加项目支持等方面给予更多的关心和帮助，以保证国有农场的基础设施建设、小城镇建设的步伐和水平与当地同步。

国有农场的小城镇建设受现行制度约束较多，由于主体不明晰，相关部门往往认为“城是城，乡是乡”，除黑龙江垦区等少数垦区外，其他垦区建设的小城镇往往难以列入城市建制，因此不能得到相关的管理职能和公安司法保障，只能依靠原有的农场进行管理和提供社会化服务，农场负担很大。

应当以黑龙江垦区为示范样本，制定政策与法规，明确小城镇的地位和职能，明确农场与所建设的小城镇之间的关系，制定和实施为农场建设小城镇提供公安、司法、户籍和其他社会化服务的相关措施。

（五）出台管理国有农场资产特别是土地的政策

应当着手明确农场所属土地及所属资产的使用权和处置权，以确保国有农场土地权属不受侵害，依法保障农场土地的合法权益。

加大国有农场土地确权的力度，通过政策和资金支持，解决部分国有农场土地确权工作中的实际问题，使国有农场的土地确权工作顺利完成。

依法抑制部分地方政府从国有农场拿地的冲动，严禁通过调整国有农场隶属关系或撤销国有农场等方式改变国有农场农业用地的性质和用途。在土地规划中确定的国有农场基本农田，任何单位和个人不得擅自占用或改变用途。建设用地项目必须占用国有农场基本农田或改变用途的需报国务院批准。

国有农场所辖土地的土地增值收益应当归属国有农场所有，因公共利益确需占用国有农场土地必须依法办理相关手续并给予合理的经济补偿，解决好失地职工的安置和社会保障。利用国有农场土地进行商业性开发时，土地补偿金应当由用地单位与国有农场协商报上一级农垦主管部门批准，补偿金必须全部返还给国有农场。

（六）改善国有农场的投资环境

制定鼓励各方面主体投资国有农场的政策。2010 年全国农垦系统完成投资总额 1811 亿元，其中国有单位固定资产投资 792 亿元。民营经济已经成为农垦系统的重要组成部分。应当继续鼓励包括民营企业在内的各方主体投资国有农场，对民营经济投资国有农场实施特殊鼓励政策。

引导农业发展银行等相关支农惠农机构投资国有农场。由于历史原因，农垦系统信用状况存在一定问题，通过商业银行进行贷款存在一定困难。应当建立起全新的国有农场信用评级机制，鼓励相关机构投资国有农场。

应当鼓励国有农场积极拓展融资渠道，申请各类基金项目。积极申请国内外对于可持续发展特别是农业可持续发展的基金项目和援助项目，利用国有农场的标准化优势，实施各类改革试点。

第四节 创新农业经营体制机制研究

农村基本经营制度是我们党在农村政策的基石，它影响的不仅是农业经济的发展，还牵涉到农村社会的稳定。因此，对农业基本经营制度，不能随便乱动。但随着实践的发展，尤其是农业劳动力的大规模转移和农业机械的大范围普及，又必须与时俱进地创新农业经营体制机制。

一、创新农业经营体制机制势在必行

无论是从世界各国和地区的情况看，还是从我国发展的历史观察，人

地比是决定着农村经营体制机制选择的重要因素。[1] 近些年来，随着工业化、城镇化深入发展，我国农村人口大量向城市转移、尤其是大量农村青壮年劳动力向城市转移，农村经济社会结构也发生着巨大的变革，农业生产也遭受严重的外来冲击。农村劳动力尤其是农业劳动力老龄化、女性化趋势日益明显，农业劳动力兼业现象普遍，农村空心化与农业劳动力缺失的问题越来越严重。谁来经营农业、怎样经营农业，已经成为了迫在眉睫、必须解决的问题。

（一）农村劳动力大量转移

作为我国农村问题研究的专家、上世纪 80 年代农村改革的设计者，杜润生深刻地指出，中国农业的经营规模，取决于农业劳动力从耕地上转移出来的程度（杜润生，1988）。[2] 近 20 年来，农村劳动力大规模转移。改革开放 30 年，农村转移到城镇的人口数量累计为 3.9 亿左右。当前我国农村外出务工经商人员已经达到 2.3 亿人左右。即使是留在农村的劳动力，也有相当一部分从事非农产业，2012 年第一产业从业人员占社会从业人员总人数的比重已经下降到 34.8%，第一产业从业人员占乡村就业人员数的比重下降到了近 60%。按照中间预测值，2020 年我国人口在 14.4 亿左右，城镇化率约为 57.2%，城镇人口达 8.24 亿，比 2009 年增加 2.04 亿，其中城镇户籍人口自我增长约 0.22 亿，还要再转移农村人口约 1.82 亿。

值得注意的是，在农村劳动力转移中，越是年轻的、越是高素质的劳动力，转移的可能性就越大。第二次农业普查资料显示，全国 21 岁—30 岁的农村劳动力外出转移比例为 38.6%，31 岁 40 岁外出转移比例为 26.4%。在劳动力转移大省，21 岁—30 岁劳动力外出转移的比例均超过 50%，湖北省甚至达到 58.7%。如果扣除城市周围、经济较发达地区农村劳动力外出转移量很少的因素，则一般农村地区年轻劳动力转移的比例

---

① 诸斯甚至认为人地比是决定经济史变迁方向的重要因素。参见诺斯：《经济史中的结构和变迁》，上海人民出版社 1994 年版。

② 杜润生："关于耕地适度规模经营问题"，《中国经贸导刊》，1988 年第 1 期。

会超过70%。大量年轻人转移到城镇或非农产业就业，留在农村务农的大都是中老年人，结果就是农业劳动力老龄化。更为严重的是，即使目前留在农村的年轻人，他们大多也不愿种地或不会种地。

（二）“谁来种地”正成为一个问题

农村大量劳动力转移，但相当一部分人没有放弃土地所有权、甚至没有放弃经营权和使用权，“有地的不种地”，农业兼业化的问题日益严重。从日本农业发展的历史来看，兼业户对农业资源的使用效率较低，不应该是鼓励的方向，解决问题的办法就是通过土地流转，把土地的使用权集中起来。2006年开展的第二次全国农业普查，按照农村住户家庭成员在不同产业从业时间的多少，对农户按纯农业户、农业兼业户、非农兼业户、非农业户等类型进行了划分。对照第一次农业普查的结果可以发现，在1996—2006年的10年间，以从事农业为主、以农业为主要收入来源的纯农业户比重下降了7.5个百分点，农村住户中以经营农业为主的农户目前只有一半左右（51.8%）；以从事非农产业为主兼营农业的农户占农村住户的37.3%，比10年前上升了24.5个百分点。

农村大量劳动力转移，带来的另外一个问题就是农业劳动力的老龄化和低素质化，“能种地的不种地”。全国30个省（直辖市、自治区）2.3万户农民固定观察点数据显示，户均劳动力总数由2003年的2.68个减少到2009年的2.65个；外出劳动力由0.53个增加到0.71个，占户均劳动力总数的比重由19.8%提高到26.8%。同样根据第二次全国农业普查资料，截至2006年末，全国农业从业人员34874万人，其中，20岁以下占5.3%，21岁—30岁占14.9%，31岁—40岁占24.2%，41岁—50岁占23.1%，51岁—60岁占21.3%，60岁以上占11.2%。由此看出，全国农业从业人员中，年龄超过50岁的已经占到近1/3。浙江等发达地区的情形更为严重，该省从事农业生产的人口中，50岁以上的占到53%，30岁以下的仅有6%。[①] 对照联合国有关机构确定的标准，劳动年龄人口中45岁及以上的劳动力为老年劳动力，当劳动年龄人口中老年劳动力所占比重在15%以

① 朱隽、贺勇：“明天谁来种粮”，《人民日报》，2011年4月24日。

上时为老年型劳动力年龄结构，我国农业劳动力年龄结构已明显处于老年型。

伴随农业劳动力老龄化的是同样不可忽视的农业劳动力的低素质化。根据第二次农业普查资料，我国农业劳动力中，文盲占9.5%，小学占41.1%，初中占45.1%，高中占4.1%，大专及以上占0.2%，初中及以下所占比重高达95%以上。早在1975年，日本农业劳动力平均受教育时间为11.7年，大体相当于高中毕业程度；荷兰农民大部分是高级中等专业农校毕业水平，而且每年还有将近20万的从业农民进入各类职业教育学校，接受专业性的继续教育；德国的农业劳动力中有54%受过至少1年的职业培训。[①] 而我国农村劳动力50%是初中文化程度以下，并且也很少有机会经过岗前培训以获得相应的专业知识和技能。2008年，我国农村中拥有专业技术职称和受过职业教育和培训的人数只不过在4.4%左右。[②]

（三）技术进步后培育新型农业经营主体的时机已经成熟

农业劳动力老龄化和低素质化，说明现在很多农业劳动力都将成为不合格的劳动力，需要把它们手中的土地交给其他主体经营。另一方面，随着农业技术的转变，尤其是农业机械化步伐明显加快、水平持续提升，一般的农户耕种的规模可以迅速扩大。在当期技术条件下，一家一户经营、不长期雇工，北方土地平整、大宗作物居多，比较适宜的规模在200亩左右；南方丘陵山区多、经济作物多，比较适宜的规模在100亩左右。[③] 生物技术是一种土地密集型的技术，保证在人多地少地情况下提高农业产量；而机械化技术相反，保证的是人少地多的情况下提高农业产量。近年来我国农业技术的转变，既是农村劳动力大量转移直接推动的结果，又将进一步推动农村劳动力的转移和经营规模的扩大。一个农户家庭要达到100亩的经营规模，必然需要大量转入土地。因为按照现有的承包情况，

---

① 中国民主同盟中央委员会：“农村职业教育和农民培训调研报告”，《中国职业技术教育》，2005年第32期。

② 根据《中国农村统计年鉴2009》有关数据计算而来。

③ 张红宇：“当前农业运行中的四个问题”，《农村经济文稿》，2011年第5期。

一家一户平均承包面积也就在7亩左右。

表6.1反映了农业机械总动力增加的情况，2010年已经是2000年的1.76倍，1995年的2.57倍，1991年的3.16倍。2011年全国农作物耕种收综合机械化率达到54.8%，比2005年提高近19个百分点，超过了之前的25年提高幅度的总和。专业化统防统治率2010年达到12%，统防面积比上年增加一倍。①以农业机械跨区作业为主要内容的农业社会化服务体系的发展，对扩大农户经营规模起到了重要的帮助作用。农业机械化步伐加快，成为实现劳动力、土地等生产要素优化重组的重要推动力量，成为创新农业经营体制机制的重要推动力量。

表6.1　　农业机械增长情况　　单位：万千瓦

	农业机械总动力	大中型拖拉机	小型拖拉机
1991	29388.6	2682.4	6528.6
1995	36118.1	2404.1	7848.1
2000	52573.6	3161.1	11663.9
2003	60386.5	3229.8	13060.2
2005	68397.8	4293.5	14660.9
2007	76589.6	6101.1	15729.2
2010	92780.5	11167.0	17278.4
2011	97734.7	12850.2	17421.0
平均增速	农业机械总动力	大中型拖拉机	小型拖拉机
1991—1995	0.23	-0.10	0.20
1995—2000	0.46	0.31	0.49
2000—2005	0.30	0.36	0.26
2005—2010	0.36	1.60	0.18

资料来源：《2012年全国农业统计提要》。

二、对各类农业经营主体的基本看法

在未来的农业经营体制中，必然包括专业大户、农民合作社、企业等

① 韩长赋：“‘三农’兴　天下安　民心稳”，《中华儿女》，2010年第29期。

新型经营主体。对各类主体的定位，部分取决于对它们的政策导向；而政策的选择，又依赖于对各类主体的基本看法。其实，无论是理论研究，还是经验研究，结论都是简单清楚的。

（一）农户家庭是农业的基本经营组织

古今中外，农户家庭都是农业生产经营的基本组织形式。第二次世界大战以来，发达国家都推行了土地集中政策，农场经营规模普遍扩大，但是，家庭农场经营作为农业经营的基本组织形式并没有发生改变。美国、法国的家庭农场都占到80%以上，日本更是高达90%。20世纪80年代初，美国家庭农场的耕地面积占总耕地面积的81%，谷物产量占到83%，其销售收入占全国农场销售总收入的77%。①

农户家庭作为农业生产经营的基本组织形式，是和农业的基本特征紧密联系在一起的。农业生产的对象是生命体，农业经营过程中要求及时根据其生长情况作出相应决策。农业尚未在根本上摆脱对土地的依赖，农产品生产具有空间布局的广泛性、时间分布的集中性以及市场信号影响的滞后性，农产品价格总是呈周期性波动。加之大部分农产品数量大、价值低、不易储存，价格缺乏弹性，即便价格低廉也必须及时销售出去，即便价格高涨也因没有库存无法通过生产及时调节供给。加之农业科研周期长、技术进步慢、农业劳动力转移过程漫长，要素产出的经济效益偏低，农业比较利益始终呈持续下降趋势，农业生产是自然风险和市场风险相互交织的高风险产业。农业生产空间分散，且要求必须对自然环境的微小变化作出及时反应，这使得农业生产的监督成本较高。农户家庭成员之间的经济利益是高度一致的，不需要进行精确的劳动计量和监督。每一个家庭就是一个资源配置单位，以家庭作为农业的基本经营单位，劳动者具有很大的主动性、积极性和灵活性，不仅能够对农业劳动全过程共同负责、对农业最终产品负责，而且可以对各种难以预料的变化作出比较灵敏的反应，这正适合了农业作为生物再生产过程的特点。较之其他经营方式，可以说，家庭经营在农业中具有更好的适应性。从国际经验来看。家庭农场

---

① 姜绍华、李百汉："发达国家的农业政策及其启示"，《中国改革》，1999年第3期。

比集体农场具有更高的效率，是农业中最重要的经营方式。以美国为例，在10个农场中有9个是家庭农场，家庭农场占农地总面积的75%，占农业总产出的64%，合伙制农场和公司制农场占很小的比例。而且，公司制农场的85%是家族公司。

小规模家庭经营并不等于是落后的小农生产方式。我国是世界上农户土地经营规模最小的国家之一。不仅土地经营规模小，而且分割细碎。一些人把这种小规模的家庭经营看成是落后的小农生产方式，对在这样的基础上能否实现农业现代化持怀疑态度。按照马克思主义经典作家过去的描述，小农生产方式具有以下特点：它是小块土地的所有者、经营者；使用的是落后工具和传统技术，与机器、先进的农业技术无缘；它的生产是自给性的，主要靠与自然交换，而不是靠人与人之间的社会联系；他们的生活水平是低下的。这种生产方式，“排斥科学的不断扩大的应用”，“排斥社会生产力的发展”，是一种过时的生产方式，必然被社会生产力的发展所淘汰。小农生产方式就其本质特征来讲，并不是土地规模的大小，而是生产自给自足，缺乏社会分工和协作。小规模的家庭经营并不等于是小农生产方式。实践表明，小规模的家庭经营与农业现代化并不存在实质性的矛盾。小块土地的所有者和经营者照样可以广泛使用各种现代生产要素，并利用社会分工使自己的生产纳入专业化、商品化、社会化的轨道。像良种、化肥、农药、灌溉技术等这些生产要素，它们的应用与农场规模关系并不大，大农场可以用，小农场也可以用。而像农业机器这类生产要素，虽然在小农场上使用受到一定的限制，但小农场可以采取更加灵巧的中小型的农业机器，一些昂贵的专用农业机器则可以租用。因此，小块土地所有者和经营者完全可以采取现代工具和技术，进行农业社会化生产。日本、韩国和我国台湾省农户的平均规模只有1公顷多（美国、加拿大和澳大利亚农场的平均规模都在200多公顷），它们通过广泛采用各种现代生产要素，选择更节省土地的技术，都建立了现代的、社会化的农业生产体系。这充分说明，现代农业既可以建立在大规模家庭农场的基础上，也可以建立在小规模家庭农场的基础上。国内外农业发展的实践证明，家庭经营不仅适应以手工劳动为主的传统农业，也能适应采用先进科学技术和生产手段的现代农业。在我国农业现代化过程中，必须毫不动摇地坚持家庭经营方式，不存在生产力水平提高以后就要改变家庭经营的问题。[①] 陈锡文认为，应注重农民家庭在农业经营中的主体地位。由于中国农业资源结构、农村人口结构与社会结构在相当长的时间内不会改变，以小农为基础，以合作组织为支撑的生产结构将维护农民的长远生计、农业的持续发展和农村的社会稳定的保证。[②]

相比公司化大生产来说，家庭农场具有不可比拟的经济效率角度和绝对优势。[③] 关于家庭农场主的社会和政治地位，杨华认为以适度规模经营的家庭农场作为农村的“中农”阶层，由于其与农村的紧密经济关系，是最关心村务的阶层，也是最支持改革土地制度和政策的群体，而且是农村社区治理和建设的主要力量。[④] 陈锡文在对上海市松江区农村的调查中也看到，随着农村劳动力的大量转移，一些愿意继续留在村里务农的农户通过土地流转耕作的田地达到了百余亩，在比较完善的社会化服务体系支持下，他们通过水稻和小麦或油菜的两季耕作，以及为畜牧公司育肥生猪，年纯收入可以达到 12 万元以上，堪比城镇目前的中产阶层。[⑤]

（二）农民合作社发展需要发展成为农业经营组织

2013 年的中央 1 号文件以创新农业经营体制为主题，对农民合作社的发展寄予厚望。文件明确指出，“农民合作社是带动农户进入市场的基本主体，是发展农村集体经济的新型实体，是创新农村社会管理的有效载体”，“鼓励和支持承包土地向专业大户、家庭农场、农民合作社流转，发展多种形式的适度规模经营”，“鼓励农民兴办专业合作和股份合作等多元化、多类型合作社”。土地股份合作，就是文件鼓励发展的股份合作

---

① 韩俊：《中国农村改革（2002—2012）——促进“三农”发展的制度创新》，上海远东出版社 2012 年版，第 44—45 页。

② 陈锡文：“把握农村经济结构、农业经营形式和农村社会形态变迁的脉搏”，《开放时代》，2012 年第 3 期。

③ 黄宗智：《中国的隐性农业革命》，法律出版社 2010 年版。

④ 杨华：“‘中农’阶层：当前农村社会的中间阶层——‘中国隐性农业革命’的社会学命题”，《开放时代》，2012 年第 3 期。

⑤ 陈锡文：“把握农村经济结构、农业经营形式和农村社会形态变迁的脉搏”，《开放时代》，2012 年第 3 期。

的一种重要形式。

2007年7月《农民专业合作社法》正式实施以来，农民专业合作社（以下简称合作社）[①] 驶入了快速发展的轨道，到今天可以说已经迈过了发展的起步阶段。截至2012年3月底，全国依法注册登记的农民专业合作社达到55万多家，比2007年底增长了20多倍，近5年发展量相当于之前28年各类合作经济组织总量的3.7倍。目前全国大体平均每个月增加1万家，发展势头强劲。农民专业合作社已覆盖全国91.2%的行政村；实有入社成员4300多万，覆盖全国17.2%的农户，平均每个合作社有近80名成员。

现在的农民合作社发展的质量不高，很多合作社没有很好地发挥作用。按现行规定，合作社不搞年审不搞注销，“只生不死、只增不减”，有部分合作社是“皮包社”、“空壳社”，平时基本上没有什么经营活动，多数合作社还是大户或发起人说了算，民主管理机制不健全，少数合作社连社员账户、合作社账簿、会计核算制度都没有，根本没有进行二次分配，更谈不上真正按照交易额进行分配。综合各方面的测算和评估情况，真正完全符合合作社原则的大体也就在10%到20%之间。

总体上看，现在大多数合作社最多是农业社会服务组织，给农户提供信息和技术服务的居多，好一点的也就是统一采购统一技术规范。大部分合作社没有实体化，不能算作是农业经营主体。从调研的四川、黑龙江、宁夏、河南等地的情况来看，真正能够通过转入土地进行实体化经营的不到10%。以四川、河南为例，2012年两省农民专业合作社平均入社成员

---

① 2013年中央1号文件中，正式把农民专业合作社改称为农民合作社，其含义深刻。中国人民大学农业与农村发展学院副院长孔祥智解读认为：随着多种类型合作社的出现，单纯的“专业合作”已经不能涵盖农民合作的内容了，此次中央一号文件使用“农民合作社”这个概念更科学、更全面。它除了包括从事种养业的合作社外，还包括农机服务合作社、乡村旅游合作社、手工业合作社等从事二三产业的合作社，也涵盖了资金互助合作社、土地合作社、社区股份合作社、富民合作社等提供金融、土地、租赁等创新服务的新型合作社。青岛农业大学合作社学院院长李中华解读认为：“这样的表述，既考虑到了我国农民合作组织的发展实际，更明确了今后既要大力发展农民专业合作社，也要积极发展农民股份合作社等多元化、多类型、多形式的‘农民合作社’，以‘农民合作社’为基本载体，构建我国新型农业经营体系的政策定位。”见“一号文件解读：‘农民合作社’将成创新重点”，新华网，2013年2月1日。

分别仅为15.4户和7.5户，刚刚超过最低户数要求；平均每个合作社出资额分别仅为124万元和157万元，基本上没有什么资产。截至2011年底，全国以股份合作形式流转的土地面积达到3100多万亩，占土地流转总面积的13.4%。

组建土地股份合作社，既实现了农业的规模经营，促进了现代农业的发展；又避免了工商资本进入农业、大规模租赁农户承包地可能产生的负面影响。这是中国特色农业现代化道路的一种具有导向性和示范性的模式，具有重要的理论意义和实践价值。[①] 但值得注意的是，土地向合作社集中的过程中，也带来了生产与市场风险的集中，对于缺乏管理才能与市场运作能力的合作社来说，可能引发致命性的问题。同时，农户的这种入股方式还可能会牵涉到一些法律上的障碍，需要引起必要的关注。

（三）企业是好的农业服务主体但非好的经营主体

近年来，农业越来越受到资本的追捧，“投资农业”成为一个热门话题，“资本下乡”浪潮涌动。仔细观察农业投资热的背后，不免令人忧虑和担心：企业或投资者对农业的认知，主要从逐利视角单纯理解农业的产业本质，这与中国赋予农业的实际内涵存有较大距离。他们对农业的投资冲动，试图绕开、甚至突破现有制度框架，无视政策社会环境的刚性约束，其风险不可预期。[②]

企业不适合于直接作为农业生产经营主体，但并不等于限制企业进入农业领域。相反，农业发展需要资本要素的参与，企业作为围绕资本建立起来的组织，能够成功进入现代金融体系，对于发展农业意义重大。不引导企业转入农户土地，但要加大力度引导它们为农户等经营主体提供农产品加工、流通、技术等服务。

农产品加工流通需要一定的规模和资金投入，存在着较为明显的门槛和规模经济效应。2011年，我国农民人均纯收入仅为6977元，按五等份分，最高收入户人均年收入也只有16783元。因此，除了极少数特别富裕

① 张晓山：“有关土地股份合作社的评论”，《中国农民合作社》，2010年第5期。

② 程国强：“投资农业要深刻把握农业的本质特征”，《农民日报》，2013年1月14日。

的农户外，绝大多数农户是很难直接从事农产品加工的。目前农村大量存在的中介组织，主要是从事农产品收购，大多数也没有能力从事农产品加工。

包括农村专业技术协会在内，我国目前的农民专业合作经济组织大体上还是遵从传统合作社原则组建的，主要实行劳动的合作，实行一人一票，单纯按交易额进行分配，排斥资本的进入，由于没有资产抵押，很难进入金融系统获取资金来源，也就很难直接从事农产品加工。Jesen & Meckling（1979）提到，在合作社内部，社员之间的风险态度和财富分布是不均匀的，由于合作社内部风险承担并没有实现专门化，而是由大家分摊，因此，风险配置的结果是低效率的。同时，社员居于同样的行业，无法回避系统性的风险。由于风险没有得到有效地配置，大部分社员对投资回报率的预期值较高（与企业中的工人相比）；由于存在着系统性风险，合作社对投资回报率期望值较高（与企业相比）。两者共同作用的结果是，合作社选择的投资项目风险明显地、系统性地偏高，银行预计到这一点，要么是直接减少贷款，[①] 要么是提高利率间接地减少贷款。

合作社从银行获得贷款困难还有另外一个方面的原因。就是合作社资产数量小且不稳定。社员入社时交纳资金的有限。在合作社赢利的时候，社员预计到自身只有在合作社期间才能分得剩余，所以，存在着短期内瓜分剩余的强烈冲动。[②] 因此，合作社的积累相对较少。由于社员可以自由退社，并且在退社的时候清退入社资金，导致合作社这小部分资金还不稳定。因此，没有资产作为抵押，自然难以融入银行体系，获得银行资金的支持。[③]

农村专业协会是目前我国农民专业合作社的主流形式，我国号称有150万家，但是很少能够从事农产品加工。按作用和功能不同，可以把它

---

① 直接减少贷款地情况也许更为常见，Stigliz & Rothchild（1982）揭示出在银行业存在着“信贷配给”的情况。

② Jenson & Meckling（1979）称之为“投资视野（invest horizon）”限制。

③ 托马斯和劳甘（1981，第98页）认为，除了没有资产抵押的原因以外，合作社担心从商业银行取得大笔贷款可能会伤害其独立性是另外一个重要的原因。

们分为三种类型。一是技术交流型。主要是对会员普及实用技术，开展技术培训，进行技术指导和服务。这种类型的协会约占53%。二是技术经济服务型。在技术交流的基础上，还为会员提供包括优良品种、生产资料、市场信息、运销服务等在内的产前、产中、产后服务项目。这种类型的协会约占38%。三是拥有技术、经济和经营实体的。这种类型的协会具有了为会员生产的产品进行加工或统一经营的能力，能够帮助会员提高经济效益和抵御市场风险的能力。有些协会还实行了股份合作制，通过资本、技术、劳动的联合，把会员和协会的利益更加紧密联系起来，但这种类型的协会仅占9%。

在这种情况下，从事农产品加工的主体只能是企业。企业作为加工主体，似乎毫无疑问，因为它本质上就是一种资本的联合，是由资本主导的组织形式，凭借它的资产抵押，可以进入金融系统获得资金来源。因此，鼓励和支持企业从事农产品加工流通，既符合企业经营的方向，也是发展农业产业的需要。这代表了政策指向，需要加大扶持力度。

三、创新农业经营体制机制的三大基础工作

按照现行法律和政策，农民拥有土地承包经营权，农民是土地的转出方。土地流转的前提是承包经营权的边界需要明确界定，并且，必须强化其用益物权性质，以强化对农民利益的保护。同时，要让农民清楚土地权益的边界，构建保护其土地权益的机制。只有这样，才能加快土地流转的步伐，推动各类新型经营主体的发育和成长；也只有这样，才能依靠和调动农民的力量，确保农业经营体制机制创新的正确方向。

（一）推动土地赋权工作，实现承包经营权的用益物权化

一是确认农民完整的土地产权。土地财产权包括农民对土地的占有、使用、收益和处分四权统一的土地承包权，处分权的内容包括对承包权的转让、出租、入股、抵押等。尽管经过20多年的不断改革和完善，农民在土地占有、使用、收益等方面已享有更多的权利，但土地处分权从来没有真正赋予农民。党的十七届三中全会指出，要赋予农民更加充分而有保障的土地承包经营权。为此，必须进一步修改完善《农村土地承包法》，

明晰土地承包经营权的内涵和外延，将处分权有条件地赋予农户，让农民享有占有、使用、收益和处分四权统一的承包权，在此基础上再延长土地承包期、稳定土地承包权，使债权性质的承包经营权向具有物权化倾向转变，对农户承包经营的土地在抵押、使用权流转方式等方面拥有的权利做出进一步说明，明晰农民拥有的土地产权的利益，扩大农民土地承包有关权益。赋予农民用益物权性质的土地承包权，增加国家对农民的产权保护，从根本上解决现行土地产权关系中内含的不稳定性，使农民对投资、生产、流转的预期有稳定感，避免因债权性质合同双方约定条款对农民土地权益的侵害。同时，废除“承包方全家迁入设区的市，转为非农业户口的，应当将承包的耕地和草地交回发包方”的规定和“以土地换社保”的作法，允许进城落户、加入城市社会保障体系的农民长期持有土地承包经营权。

二是推动使用权长期化。稳定土地承包关系是党的农村政策的核心内容。党的十七届三中全会指出，现有承包关系要维持稳定并长久不变。土地使用权期限是实行土地使用权长期化的核心内容，赋予农民长期而有保障的土地使用权，农户土地使用权至少50年，甚至70年保持不变。目前应针对各地不同的情况，采取多种形式向实现农村土地使用权长期化过渡。对已经开展“土地承包30年不变”的地区，一般来说，为保持政策的连续性，应当维持30年承包合同不变，待到期后顺延。但如果广大农户有强烈的要求，且各方面条件又比较成熟，也应当允许在30年不变的基础上再延长到50年或70年不变；对还未展开第二轮土地承包工作的地区，只要基本条件成熟，应当支持和鼓励实行土地使用权长期化制度，制定并签订相应合同，实现一次到位；对于全国许多试点地区，凡是符合土地使用权长期化政策的试点方案，都应维持不变。其次，应允许不同类型土地实施不同的承包期限。比如基本农田实行50年不变，山坡地实行70年不变，四荒地的开发使用权可以实行更长的期限，以此来稳定农民长期预期，增强农民对土地进行长期投资的积极性。第三，应允许不同地区实行不同的土地承包期限。例如中西部欠发达地区由于非农就业机会较少，需要实行更长期限的土地承包制度。第四，对于地区差异较大的地区，应允许在“30年不变”的前提下，实行“一地两制”，在地区内部实行不同的承包期限，有的农村可以30年，有的也可50年或70年。

三是实行“农地稳定，公地调整”。必须严格执行“增人不增地，减人不减地”的政策，农民承包地维持稳定、不得调整，土地调整仅限于机动地等公地。这样做，一方面可以进一步强化农民与土地之间的产权关系，明确农民土地使用权的物权性质，切实保障农民土地权的长期稳定。在土地承包期内，农户对自己的承包地拥有完全的支配权，集体经济组织只有权监督农户合法的利用土地、而不能以任何名义进行土地调整。另一方面，对于因自然灾害等特殊原因造成土地丧失，需要进行一定的土地调整的人员，可以从集体预留的机动地、新开垦的土地及集体购置的土地中进行调剂。一旦没有公地，则一律不得再调整土地。对于没有土地的人员，可以像城市居民一样，通过社会保障及失业救济等方式进行扶持，而不是对承包地的再调整或分割。为此，应逐步剥离土地所承担的社会保障职能，建立城乡一体的社会保障体系，以保障失地农民的生存。只有逐步建立和完善农村的社会保障体系，为走出土地的农民解除后顾之忧，土地使用权流转的市场化才具备了基础。必须积极稳定地推进农村社会保障制度改革，逐步建立多层次的农村社会保障体系，包括农村社会保险、社会救济、社会福利、优抚安置、社会互助，以及完善新型农村合作医疗制度、新型农村养老保险制度等，逐步弱化土地的福利和社会保险功能，为土地转出者解决后顾之忧，还土地以正常的生产要素性质，最大限度发挥土地的经济功能。

（二）推动土地确权工作，确保农民拥有土地承包经营权

“稳定”是农村基本经营制度的主旋律。“土地承包关系长久不变”政策内涵集中体现在“稳定”，“长久不变”的基本手段是通过确权实现土地承包经营权的物权化登记和管理。要加快推进农村土地承包经营权确权登记颁证试点工作，以二轮土地延包以来的农村土地承包档案为基础，以建立土地承包经营权登记簿为重点，以探索健全土地承包经营权登记制度、实现土地承包关系稳定并长久不变、落实农民承包土地的各项权利为目标，落实承包地块、面积、合同、证书四到户和明确“四至”，建立健

全土地承包经营权登记簿，开展土地承包经营权变更、注销登记，开展基本农田到户入证等工作。

农村土地承包经营权确权登记颁证试点工作要解决地籍信息完备、登记技术程序等问题，形成一套登记程序办法，内容包括：（1）权属调查。对土地所有者或使用者的土地权源及其权利所及的位置、界址、数量和用途等基本情况进行调查，在现场标定土地权属界址点、线，绘制宗地草图，为地籍测量提供测绘依据。（2）地籍测量。通过野外测量采集平面图数据，结合权属调查草图，绘制地籍图表。（3）土地登记。即选择登记制度（如契约登记制度、权利登记制度、托仑斯登记制度等），实行登记准备与登记通告、登记申请地籍审查、权属审核与公告、注册登记与颁发证书。（4）地籍信息管理。即地籍档案的收集、地籍档案的整理、地籍档案的鉴定、地籍档案室管理设施和技术的现代化。（5）地籍信息系统建设。以计算机为基础，用管理理论和信息技术建立为地籍管理业务服务的信息系统。通过形成一套登记程序办法，为实行土地承包经营权物权化登记管理提供手段。

完成土地承包经营权确权工作，需要做到以下几点：

一是实现土地面积、承包人口、矛盾问题“三清楚”。摸清农村土地承包详细情况，不仅查清家庭承包到户土地面积，还要查清机动地、册外地、“四荒”地等土地资源的实际面积，实现土地面积清；查清现有承包户数、人口情况以及没有参加延包的户数和人口情况，实现人口状况清；梳理延包过程中存在的遗留问题，对人地矛盾、证地不符等情况有一个更为全面的掌握，实现矛盾问题清。

二是做到承包地块面积、位置、合同、经营权证、基本农田标注“五到户”。未签订承包合同的，实现补签；承包合同丢失、残破的，实现补订；未颁发承包经营权证书的，颁发证书；证书遗失、污损的，补换发。通过 GPS 定位、航空测绘图、人工测绘等，或简单标明“四至”，明确农户承包地的相对空间位置；或形成示意图、比例图，明确每块农村土地的绝对空间位置，做到地块空间位置清晰，实现承包地块、面积、合同、证书、基本农田“五到户”。

三是建立健全土地承包档案准确化、完整化、信息化、动态化“四化管理”。在对农户土地承包相关信息资料档案进行全面清查，对地块进行全面实测的基础上，进一步规范完善农村土地承包合同、农村土地承包经营权证及相关文件档案，将农村土地实测图记录到土地台账上，并以村为单位按户编号、一户一个档案号、一块地一个档案册，建立健全完整的登记簿和档案。开发专门的登记软件，形成强大的录入、更改和查询功能，通过将登记试点形成的系统化、规范化、标准化的承包土地地籍信息全部输入电脑，形成准确、完整、信息化、动态化的登记簿和档案。

四是开展土地承包经营权初始、变更、注销“三登记”。对权属明确、地籍信息完备、材料齐全的家庭承包地，依法进行初始登记。对采取招标、拍卖、公开协商等其他承包方式承包的农村土地，当事人申请土地承包经营权登记的，依照《农村土地承包经营权证管理办法》向申请人依法颁发农村土地承包经营权证。对因分户、人口变动等导致经营权分割、合并、转让、互换，依法重新签订或者变更承包合同，重新发放或者变更承包经营权证书。对因承包地被征用占用或全户消亡，承包地灭失或面积发生变化的，依法进行变更注销登记，实现承包合同、证书、档案资料与实际承包状况相一致。

（三）推动土地维权工作，保障农民各项土地权益

当前，我国地方政府和企业积极推动流转，农户的主体地位受到现实威胁。因此，必须进一步强调土地流转的主体是农户，流转必须建立在农户自愿的基础上。农民是自身利益的最佳判断者，土地是否流转、如何流转应由农民自己决策，任何组织和个人不得强迫农户流转土地，也不得阻碍农户流转土地。各级党委、政府必须加强农村土地承包经营权流转工作的领导，全面正确贯彻落实土地流转法律法规，严格落实农民作为农地流转主体的政策规定，不能对农村土地流转规模和速度作政绩评价，不搞“一刀切”，不刮风、不攀比、不冒进。要在稳定家庭承包经营的基础上，积极培育种植大户、家庭农场等经营主体，鼓励土地向他们流转和集中。行政执法机关、司法机关要各司其职，依法维护土地承包人和土地流转当事人的合法权益，保障土地流转依法有序进行。要坚决制止不顾农民意愿、单方面解除合同、侵害土地承包经营权等侵害农民土地权益的行为。科学预见土地升值空间和速度，加强对合同签订行为的正确引导，既维护好农民的现实利益，又保护好农民的长远利益。

具体而言，需要做到以下几点：

1. 土地承包经营权流转的直接收益必须由土地承包经营权流转出的农户享有，要防止变相摊派占有土地承包经营权流转的直接收益。从土地承包经营权流转的层面上讲，稳定和保护农户的土地承包经营权，必须落实到保障土地承包经营权流转的收益权上。

2. 土地承包经营权流转的收益权应该是现实收益权。因此，要尽量鼓励土地承包经营权的年租和短期租赁制，使农户在土地承包经营权流转中得到现实的货币。对于长期流转的，要建立土地流转收益增长机制，根据当地物价水平和转入方收益变动等因素，适时调高流转收益水平。

3. 土地承包经营权流转要鼓励流出土地承包经营权的农户继续在原来的土地上通过劳动投入获得收益的土地承包经营权流转模式。因为，这些土地承包经营权流转模式使这些农户既获得土地承包经营权流转的收益，又使流出土地承包经营权的农户继续发挥劳动积累对资源和资金的部分替代作用，并从中获得一份作为农业工人的劳动收入。

4. 农户的初始土地承包经营权以最高年期一次性转出，应该以该初始土地承包经营权拥有者的农民已经进入社会保障系统为前提。同时，配套实施能够使农民获得劳动收入与其他多种收入的运作方式。比如，除了股金收入、租金收入、薪金收入之外，还有房屋资产、企业资产等方面的经营收入；如果出现生活困难，还有社会最低保障金的维持与援助。

四、建立完善创新农业经营体制机制的三项配套制度

加快土地流转，加快引入新型农业经营主体，这个方向是正确的。但与此同时，必须建立起土地用途分类和管制制度和认定农业者制度，确定土地转入方具备必要的农业经营能力，转入土地后必须从事农业生产经营。只要能做到有农业经营能力和从事农业经营这两点，企业转入土地也是可以的。并且，只要有了这两点，专业大户、农民专业合作社和企业在

土地流转方面就能平等竞争，土地流转用于促进农业全面发展的方向就不会出问题。

（一）完善土地流转交易制度，推动流转规范有序发展

一是建立农地流转市场和信息服务平台。以县、乡农经部门为依托，建立县、乡、村三级农地流转服务网络。在原县农经站的基础上，合理配备人、财、物，提供工作经费，搭建服务网络平台。以县为单位，推行制式合同，统一印制、免费提供。采取财政主导、流转双方集资的方式，规范流转程序，设立土地流转风险基金，保护转出方权益和收益。设置县级纠纷仲裁机构，建立纠纷仲裁制度。乡镇农地流转服务中心应当建立有形市场，承担政策咨询、项目审核、合同签证与备案等职能，加强土地流转政策咨询和宣传引导，搞好产业规划；加强价格形成机制和价款动态机制研究，引导流转双方平等协商，合理确定价款定位、支付方式和变动幅度；每月设定固定交易日集中交易，畅通信息沟通渠道；实行合同档案“以乡立卷、专人管理”，做好合同签订、鉴定和备案管理。村级设立农地流转信息联络员（目前可由村会计兼任），建立农地流转信息网络系统，对农村土地承包情况、流转情况、农村劳动力情况等资料进行全面统计，及时掌握村组农户农地流转的意愿，搜集统计农地流转的供需和市场价格等信息资料；提供规范的农地流转合同文本，协调土地经营权流转双方的利益，督促依法签订流转合同，调解农地流转中出现的矛盾和纠纷，对农地流转情况进行登记，及时向乡镇农地流转服务中心提供农地流转动态情况。

二是引导和扶持农地流转中介服务组织的发展。分工合理、体系完善的中介服务组织不仅有利于降低交易成本、促进流转意向的达成，而且对于规范流转行为、防范和调处流转纠纷也有不可或缺的作用。一些公益性的中介组织应当由政府相关部门发起设立，并由公共财政提供经费保证，它们主要承担交易场所和信息平台、政策咨询、信息发布、纠纷调解与仲裁、合同鉴证和备案登记等职能。而土地测量、价值评估、交易撮合和代理等据有经营性质的业务则可以由社会力量或农村经纪人承担，政府给予必要的引导和扶持。要依托乡、村集体经济组织，建立从县市到乡镇到村的土地流转中介机构，重点培育以乡镇农经管理部门为主体的非盈利性农地流转中介服务组织，依托农经信息网建立农地流转信息网络，开展土地流转供求登记、信息发布、价格评估、法律政策咨询等中介服务，为土地流转搭建一个良好的平台。

三是建立农村地价的评估机制。要保障国家、集体、企业以及农民进行正常的土地交易，必须建立农村地价的评估机制。首先，培养地价评估人才。评估地价需要专门的人才，他们必须掌握专门知识、熟知市场行情、具备实地调研能力等等。其次，建立农村地价评估机构。因为土地不同于一般的商品，其价格的定位比较复杂，必须建立专门的机构，一方面作为专业机构保证地价的合理性；另一方面作为中介机构保证土地交易的公平性。再次，建立健全农村土地市场地价评估委托机制。地价评估机构介入农村土地市场的交易之中，连接了买方与卖方，其行为关系到双方的利益。通过建立和完善委托机制，避免委托者在交易中利益受损。最后，建立健全地价评估质量保证体系及相应的考核制度。各地价评估机构要接受相关部门的监督与考核，对地价评估机构的工作作出评估。要建立调节机制，防止土地使用权过于集中，以调节土地流转过程中的垄断和不公平现象。

（二）建立认定农业者制度，防止流转过程中的经营“非农化”

当前，我国在推动农地流转过程中，政府没有对转入主体实行资格认定，许多企业以土地入股的形式转入土地，但难以保证农地农用和农地为农民所用。企业通过控股居于主导地位，大量农民成为企业雇员，有可能会出现新的雇农阶层，也可能动摇农村基本经营制度。为此，有必要借鉴日本的作法，实行认定农业者制度，严格限定企业作为土地受让主体的资格，对企业入股要规定上限，不能让它们处于控股地位；对企业转入土地是否用作农业经营要进行审查和监督，保证土地的农业用途。健全土地流转登记制度，凡属互换、转让、跨村流转、大面积流转土地的必须进行登记。各省直接规定或授权市、县规定本行政区域内转入土地的最高限额，一般以达到机械化的合理标准为宜，防止过度兼并土地以及炒地、囤地等危害土地安全的行为。

全面落实《农村土地承包经营权流转管理办法》的各项规定，以实施流转合同制和备案制为重点，大力推行流转合同规范文本，开展流转合同签证和备案登记制度。建立农地流转资格审查制度，重点审核转入方农业经营能力和资格。加强农地流转用途监管，确保农地农用，重点加强基本农田和工商资本参与的流转项目监督监管。基本农田流转后不得改变基本农田性质，不得从事种树、挖鱼塘、建造永久性固定设施等破环耕作层的活动；加强对有流转面积大、期限长且有工商企业参与的流转项目的监管，防止改变土地用途。委托流转的，必须有承包方的书面委托书；以转包、互换、出租、入股等形式流转的，农户应向发包方备案；以转让方式流转的，应向发包方提出转让申请；受让方将农户以转包、出租方式流转的土地实行再流转的，应取得原农户的同意；当事人要求鉴证的，乡镇农村经济管理机构依法开展鉴证；凡是以转让、互换方式流转的，应及时注销、变更土地经营权证书。要求转入方和转出方必须向村委会提出书面申请，经村委会和村民代表会研究后，报乡镇农业承包合同管理机构登记。乡镇农业承包合同管理机构和村委会应对较大规模流转土地的业主的资质和资信状况进行审查，并督促和指导双方签订土地流转合同，由乡镇备案。严防流转土地“非农化”，原则上对集中流转 50 亩以上的耕地全部进行备案审查，对 100 亩以上的全部进行土地用途监管，确保土地用途不改变。

（三）建立土地用途分类和管制制度，防止流转中的土地“非农化”

我们所主张的农业用地的市场化流转，主要是耕地在农地经营者之间的流转，是以不减少耕地为前提的。即便是一些农地私有化的国家，其耕地的转让并非是完全自由的，它们主要是通过用途的管制来实现流转方向的把控。例如，为保护耕地，法国的法律规定，私有的农地必须要用于农业，不准弃耕、劣耕、搞房地产开发与旅游休闲项目。为此，法国政府设立了专门的农地整治公司，农场主在出卖土地时必须通知农地整治公司。如果农地整治公司认为其买卖不合理，有可能出现弃耕、劣耕情况，它就会提出收购农场主土地的动议。法国这种农地买卖的限制制度对我国土地承包经营权的市场化流转具有一定的借鉴意义。

一是实行农业土地用途分类。在人们越来越重视土地经济价值的社会背景下，土地的用途与经济效益直接相关。因此，各国的土地法都将用途管制作为促进土地流中的一项基础性制度。我们的立法与决策之所以不敢彻底放开我国农村土地使用权的流转，其根本原因就在于缺乏一个完善与发达的用途管制制度。用途分类越科学穷尽，用途变更规则越完备细致，我们也就越不至于担心农村土地流转会产生不良的社会问题，也就不必再采用设置过多的流转程序与繁琐手续再反过来限制流转。同时，也只有在完善的土地用途管制法律制度下，才能真正地避免农村土地流转成为工商资本下乡的“圈地运动”，才能是农村土地流中制度的改革实践真正成为惠及农民的良政。

二是健全土地规划控制体系。毫无疑问，土地规划是控制各类用地、合理配置土地资源、实现社会公共利益的主要手段。为此，要制定乡镇村级土地利用总体规划，对各类用地需求作出合理的安排，要制定乡镇村级建设规划，划定基本农田保护区，同时各类规划之间要相互协调，要正确处理好农用地与非农用地之间的关系。要加强土地立法和执法工作。市场经济是法制经济，要保证农地市场流转有序，就必须加强土地立法和执法工作，以法律形式对农地市场主体、农地转让条件、程序、价格等进行规范。特别地，要通过法律形式明确土地市场的主体，因为如果在法律制度上土地市场主体不能塑造出来，有效的土地市场制度也就无从谈起。为此要通过立法确立农户家庭、国有资产管理部门、农地资产经营公司的农地市场主体地位，并明确农户家庭与国家之间的关系不仅仅是个人与整体之间的关系，而且是独立的农地流转市场主体之间的关系。

三是加大用途转移的监管力度。在目前的农村农业用地的流转中，要严格禁止和严厉查处将农业用地转变为建设用地或事实上的建设用地；防止农业用地流转后打“擦边球”：将农业用地“劣化”为不产粮食和其他农副产品的“观赏用地”、“旅游用地”、“公园用地”、“房地产开发的配套用地”。国土管理部门应该加强对农业用地流转的“全程监管”，建立与完善农业用地流转后的质量评估与用途质量的督察制度，约束农业用地流转后的“擦边球”现象。市场化流转的农业用地特别是基本农田的用途管制应该具体化与明细化，要类似于企业主营项目、兼营项目以文字形式载于企业营业执照之中那样，根据农业用地的质量与最佳用途属性，将农业用地的具体用途，包括种粮食、种油菜、种有关经济作物等明细用途明确记载于颁发的土地承包经营权证之中。凡是超出该农业用地经营权证记载的用途范围的，应该通过国土管理部门审批后才能改变。